COMO ENCONTRAR SEU PAR

"Por que você não encontrou o amor? Este livro fala as verdades que seus amigos não falam. Com uma voz única que traz clareza, ação e resultados, Logan Ury oferece um guia definitivo para uma geração que navega nas águas turvas do amor moderno."
— **ESTHER PEREL**, autora de *Sexo no cativeiro*

"Neste guia que combina pesquisa com histórias da vida real, Logan Ury detalha o que faz um relacionamento funcionar. O livro aborda tudo, desde como lidar com o namoro on-line até o que procurar em um parceiro de longo prazo." — *Time*

"Um livro indispensável para as pessoas em qualquer estágio de relacionamento. Os conselhos são claros, baseados em pesquisas e realmente fáceis de seguir. É o livro perfeito para quem quer aumentar suas chances no jogo do amor." — **JORDANA ABRAHAM**, apresentadora do podcast "U Up?"

"Uma leitura obrigatória para você conhecer seu futuro parceiro."
— *The Washington Post*

"Logan Ury traz uma série de excelentes sugestões (e informações científicas) sobre como encontrar, construir e sustentar uma parceria romântica, sexy e bem-sucedida. — **HELEN FISHER**, autora de *Por que amamos?*

"Baseando-se no melhor que a ciência social tem a oferecer, Logan Ury elaborou um guia fácil de entender, cheio de exercícios e listas úteis, que vai ajudar você a evitar as armadilhas que costumamos enfrentar para encontrar e manter relacionamentos românticos no mundo de hoje. E, como bônus, este livro certamente o ajudará a tomar outras grandes decisões na vida que não têm nada a ver com romance." — **BARRY SCHWARTZ, autor de O paradoxo da escolha**

"Perspicaz e delicioso, *Como encontrar seu par* é uma leitura obrigatória para românticos desesperados e esperançosos — e para quem ainda acredita que o amor verdadeiro é possível."
— **DANIEL GILBERT, autor de *Felicidade por acaso***

"Cansado de ver todos os seus amigos namorando e você não? Mergulhe neste livro de estreia da cientista comportamental Logan Ury." — ***Popsugar***

COMO ENCONTRAR SEU PAR

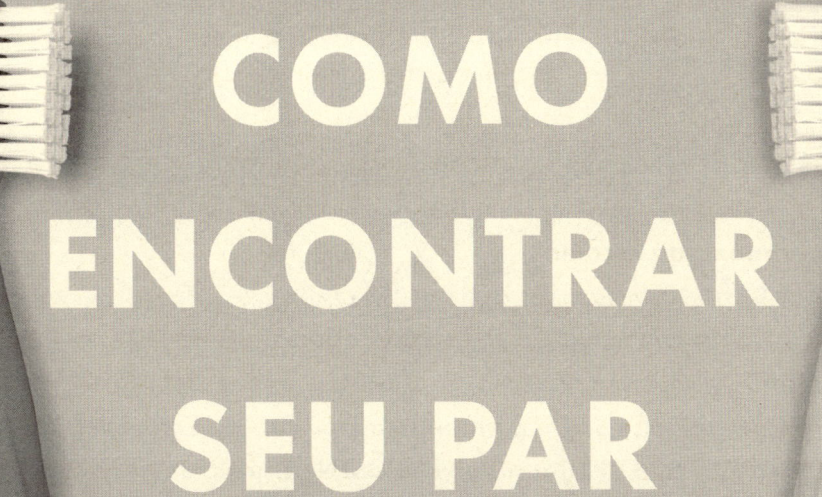

Usando a ciência comportamental para criar um relacionamento saudável e duradouro

LOGAN URY

Sextante

Título original: *How to Not Die Alone*

Copyright © 2021 por Logan Ury
Copyright da tradução © 2022 por GMT Editores Ltda.

Publicado mediante acordo com Simon & Schuster, Inc.

Todos os direitos reservados. Nenhuma parte deste livro pode ser utilizada ou reproduzida sob quaisquer meios existentes sem autorização por escrito dos editores.

tradução: Alves Calado
preparo de originais: Pedro Siqueira
revisão: Ana Grillo e Midori Hatai
diagramação: Valéria Teixeira
capa: Michael Nagin
adaptação de capa: Natali Nabekura
imagem de capa: Aliaksandr Barysenka/ EyeEm/ Getty Images
impressão e acabamento: Bartira Gráfica

CIP-BRASIL. CATALOGAÇÃO NA PUBLICAÇÃO
SINDICATO NACIONAL DOS EDITORES DE LIVROS, RJ

U82c

Ury, Logan
  Como encontrar seu par / Logan Ury ; [tradução Alves Calado]. - 1. ed. - Rio de Janeiro : Sextante, 2022.
  320 p. ; 23 cm.

  Tradução de: How to not die alone.
  ISBN 978-65-5564-424-1

  1. Amor - Aspectos psicológicos. 2. Relações humanas. 3. Técnicas de autoajuda. I. Alves, Ivanir. II. Título.

| 22-78041 | CDD: 152.41 |
| | CDU: 316.8:392.61 |

Gabriela Faray Ferreira Lopes - Bibliotecária - CRB-7/6643

Todos os direitos reservados, no Brasil, por
GMT Editores Ltda.
Rua Voluntários da Pátria, 45 – Gr. 1.404 – Botafogo
22270-000 – Rio de Janeiro – RJ
Tel.: (21) 2538-4100 – Fax: (21) 2286-9244
E-mail: atendimento@sextante.com.br
www.sextante.com.br

Para Scott, a melhor decisão que já tomei.

E para os meus pais, cujo amor e apoio tornaram tudo possível.

SUMÁRIO

NOTA DA AUTORA   9

INTRODUÇÃO   11

PARTE UM   PREPARANDO-SE   17

   1 Por que namorar hoje em dia é mais difícil do que nunca   18

   2 As três tendências do namoro   25

   3 A Disney mentiu para nós   31

   4 Não deixe o perfeito ser inimigo do ótimo   43

   5 Não espere, namore   55

   6 Descubra seu estilo de apego   70

   7 Procure um companheiro para a vida, e não um acompanhante para o baile   80

PARTE DOIS   SAINDO DA CASCA   109

   8 Você acha que sabe o que quer, mas não sabe   110

   9 Conheça pessoas na vida real (NVR)   135

   10 Isso é um encontro, não uma entrevista de emprego   152

   11 F*da-se a faísca   173

   12 Vá ao segundo encontro   180

PARTE TRÊS   FICANDO SÉRIO   197

   13 Decida, não escorregue   198
   14 Pare de agarrar e de largar   210
   15 Faça um plano de rompimento   230
   16 Seu rompimento é um ganho, não uma perda   247
   17 Antes de se amarrar, faça isto   260
   18 Amor intencional   271

AGRADECIMENTOS   281

APÊNDICE   285

NOTAS   306

NOTA DA AUTORA

Em termos de pesquisa acadêmica, aqui vai a má notícia: até hoje, a maioria dos estudos se concentrou principalmente em casais heterossexuais cisgênero. Felizmente, quando os pesquisadores de fato *estudaram* relacionamentos LGBTQIAPN+, descobriram que eles compartilham os mesmos problemas abordados nos estudos existentes e se beneficiam de boa parte dos mesmos conselhos.

Ao escrever este livro entrevistei pessoas de todas as orientações e identidades sexuais. Queria compartilhar histórias de amor e experiências de namoro LGBTQIAPN+. Tudo o que conto aqui é real, ainda que alguns personagens sejam compostos por vários indivíduos reunidos. Os nomes e as características passíveis de identificação foram alterados, e os diálogos, recriados.

Depois de terminar este manuscrito assumi o cargo de diretora de Ciência do Relacionamento do Hinge, um aplicativo de namoro. Esse cargo me permite ensinar milhões de pessoas a se relacionar de modo mais eficaz. Todas as pesquisas e opiniões deste livro são totalmente minhas.

INTRODUÇÃO

Talvez você ache que não deveria comprar um livro que fala sobre como encontrar o amor. O amor é uma coisa que não exige esforço, é natural, orgânica. Você simplesmente *se apaixona*, não faz isso de modo racional. O amor é uma reação química espontânea e não uma decisão calculada.

No entanto aqui está você, segurando este livro, porque deseja encontrar o amor e até agora isso não aconteceu. A verdade é a seguinte: ainda que amar possa ser instintivo, namorar não é. Não nascemos sabendo como escolher o parceiro certo.

Caso contrário eu não teria um trabalho. Sou *coach* de namoro e casamenteira profissional. Estudei psicologia em Harvard e passei anos pesquisando o comportamento e os relacionamentos humanos. Esse trabalho me levou ao amor intencional, filosofia que criei para construir relacionamentos saudáveis. O amor intencional faz com que você enxergue sua vida amorosa como uma série de escolhas, não de acasos. Este livro vai ajudar você a se informar e a ter um objetivo: reconhecer seus maus hábitos, ajustar as técnicas de namoro e abordar conversas cruciais sobre relacionamento.

Os melhores relacionamentos são *construídos*, e não descobertos. Um relacionamento duradouro não acontece facilmente. Ele é o resultado de uma série de decisões: quando procurar, quem namorar, como terminar com a pessoa errada, quando se estabelecer com a certa e todos os passos intermediários. Tome boas decisões e você será impelido na direção de uma grande história de amor. Tome decisões ruins e sairá dos trilhos, tendo que repetir os mesmos padrões prejudiciais de novo e de novo.

ALERTA DE *SPOILER*: SOMOS IRRACIONAIS

Muitas vezes não entendemos por que fazemos certas escolhas, e isso nos leva a cometer erros. E esses erros frustram nossa busca pelo amor. Mas a ciência comportamental pode ajudar nisso.

Ciência comportamental é o estudo de como tomamos decisões. Ela oferece um modo de levantar as camadas da mente, olhar para dentro e ver por que costumamos fazer determinadas escolhas. Alerta de *spoiler*: somos irracionais. Frequentemente tomamos decisões que não são para o nosso bem.

Isso acontece em todos os aspectos da vida. É por esse motivo que dizemos que queremos poupar para a aposentadoria e depois estouramos o cartão de crédito decorando nosso apartamento. Ou decidimos que vamos fazer mais exercícios e usamos a esteira ergométrica para pendurar roupas. Não importa com que frequência ou com que seriedade estabelecemos objetivos, nós nos boicotamos.

Felizmente essa irracionalidade não é aleatória. Nosso cérebro nos aponta o caminho errado de maneiras previsíveis. Cientistas comportamentais usam esse conhecimento para ajudar as pessoas a mudar suas atitudes, com o objetivo de torná-las mais felizes, mais saudáveis e mais prósperas.

Durante um tempo apliquei meu conhecimento de ciência comportamental no Google. Juntei-me ao grande cientista comportamental Dan Ariely para coordenar um grupo chamado Irrational Lab (Laboratório Irracional), uma referência ao seu livro *Previsivelmente irracional*. E apesar de ter adorado trabalhar com Dan e a equipe do Irrational Lab, estudando o comportamento humano e fazendo experiências, eu tinha outras preocupações. Estava com 20 e poucos anos e era solteira. Lutava com uma das questões mais essenciais e comuns da vida: como encontrar e conservar o amor?

Faz muito tempo que me interesso por assuntos de namoro, relacionamentos e sexo. Na faculdade, estudei os hábitos dos alunos de Harvard com relação à pornografia para um trabalho chamado "Porn to Be Wild" (fato: os alunos de Harvard assistem a muita pornografia). No meu primeiro trabalho no Google – anos antes de coordenar o Irrational Lab – administrei a conta de empresas de pornografia e brinquedos sexuais do Google Ads, como Bangbros, Playboy e Good Vibrations. As pessoas se referiam ao nosso grupo usando seu nome não oficial: Setor Pornô.

Minha curiosidade sobre relacionamentos remonta à infância. Tive uma família feliz e amorosa enquanto crescia, mas de repente, quando eu tinha 17 anos, meus pais se divorciaram. Minha bolha do "felizes para sempre" estourou e eu não considerava mais o sucesso conjugal de longo prazo uma coisa garantida.

Na época eu estava sozinha. Os aplicativos de namoro tinham acabado de ser lançados, e eu passava um tempão deslizando perfis para a esquerda ou para a direita. Via que as pessoas à minha volta também sentiam dificuldades para encontrar alguém. Tínhamos passado do primeiro iPod ("mil músicas no seu bolso")[1] para smartphones com mil encontros possíveis no Tinder. Em vez de casar com o menino ou a menina que moravam no nosso quarteirão, podíamos escolher entre milhares de solteiros na internet.

Tendo isso em mente, iniciei um projeto paralelo chamado "Conversas no Google: romance moderno", uma série de palestras explorando os desafios do namoro e do relacionamento nos dias de hoje. Entrevistei especialistas mundialmente famosos sobre namoro na internet, comunicação na era digital, monogamia, empatia e os segredos de um casamento feliz. Em poucas horas, milhares de pessoas se cadastraram para receber atualizações sobre essas palestras. Assim que as entrevistas foram disponibilizadas on-line, milhões de pessoas assistiram a elas pelo YouTube. Sem dúvida, meus amigos e eu não éramos os únicos que passávamos por dificuldades nessa seara.

Numa noite, um estranho se aproximou e declarou:

– Vi sua palestra sobre poliamor. Não sabia que relacionamentos assim podiam funcionar. Isso mudou meu mundo.

Naquele momento percebi o impacto do meu trabalho. Tinha encontrado a minha vocação.

Mas não queria ser apenas mais uma guru do amor que oferecia conselhos não científicos. Pensei: *E se eu pegasse as ferramentas da ciência comportamental que aprimorei no Google e as usasse para ajudar as pessoas a tomar decisões melhores nos seus relacionamentos amorosos?*

IRRACIONAIS PARA SEMPRE

Assim, depois de quase uma década na área de tecnologia, larguei meu emprego e parti para ajudar as pessoas a encontrar e nutrir relacionamentos duradouros. Acredito que os erros que cometemos naturalmente ao tomar decisões nos fazem tropeçar. A ciência comportamental é a peça que faltava e que pode ajudar as pessoas a mudar o próprio comportamento, a romper padrões negativos e a encontrar o amor duradouro.

Escolher um parceiro ou uma parceira já é uma tarefa incrivelmente difícil, com o peso da bagagem cultural, dos conselhos ruins e da pressão da sociedade e da família. Mas até agora ninguém aplicou a ciência comportamental para ajudar as pessoas a encontrar o amor. Talvez por acreditarmos que o amor seja um fenômeno mágico que desafia a análise científica. Ou talvez por termos medo da crítica: *Quem quer ser racional no amor?* Mas não é isso. Não estou tentando transformar você num supercomputador hiper-racional que analisa todas as combinações possíveis e cospe sua alma gêmea. Estou ajudando você a superar os pontos cegos que o impedem de encontrar um amor saudável.

A mudança de comportamento é um processo de duas etapas. Primeiro vamos aprender sobre as forças invisíveis que orientam seu comportamento, aquelas falhas de avaliação que levam a erros onerosos. Erros como se recusar a comprometer-se porque você fica sempre pensando se não existe alguém melhor lá fora (capítulo 4) ou procurar um acompanhante para o baile de formatura e não o parceiro ou a parceira para a vida toda (capítulo 7) ou ainda permanecer em relacionamentos tóxicos cuja data de validade já venceu (capítulo 14).

Mas o simples reconhecimento não leva à ação. (Saber que você não deve namorar "cafajestes" ou "moças deslumbradas" não torna essas pessoas menos atraentes.) Você precisa fazer alguma coisa a respeito. É aí que entra a segunda parte da ciência comportamental. Técnicas de eficácia comprovada podem ajudá-lo a usar essa informação para fazer alguma coisa quanto a isso. A segunda etapa é projetar um novo sistema que ajude você a mudar de comportamento e a alcançar seu objetivo. Cada capítulo inclui testes e exercícios que vão ajudar você a se orientar em importantes decisões relacionadas ao namoro.

COMO ESTE LIVRO PODE AJUDAR

Neste livro você vai descobrir que não está só. Você não é a única pessoa que luta com essas questões. Suas dificuldades e preocupações são totalmente normais.

Não existe certeza nos relacionamentos, mas você pode tomar decisões de modo mais estratégico, aproveitando pesquisas que entendem os pontos fortes e fracos do nosso cérebro (e do nosso coração). O amor intencional é formado pela ciência do relacionamento (o que funciona para os relacionamentos de longo prazo) e pela ciência do comportamento (o que fazer para levar nossas intenções adiante).

Vou lhe dar um processo. E processo cria paz.

Funcionou para meus clientes. E sei que pode ajudar você.

Parte Um: Preparando-se

Vamos começar examinando por que namorar hoje é mais difícil do que nunca. Em seguida você vai responder a um questionário para descobrir seus pontos cegos relacionados ao namoro: tendências que estão retendo você, provavelmente sem que sequer perceba. Depois vou explicar como essas tendências afetam sua vida amorosa e o que você pode fazer para superá-las. Em seguida falaremos sobre a teoria do apego e como ela afeta quem e como você ama. Vou esclarecer o que é preciso procurar em um parceiro ou uma parceira de longo prazo. Provavelmente não é o que você pensa.

Parte Dois: Saindo da casca

Vamos mergulhar fundo nos aplicativos de namoro. Vou ajudar você a identificar e a superar as armadilhas comuns desse tipo de relacionamento e a selecionar de um modo melhor, encontrar pessoas na vida real e ir a encontros que não pareçam entrevistas de emprego. Você vai aprender a decidir com mais clareza quem deveria encontrar de novo.

Parte Três: Ficando sério

Depois vamos falar sobre como abordar grandes decisões no seu relacionamento, inclusive como defini-lo e como determinar se deveriam morar juntos. Também vou ajudar você a decidir se deveria terminar e como fazer isso, além de como superar a dor do término. Se as coisas forem em frente, você pode se pegar perguntando: "Será que a gente deveria se casar?" O último capítulo dessa parte ajudará a responder a essa pergunta. Finalizaremos com técnicas para tornar seu relacionamento de longo prazo bem-sucedido, investindo atenção diária e projetando relacionamentos que mudam e evoluem à medida que as pessoas envolvidas também crescem.

COMPROMETA-SE A TENTAR UMA COISA DIFERENTE

Você está lendo este livro porque deseja encontrar o amor. Talvez tenha namorado pessoas que não despertaram o que há de melhor em você, que só lhe trouxeram decepção. Ou talvez você nunca tenha namorado. Estudo, trabalho, família e todas as demandas da vida se colocaram no caminho. Mas, no fundo, você sabe que quer encontrar alguém.

Estou aqui para ajudar nesse próximo passo. Quero que se veja como meu ou minha cliente de *coaching* de namoro. Só peço o seguinte: comprometa-se a fazer os exercícios – eles realmente funcionam! – e me dê a chance de mudar seu modo de pensar. Você fez as coisas do seu jeito durante toda a sua vida. Por que não tentar algo diferente? Um relacionamento duradouro e amoroso pode estar esperando por você.

PARTE UM

PREPARANDO-SE

1

POR QUE NAMORAR HOJE EM DIA É MAIS DIFÍCIL DO QUE NUNCA

Como entender os desafios do namoro moderno

Cada geração enfrenta seus próprios desafios – guerras, recessões, roupas com ombreiras. Isso também serve para o namoro. Apesar de pessoas de todas as épocas terem reclamado de sua vida amorosa, os solteiros de agora estão certos: namorar hoje em dia é mais difícil do que nunca. E a próxima vez que sua mãe pegar no seu pé dizendo para encontrar alguém com quem se estabelecer, pode contar a ela que eu disse isso.

Neste livro vou oferecer soluções para algumas das mais difíceis decisões a respeito de namoro. Mas, antes de partir para os conselhos táticos, quero preparar o terreno e explicar os fatores que conspiram contra quem deseja namorar. Se procurar o amor deixou você extremamente estressado, eis os motivos:

NÓS MOLDAMOS NOSSA PRÓPRIA IDENTIDADE

Religião, comunidade e classe social[1] ditaram a vida dos nossos ancestrais. As expectativas eram claras; e as decisões pessoais, poucas. Baseada em onde e em que tipo de família a pessoa nascia, ela sabia, por exemplo, que iria trabalhar como mercador de tecidos, viver em Bucareste, alimentar-se de comida *kosher* e frequentar a sinagoga. Ou que iria trabalhar como agricultor, morar nos arredores de Xangai e comer animais e plantas de sua propriedade. Quando se tratava de encontrar um parceiro ou uma parceira,[2] a questão frequentemente envolvia um dote: quem podia oferecer os melhores hectares de terra ou a maior caravana de camelos.

Hoje todas essas decisões estão por nossa conta.[3] A vida moderna é um caminho que precisamos mapear sozinhos. Se nossos predecessores não precisavam avaliar onde morar ou o que fazer para ganhar a vida, atualmente somos capazes de tomar essas decisões. Isso nos dá liberdade para moldar nossa identidade – escolher Nashville em vez de Atlanta, optar por trabalhar como meteorologista ou matemático –, mas essa liberdade vem à custa da certeza. Tarde da noite, com o rosto iluminado pelo brilho azul dos nossos smartphones, perguntamos: *Quem eu sou? O que estou fazendo da minha vida?* O lado sombrio de toda essa liberdade e dessas escolhas intermináveis é o medo paralisante de estragar nossa busca incessante pela felicidade. Se estamos no comando, só podemos responsabilizar a nós mesmos. Podemos fracassar, e a culpa será nossa.

E uma das maiores perguntas que precisamos responder – uma decisão que costumava ser tomada por nossos pais e nossa comunidade – é: *Quem devo escolher como parceiro amoroso?*

TEMOS OPÇÕES DEMAIS

Estamos passando por uma grande mudança na cultura do namoro. O namoro propriamente dito só começou na década de 1890.[4] O namoro pela internet começou em 1994 com o Kiss.com, seguido um ano depois pelo Match.com.[5] Procuramos o amor on-line há menos de uma década. Se parece que estamos no meio de um gigantesco experimento cultural, é porque estamos.

Não estamos mais limitados às pessoas solteiras que conhecemos no trabalho, na igreja ou na vizinhança. Agora podemos examinar centenas de parceiros potenciais em um único dia. Mas há um lado negativo nessas opções aparentemente infinitas. Alguns psicólogos, como Barry Schwartz, professor emérito no Swarthmore College, mostraram que, ainda que as pessoas anseiem por escolher, ter uma enorme variedade de opções nos deixa menos satisfeitos e duvidando das nossas decisões.[6] Eles chamam isso de *paradoxo da escolha*.

As pessoas estão enfrentando dificuldades. Como aquela criatura insuportável à sua frente na fila do sorvete, que não consegue se decidir por um sabor ("Posso experimentar todos de novo?"), analisar demais nos paralisa. E isso é especialmente verdadeiro quando se trata de escolher um parceiro ou uma parceira para a vida toda.

ANSIAMOS PELA CERTEZA

Qual foi a última compra que você pesquisou na internet? Qual escova de dentes elétrica comprar? Que alto-falantes *bluetooth* dar de presente para seu irmão colocar no apartamento novo? Vivemos numa sociedade rica em informações, que oferece o falso conforto da pesquisa. Pode parecer que a decisão perfeita está a apenas mais algumas buscas no Google. Quer estejamos escolhendo o restaurante mexicano mais autêntico ou o aspirador de pó com melhor desempenho, consultamos rankings e resenhas intermináveis. Parece que, se pudermos pesquisar todas as opções disponíveis, conseguiremos escolher a certa.

Ficamos viciados nesse sentimento de certeza e ansiamos por ele na nossa vida amorosa. Mas, quando se trata de relacionamentos, essa garantia não existe. Tampouco existe uma "resposta certa" para perguntas como *Com quem eu deveria estar?*, *Até que ponto devo me comprometer?* e *Será que essa pessoa vai mudar algum dia?*. Nenhuma busca no Google revelará se James ou Jillian será um bom cônjuge. Não podemos ter certeza absoluta antes de qualquer grande decisão de relacionamento – e, por sorte, não precisamos disso para ser felizes. Os melhores relacionamentos são construídos, e não descobertos. Mas com frequência nossa mente fica presa numa armadilha, achando que ao examinar centenas de opções estaremos mais perto de saber se a pessoa diante de nós é a "certa".

AS REDES SOCIAIS ESTIMULAM A COMPARAÇÃO E NOS DESANIMAM

Há muitos anos as pessoas viviam em aldeias comunitárias. Elas testemunhavam outros casais sendo afetuosos, brigando e fazendo as pazes.[7] Não existia o que chamamos de problema privado. Hoje nossa principal visão dos relacionamentos dos outros são *feeds* de redes sociais montados, editados e filtrados pelo Instagram – elaborados pedidos de noivado no meio de uma caminhada, fotos de férias de alguém carregando um bebê dormindo junto ao peito num suporte tipo canguru. Isso nos leva a achar que somos as únicas pessoas que passam por dificuldades esmagadoras na vida amorosa (com uma iluminação muito menos favorável). Pensar que o relacionamento alheio é perfeito enquanto o seu está afundando (ou nem existe) exacerba essa dor. Acho que isso é especialmente verdadeiro para os homens, que costumam ter uma rede social menor e menos pessoas com quem compartilhar seus medos. Eles têm menos probabilidade de falar com os amigos sobre seus problemas e descobrir que todo mundo, em algum momento, passa por dificuldades nos relacionamentos.

NÃO TEMOS MODELOS DE COMPORTAMENTO NOS RELACIONAMENTOS

Queremos encontrar o melhor parceiro ou a melhor parceira possível e construir o melhor relacionamento possível, mas muitos de nós vimos poucos relacionamentos funcionais em primeira mão, especialmente quando éramos crianças.

A taxa de divórcio chegou ao auge na década de 1970 e início da de 1980. E ainda que tenha diminuído desde então, muitos de nós somos o que a terapeuta de casais Esther Perel chama de "filhos dos divorciados e desiludidos".[8] Cerca de 50% dos casamentos nos Estados Unidos terminam em divórcio ou separação,[9] e cerca de 4% das pessoas casadas dizem que se sentem péssimas no seu relacionamento.[10] Junte tudo isso e chegaremos à conclusão de que a maioria das pessoas casadas optou por acabar com o casamento[11] ou o está suportando mesmo infeliz.[12]

Isso é um problema. Estudos atrás de estudos demonstram a força dos modelos de comportamento. É muito mais fácil acreditar que uma coisa é possível quando você viu outra pessoa fazer, seja correr 1 quilômetro em dois minutos e meio ou comer 73 cachorros-quentes em menos de 10 minutos (#objetivosdevida). Por exemplo, as mulheres têm muito mais probabilidade de se tornarem inventoras se tiverem crescido num local onde existam muitas mulheres detentoras de patentes. Elas, na verdade, têm mais probabilidade de obter patentes nas *mesmas categorias* das inventoras mais velhas que morassem na vizinhança.[13]

Isso também acontece com os relacionamentos. Todos queremos desenvolver relacionamentos duradouros e satisfatórios, porém é mais difícil fazer isso quando você não tem modelos à sua volta. Muitos dos meus clientes confessam temores relativos a não saber como é o dia a dia num relacionamento forte – *Como casais saudáveis resolvem conflitos? Como cônjuges felizes tomam decisões juntos? Como passar o resto da vida de modo bem-sucedido com uma pessoa?* – porque não observaram esses comportamentos em seus próprios pais.

Até mesmo aqueles de nós que têm as melhores intenções para relacionamentos sentem dificuldades porque não testemunharam um relacionamento funcional de fato.

EXISTEM INÚMEROS MODOS DE ESTAR NUM RELACIONAMENTO

Muitas das questões sobre relacionamentos que enfrentamos hoje jamais teriam passado pela mente dos nossos ancestrais pastores de camelos – perguntas como *Estamos namorando ou só ficando?* ou *Será que devo romper agora ou esperar até o fim da temporada de casamentos?* Sofremos abrindo o peito com nossos confidentes porque não sabemos se estamos apaixonados por uma pessoa ou ficando cansados de primeiros encontros que não levam a lugar nenhum.

Agora, graças a avanços no controle de natalidade e na ciência da fertilidade, as pessoas podem se perguntar sobre situações como *Eu quero filhos? E, se sim, quando?* (É improvável que nossos ancestrais perdessem o sono por causa disso.)

Para além dos avanços científicos, estamos expandindo nossos modelos de namoro e relacionamento de longo prazo. Pensamos em perguntas como *Somos monogâmicos?* e *Como definimos a monogamia?*, por exemplo.

Em certo sentido, essas perguntas são empolgantes. Quem não quer se sentir livre e controlar o próprio destino? Mas, num determinado ponto, todas essas opções e oportunidades podem fazer a gente, em vez de se sentir livre, se sentir esmagada.

SOMOS PRESSIONADOS A TOMAR A DECISÃO "CERTA"

Ainda por cima, somos bombardeados com mensagens implorando para tomarmos a decisão certa. Todo mundo, desde figuras públicas como a diretora de operações do Facebook Sheryl Sandberg (que disse: "Acredito realmente que a decisão de carreira mais importante que uma mulher toma é se ela terá um companheiro para a vida toda e quem é esse companheiro")[14] até os nossos pais ("Não cometa os mesmos erros que eu cometi!"), reforça como é fundamental não fazermos besteira.

Pode parecer que toda a nossa vida depende de uma grande decisão: com quem devemos nos casar. Isso é especialmente verdadeiro para as mulheres, que enfrentam mais pressão para escolher um cônjuge se quiserem ter filhos até certa idade.

MAS HÁ ESPERANÇA!

Podemos controlar nossa vida amorosa se nos compreendermos melhor: o que nos motiva, o que nos confunde, o que nos atrapalha. E é aí que entra a ciência comportamental – e este livro.

TÓPICOS PARA GUARDAR

1. Namorar é mais difícil do que nunca. E pode dizer à sua mãe que eu falei isso.

2. Eis o motivo:
   - Nós definimos nossa própria identidade, diferentemente dos nossos ancestrais, cuja vida era definida por suas comunidades.
   - Temos milhares de opções na ponta dos dedos, o que nos leva a questionar nossas decisões.
   - Ficamos desconfortáveis tomando decisões importantes quando não podemos pesquisar a resposta certa.
   - As redes sociais nos levam a acreditar que todas as outras pessoas têm relacionamentos mais saudáveis e felizes do que nós.
   - Muito poucos de nós têm bons modelos de comportamento em relacionamentos.
   - Existem muitos tipos de namoro e de relacionamentos de longo prazo.
   - Somos bombardeados com mensagens de que precisamos tomar a decisão "certa" – e de que existe uma única resposta certa.

3. Mas há esperança: colocando em prática ideias da ciência comportamental, podemos controlar nossa vida amorosa.

2

AS TRÊS TENDÊNCIAS DO NAMORO

*Como descobrir seus pontos cegos
relacionados ao namoro*

Você já olhou em volta e se perguntou: *Por que todo mundo encontrou o amor, menos eu? Gosto do meu trabalho, gosto dos meus amigos, gosto de mim. Por que essa única parte da minha vida ainda não se encaixou?*

Quase todos os meus clientes já me contaram alguma versão disso. Descobri que muitos deles sofrem de pontos cegos relacionados ao namoro – padrões de comportamento que os impedem de encontrar o amor, mas que eles não conseguem identificar sozinhos.

Categorizei os pontos cegos mais comuns numa estrutura chamada Três Tendências do Namoro. Cada grupo luta com expectativas irreais – sobre si mesmos, sobre seu parceiro e sobre relacionamentos amorosos.

O questionário a seguir vai revelar sua tendência de namoro. Ele vai ajudar a identificar o que está atrapalhando, de modo que você possa romper com seus maus hábitos e desenvolver outros mais saudáveis. Sua tendência impacta seu comportamento em cada estágio do relacionamento, por isso descobrir qual é ela é um primeiro passo na jornada para encontrar o amor.

QUESTIONÁRIO DAS TRÊS TENDÊNCIAS DO NAMORO

Instruções

Leia cada declaração e decida até que ponto ela descreve você. Faça um círculo no número que corresponde à sua resposta:

1. Muito diferente de mim
2. Um pouco parecido comigo
3. É a minha cara

PERGUNTA	RESPOSTA	
1	1 2 3	Não quero ter um segundo encontro com alguém se não sinto uma faísca quando nos conhecemos.
2	1 2 3	Quando estou num encontro fico me perguntando: *Esta pessoa atende aos meus padrões?*
3	1 2 3	Vou estar pronto(a) para namorar quando estiver melhor (por exemplo, quando perder peso ou me sentir mais estável financeiramente).
4	1 2 3	Eu preferiria que meu(minha) companheiro(a) e eu tivéssemos uma história romântica sobre "como nos conhecemos".
5	1 2 3	Geralmente leio avaliações do produto antes de fazer uma compra importante.
6	1 2 3	Não tenho tempo para namorar agora.
7	1 2 3	Acredito que existe uma pessoa perfeita para mim, eu apenas não a encontrei ainda.
8	1 2 3	Quando preciso tomar uma decisão, costumo pesar todas as opções possíveis.

PERGUNTA	RESPOSTA	
9	1 2 3	Meus amigos dizem que preciso sair da casca.
10	1 2 3	Acho os aplicativos pouco românticos, porque quero conhecer a pessoa de um modo mais natural.
11	1 2 3	Sinto orgulho de jamais me acomodar.
12	1 2 3	Raramente vou a encontros.
13	1 2 3	Não acredito que a fagulha possa crescer com o tempo. Ou você sente no início ou não sente.
14	1 2 3	Saberei que encontrei a pessoa certa porque vou me sentir absolutamente seguro(a) em relação a ela.
15	1 2 3	Se quero atrair a melhor pessoa possível, primeiro preciso *me tornar* a melhor pessoa possível.
16	1 2 3	O amor é um sentimento visceral. Quando a gente sente, a gente sabe.
17	1 2 3	Meus amigos dizem que sou exigente demais.
18	1 2 3	Agora meu foco é na carreira, mais tarde penso em namoro.

Pontuação das tendências

O romantizador. Some a nota das suas respostas às perguntas 1, 4, 7, 10, 13 e 16: _____

O maximizador. Some a nota das suas respostas às perguntas 2, 5, 8, 11, 14 e 17: _____

O hesitante. Some a nota das suas respostas às perguntas 3, 6, 9, 12, 15 e 18: _____

O romantizador

Você deseja encontrar sua alma gêmea, o "felizes para sempre", o conto de fadas inteiro. Você ama *o amor*. Acredita que está sozinho ou sozinha porque ainda não encontrou a pessoa certa. Seu lema é: "Vai acontecer quando tiver que acontecer."

O maximizador

Você adora pesquisar e explorar todas as opções, revirando cada pedra até ter certeza de que encontrou *a certa*. Toma decisões com cuidado. E, antes de escolher uma determinada coisa, quer ter 100% de certeza. Seu lema é: "Por que me acomodar?"

O hesitante

Você acha que não está preparado ou preparada para namorar porque ainda não é a pessoa que deseja ser. Você estabelece para si um padrão alto. Quer se sentir totalmente pronto ou pronta antes de começar um novo projeto; isso também acontece com o namoro. Seu lema é: "Vou esperar até me tornar um bom partido."

Apesar de parecerem muito diferentes, o romantizador, o maximizador e o hesitante têm uma coisa importante em comum: expectativas irreais.

O romantizador tem expectativas irreais em relação aos *relacionamentos*.

O maximizador tem expectativas irreais em relação ao *parceiro*.

O hesitante tem expectativas irreais em relação *a si mesmo*.

Se você recebeu nota alta em mais de uma tendência, releia as descrições e escolha a que melhor define você. Se ainda tiver dificuldade, mande uma foto dessas três opções a um amigo de confiança. Ao validar esse questionário, descobri que amigos podiam identificar a tendência de namoro que está atuando de um modo ainda melhor do que a pessoa que responde ao questionário. Lembre-se: esses são pontos cegos. Frequentemente nossos amigos conseguem reconhecer no nosso comportamento padrões que nós não enxergamos.

Minha tendência é (circule uma):

O romantizador   O maximizador   O hesitante

Nos próximos capítulos vou falar mais sobre cada uma dessas tendências, as dificuldades que elas enfrentam e como superá-las. Recomendo ler todos os três capítulos a seguir porque eles contêm lições úteis para todo mundo e vão ajudar você a entender pessoas que encontra e têm tendências diferentes da sua.

TÓPICOS PARA GUARDAR

1. Muitas pessoas sofrem de pontos cegos em relação ao namoro – padrões de comportamento que as impedem de encontrar o amor, mas que elas não conseguem identificar sozinhas.

2. Categorizei os pontos cegos mais comuns numa estrutura chamada Três Tendências do Namoro. Cada grupo luta com expectativas irreais.
   - O romantizador tem expectativas irreais em relação aos *relacionamentos*. Ele quer encontrar sua alma gêmea, o "felizes para sempre", o conto de fadas inteiro.
   - O maximizador tem expectativas irreais em relação ao *parceiro* ou à *parceira*. Ele adora explorar as opções e quer ter certeza de que está tomando a decisão certa.
   - O hesitante tem expectativas irreais em relação a *si mesmo*. Ele acha que ainda não está pronto para namorar.

3. Entender sua tendência de namoro ajuda a descobrir o que está atrapalhando e como você pode superar esses pontos cegos.

3

A DISNEY MENTIU PARA NÓS

*Como superar a tendência
romantizadora*

Depois de apenas 20 minutos da nossa primeira sessão, as lágrimas já estavam rolando.

– Sei que ele existe em algum lugar – disse Maya. – Só não me encontrou ainda.

"Ele" é sua alma gêmea. O queijo da sua goiabada. A pessoa certa. Maya não conseguia parar de falar nesse homem hipotético que faria todos os seus sonhos se realizarem. Ela acreditava que o par perfeito estava esperando por ela na próxima esquina.

– Quero conhecê-lo naturalmente – explicou ela quando perguntei sobre sua abordagem atual de namoro. – Os aplicativos são muito pouco românticos. Por que brincar com o destino?

Maya tem cabelos pretos compridos, que ela passa uma hora ajeitando com o secador todas as manhãs, antes de ir para o trabalho. Quando conta uma história, cada detalhe parece ligeiramente mais dramático porque ela levanta as sobrancelhas escuras com surpresa ou ri para mostrar os dentes brilhantes. (Faz sentido, já que ela é uma dentista com consultório próprio.) É filha de imigrantes iranianos e seus pais estão há 35 anos no que ela descreve como um "casamento muito feliz". Maya quer ter o que eles têm.

Ela já teve alguns namorados – um na faculdade e dois desde então –, mas nenhum relacionamento deu certo. Maya rompeu com todos eles. "Quando for o certo, vou saber", diz ela, arqueando a sobrancelha. Ela cresceu assistindo repetidamente aos filmes da Disney em VHS, como *A pequena sereia*, e está esperando o seu "felizes para sempre".

Maya é a romantizadora por natureza. Os romantizadores acreditam que o amor é algo que simplesmente acontece, e se estão solteiros é porque ainda não encontraram a pessoa certa. Eles podem não se identificar conscientemente com os contos de fadas, mas esperam que sua vida se pareça com um deles. Acreditam que a pessoa perfeita vai surgir na sua vida algum dia. Só precisam esperar esse momento. E, assim que o Príncipe Encantado ou a Cinderela aparecer, o amor surgirá sem esforço. Claro! Uma história embalada pelas músicas de Céline Dion.

O PROBLEMA DOS CONTOS DE FADAS

Quem se importa se você é um romântico inveterado? Eu me importo, e você também deveria.

Na ciência comportamental sabemos que *a mentalidade importa*. Nossas atitudes e expectativas criam o contexto para nossas experiências, que, por sua vez, afetam o modo como interpretamos informações e tomamos decisões.

Sobre os relacionamentos românticos, a psicóloga Renae Franiuk descobriu que as pessoas têm ou uma mentalidade de alma gêmea, a crença de que a satisfação num relacionamento resulta de encontrar a pessoa certa, ou uma mentalidade de trabalho, a crença de que um relacionamento bem-sucedido decorre de um empenho esforçado.[1]

De modo pouco surpreendente, os romantizadores têm uma mentalidade de alma gêmea. Isso determina o modo como agem em cada estágio do relacionamento. Em primeiro lugar, afeta o modo como eles buscam um parceiro ou uma parceira. Quando perguntei a Maya por que achava que estava sozinha, ela disse:

– A coisa simplesmente ainda não aconteceu comigo.

Na mente de Maya, o amor é uma coisa que acontece *com* a gente, como ser acertado por um raio. Então por que tentar? Os romantizadores *esperam* pelo amor e não se esforçam para *criar* amor. (Uma vez trabalhei com uma mulher que se arrumava toda para cada voo, pensando que seu "futuro marido" poderia estar no mesmo avião, mas depois se recusava a se aproximar de qualquer pessoa, para não ser percebida como alguém que se esforçava demais.)

Essa mentalidade influencia com quem você está disposto ou disposta a sair. As pessoas que acreditam em alma gêmea costumam ser muito específicas a respeito de como será seu parceiro ou sua parceira. Quando nos conhecemos, Maya fez uma lista das características físicas do seu futuro marido: "Cabelos e olhos claros. Corpo esbelto, mas definido. Tatuagens de bom gosto. Cabelo de comprimento médio. Rosto bonito e ligeiramente rude, jeito de garoto mau. Alto, mais de 1,78 metro. Mãos fortes e nada de unhas curtas demais."

Como os romantizadores acreditam que sabem como será a aparência de seu futuro parceiro ou sua futura parceira, quando conhecem alguém que não corresponde a essa imagem, eles nem dão chance. E assim acabam perdendo ótimas oportunidades.

Quando começam a namorar uma pessoa que acreditam ser "a certa", suas expectativas estratosféricas podem impelir o relacionamento adiante. Mas, ao esbarrarem num obstáculo inevitável – digamos, por exemplo, uma briga particularmente acalorada –, eles desistem do relacionamento, em vez de tentar superar a dificuldade.

A tendência romantizadora de Maya ajuda a explicar por que ela teve dificuldades com os relacionamentos anteriores.

– Em todos os meus relacionamentos acabo pensando: *Espera um minuto. Por que isso é tão difícil?* – contou ela. – O amor deveria ser algo sem esforço, não é? Esse não pode ser o homem "certo".

Por outro lado, as pessoas com mentalidade de trabalho acreditam que relacionamentos exigem esforço, que o amor é construído, e não uma coisa que simplesmente acontece. As pessoas com mentalidade de trabalho costumam se sair melhor nos relacionamentos porque, quando tropeçam, fazem o trabalho necessário para recolocar o relacionamento nos trilhos, em vez de desistir.

Se você é um romantizador ou uma romantizadora que deseja ter um relacionamento duradouro, é hora de abandonar os contos de fadas e iniciar um novo capítulo com uma mentalidade de trabalho.

NOSSAS EXPECTATIVAS DE CONTOS DE FADAS

Os romantizadores não são os únicos que acham que o casamento traz a esperança de uma história de amor cheia de paixão ardente. Muitos de nós pensamos isso.

Mas nem sempre foi assim.

De fato, durante a maior parte da história a ideia de casar por amor pareceria idiota. O casamento tinha a ver com dinheiro e conveniência. Você se casava com alguém porque as terras do pai do pretendente eram adjacentes às do seu pai. Ou porque você era pobre e alguém oferecia uma dúzia de vacas à sua família em troca da sua mão.

Como explicou a historiadora do casamento Stephanie Coontz: "Até o fim do século XVIII a maioria das sociedades ao redor do mundo enxergava o casamento como uma instituição econômica e política importante demais para ser deixada à mercê da escolha dos dois indivíduos envolvidos, em especial se eles fossem basear sua decisão em algo tão pouco razoável e transitório como o amor."[2]

Sabemos, por meio de poemas antigos, que os seres humanos sempre experimentaram o amor. Em "Canção de amor para Shu-Suen",[3] um poema sumério de 4 mil anos, considerado o poema de amor mais antigo do mundo, a autora declara: "Leão, me deixe acariciar você / Minha carícia preciosa é mais doce que o mel." (Eu sei o que você está pensando, mas não, não é a letra de uma música da Beyoncé.) No entanto, durante a maior parte da história humana o amor simplesmente não fazia parte da equação do casamento.[4] O amor era uma coisa que você podia experimentar *fora* do casamento. Talvez um caso com a vizinha ou uma paixonite pelo ferreiro da aldeia.

Alain de Botton estuda como nossa visão do amor mudou com o tempo. Ele é o filósofo que administra a School of Life, que promove cursos sobre como ter uma existência significativa. Além disso, ele escreveu dois romances profundos sobre relacionamentos: *Ensaios de amor* e *O curso do amor*.

Quando conversamos, ele explicou como nossos ancestrais costumavam enxergar o amor:

— Era considerado um momento muito empolgante, como uma espécie de doença, uma espécie de momento de êxtase. O amor ficava fora da experiência comum, quase como uma aparição religiosa. E podia ter acontecido com alguém apenas uma vez na vida. Em geral o amor não era considerado algo em relação ao qual a pessoa deveria agir de qualquer modo prático. A pessoa permitia que o sentimento a dominasse, deixava que ele guiasse um verão intenso na juventude, mas certamente não se casava por causa dele.[5]

Somente por volta de 1750 a ideia de se casar por amor se estabeleceu.[6] Tudo remonta ao período do romantismo, um movimento ideológico que começou na Europa – com os filósofos se mostrando poéticos em relação ao amor – e acabou tomando conta do mundo. O romantismo elevou o amor de "uma espécie de doença" até o novo modelo do que passamos a esperar dos relacionamentos de longo prazo. A Revolução Industrial impeliu a adoção desse modelo pela sociedade em geral.[7] Com o aumento da mecanização e a disseminação da riqueza, finalmente os casamentos podiam se concentrar mais na realização pessoal do que no atendimento de necessidades básicas.

Vários séculos mais tarde, o romantismo ainda domina nossas ideias sobre o amor. Veja esta lista de ideais românticos.[8] Com quantos deles você se identifica?

- O amor é um sentimento visceral. A gente o identifica quando sente.
- Quando encontrarmos nossa alma gêmea, vamos sentir uma atração imediata por ela. Seremos atraídos somente para ela, e vice-versa.
- Nossa alma gêmea vai nos entender intuitivamente e saber do que precisamos, antes mesmo de nós.
- Permaneceremos apaixonados por nosso(a) companheiro(a) durante todo o casamento.
- Nossa alma gêmea é a única pessoa de quem realmente precisamos. Ela pode ocupar qualquer papel na nossa vida, desde melhor amigo(a) até companhia de viagem ou amante.
- O sexo bom é a garantia de um bom casamento. O sexo ruim ou pouco frequente (ou pior, a infidelidade) significa que o relacionamento está condenado.
- Não é sexy falar sobre dinheiro. O amor não deve ser prático.

Quanto mais essas ideias reverberam em sua cabeça, mais fica evidente que os princípios do romantismo fizeram uma lavagem cerebral em você. (E se todas elas reverberam em você, eu adoraria pegar emprestado seus sapatinhos de cristal e sua carruagem de abóbora.)

Quando esperam que os relacionamentos amorosos se desdobrem desse jeito, as pessoas passam a acreditar na alma gêmea, como aconteceu com Maya. Elas desperdiçam anos esperando a pessoa "certa", rejeitando qualquer um que não atenda às suas expectativas irreais sobre o amor.

COMO LUTAR CONTRA OS IDEAIS DO ROMANTISMO

Os filmes e os programas de TV perpetuaram há muito tempo os ideais adocicados do romantismo (leia-se: a vida não é o filme *Diário de uma paixão*). Essas ideias sobre o amor e os relacionamentos de longo prazo não são só incorretas, como também prejudiciais. Além disso, beijar sob a chuva é muito mais desconfortável do que parece. Eis os principais culpados:

Intensificador número 1 da romantização: o príncipe encantado da Disney

A crença na alma gêmea da Disney perpetua a ideia de que "a pessoa certa" está por aí, e é exatamente como você imaginou.

A Disney nos diz que um dia seremos acordados pelo nosso próprio príncipe encantado ou princesa encantada. Essa tendência não assola apenas mulheres heterossexuais; encontrei romantizadores de todos os gêneros e orientações sexuais. E todos estão por aí, esperando essa pessoa perfeita. O príncipe encantado pode ser um arquiteto que ajuda crianças de abrigos. A princesa encantada pode ser uma modelo de passarela com Ph.D. em física. Essa pessoa tem muitas qualidades e nenhum defeito.

Nos desenhos animados da Disney as pessoas se apaixonam sem ao menos conhecer seu par. Em *A pequena sereia*, tudo que o príncipe Eric sabia sobre Ariel era que ela era uma ruiva bonita com força suficiente para puxá-lo para a praia quando seu barco virou. E ele a amou por causa disso? Em *Cinderela*, a heroína se apaixona pelo príncipe porque ele sabe dançar e porque se esforça para devolver itens perdidos à verdadeira dona. Para mim, isso parece meio raso.

Mudança para a mentalidade de trabalho
Até o Príncipe Encantado tem mau hálito de manhã.

Ninguém é perfeito, nem você. Não sabe do que estou falando? Pense na última vez em que você decepcionou alguém. (Se está com dificuldade para pensar nos seus defeitos, tente telefonar para seus irmãos. Tenho certeza de que eles adorarão lembrar você.)

É hora de abrir mão dessa ideia de perfeição.

Como Maya, você pode ter na mente uma visão do seu futuro marido ou da sua futura esposa. Talvez isso seja influenciado por uma paixonite antiga pelo garoto que morava do outro lado da rua ou por sua estrela de cinema predileta. É hora de perceber que a aparência dessa pessoa pode ser diferente daquela que você estava esperando. Talvez ela seja mais baixa ou mais alta, mais roliça ou mais magra, mais escura ou mais clara, mais peluda ou mais lisa do que você esperava. Essa visão muito estreita da aparência da pessoa impede você de enxergar as possibilidades que estão à sua frente. Se você não é perfeito ou perfeita, por que essa pessoa deveria ser? Pare de usar dois pesos e duas medidas: você não é uma estrela de cinema. (E, se for, maneiro! Obrigada por ler meu livro!)

Intensificador número 2 da romantização: o "felizes para sempre" da Disney

A crença na alma gêmea da Disney perpetua a ideia de que a parte difícil do amor é encontrar alguém. Depois disso tudo é fácil.

Os filmes da Disney retratam todas as coisas pelas quais um casal passa até o casamento: o namoro, o conflito, a bruxa má. Mas assim que derrotam seus inimigos e finalmente podem ficar juntos, o casal não tem mais nenhum desafio. Depois disso, felizes para sempre, certo?

Errado. Eu chamo isso de "falácia do 'felizes para sempre'" – a falsa ideia de que a parte difícil do amor é encontrar alguém.

Mudança para a mentalidade de trabalho

Nenhum relacionamento é fácil o tempo todo. Até mesmo os casamentos mais saudáveis e recompensadores exigem esforço.

Encontrar alguém pode ser difícil, mas frequentemente o verdadeiro desafio vem depois. *A parte difícil* é o trabalho cotidiano que você faz para desenvolver e conservar um bom relacionamento. *A parte difícil* é sentir empolgação ao ver seu cônjuge no fim do dia, depois de 30 anos e dois filhos, muito depois de passada a lua de mel. *A parte difícil* é lembrar por que você ama alguém durante todos os desafios logísticos, financeiros, emocionais e espirituais que a vida joga em você.

Intensificador número 3 da romantização: o "encontro bonitinho" das comédias românticas

A crença na alma gêmea das comédias românticas perpetua a ideia de que você não precisa se preocupar, o amor vai encontrá-lo, e provavelmente isso vai acontecer de um modo "bonitinho", que você vai querer contar aos seus amigos.

As comédias românticas são contos de fadas da Disney para pessoas com idade suficiente para comprar seus próprios ingressos de cinema. E para quem acha ingleses desajeitados atraentes. (Colin Firth é como uma couve-de-bruxelas; você só passa a apreciá-lo quando está mais velho.) Todos sabemos que as comédias românticas não são a vida real. No entanto, elas adentraram sorrateiramente nosso subconsciente. Em especial quando se trata do encontro bonitinho. Numa comédia romântica, o encontro bonitinho é o primeiro encontro do herói com a heroína e costuma acontecer quando os dois personagens estão numa situação cotidiana

– indo à feira, por exemplo. E você começa a achar que isso também pode acontecer com você. Você estende a mão para pegar aquele tomate perfeito exatamente no mesmo instante em que o estranho bonitão ao seu lado tenta pegá-lo, e pronto, seus olhares se cruzam. Ele explica que precisa do tomate para fazer a receita de bruschetta da avó (pronunciada com o floreio italiano certo). Você diz que ele pode levá-lo. Ele pergunta se pode lhe pagar um cappuccino para agradecer. Você diz que sim. Onze meses, uma briga grande e um gesto grandioso depois, ele está perseguindo você pelo terminal do aeroporto, flanqueado por seguranças, implorando que você não pegue o voo até Seul, onde aguarda seu novo emprego numa agência de publicidade.

A comédia romântica promove a ideia de que o amor encontra você, e não o contrário. Que o amor à primeira vista é real. Que você só precisa viver sua vida (e comer muitos tomates), porque um dia seu futuro marido ou sua futura esposa vão aparecer magicamente. Apesar de ser verdade que as pessoas se conhecem o tempo todo na vida real – em festas, eventos e até em passeatas –, o problema dessa ideia é que ela permite que as pessoas sejam *exageradamente passivas* na sua vida amorosa.

Mudança para a mentalidade de trabalho
O amor exige trabalho – para ser encontrado e se manter vivo. Esperar na feira não vai adiantar. Você precisa se esforçar para encontrar alguém. (Não se preocupe, vou mostrar como fazer isso na parte 2.) A magia de um relacionamento não reside num encontro casual ou cinematográfico, e sim no fato de dois estranhos se encontrarem e criarem uma vida juntos. Não importa onde nem como eles se conheceram.

Intensificador número 4 da romantização: as redes sociais

A crença na alma gêmea nas redes sociais perpetua a ideia de que os relacionamentos são festivais de amor com uma iluminação fantástica, cheios de sexo e sem esforço.

Pelo menos os filmes da Disney e as comédias românticas assumem que são ficcionais. Em muitos sentidos, as redes sociais são um vilão mais perigoso porque suas mentiras se disfarçam de vida real. Nas redes sociais vemos uma curadoria de imagens do relacionamento perfeito – desde uma caminhada romântica na praia ao pôr do sol até o beijo diante de um jantar preparado em casa e belamente empratado. Com isso, pensamos que nosso próprio relacionamento é deficitário. Comparamos e ficamos desanimados.

Mudança para a mentalidade de trabalho
Em primeiro lugar, não acredite no que você vê no Instagram. As imagens ali são recortadas, turvadas e distorcidas para transmitir uma mensagem. E quando se trata de relacionamentos, as fotos que você vê nas redes sociais são apenas um recorte desse relacionamento alterado com filtros pesados. Assim como as pessoas não postam fotos chorando ou limpando o nariz, ninguém posta fotos de brigas sérias com o cônjuge nem de noites passadas imaginando se deveriam permanecer juntos. As redes sociais mostram todas as outras pessoas em um relacionamento abençoado, sem esforço, passional e perfeito, o que colabora para as expectativas estratosféricas acerca do nosso próprio relacionamento.

Os relacionamentos passam por períodos de altos e baixos. Se você está trabalhando duro em seu relacionamento, isso é um bom sinal! Muitas horas do casamento são gastas com minúcias cotidianas e raramente postadas: trocar fraldas sujas, lavar a roupa e a louça. O amor acontece *nesses* momentos, e não apesar deles. O amor é muito mais do que uma foto cheia de filtros tirada ao pôr do sol.

DO ROMANCE DOS CONTOS DE FADAS PARA O AMOR DA VIDA REAL

Expliquei a Maya como a Disney, as comédias românticas e as redes sociais tinham instigado suas tendências de romantização. Se ela quisesse encontrar o amor, precisaria mudar suas expectativas.

Ela cruzou os braços.

– Você não entende? – perguntou ela com as sobrancelhas franzidas. – Parece que você está dizendo para eu abrir mão do meu sonho. Eu tenho uma visão do amor, e agora você diz que ele não existe. Que eu preciso me acomodar ou desistir. Por que as outras pessoas têm bons relacionamentos e eu não? Será que não sou boa o suficiente?

Eu entendia.

– Maya, não, não é isso – retruquei. – Quero que você esteja aberta para um amor que seja diferente do que você achou que teria. Não estou dizendo para se acomodar. Não estou pedindo que você namore o substituto do Príncipe Encantado. Porque o Príncipe Encantado não existe.

Isso também serve para você: é hora de abrir mão do Príncipe Encantado e começar a procurar alguém de verdade. Vamos chamá-lo de Larry.

Porque esse é o nome do cara com quem Maya acabou ficando. Ela o conheceu quando estava substituindo outro dentista que tinha entrado de férias. Devido às nossas sessões, Maya aprendeu a abrir mão de sua crença na alma gêmea, que a impedia de encontrar o amor verdadeiro. Seu namorado atual, com quem ela está morando, não é nem um pouco como ela esperava. Larry é um homem divorciado com dois filhos pequenos.

– Ele se senta de forma desleixada, usa suéteres com buracos – disse ela. – Não abre as portas para mim. – Ela sorriu, surpresa porque não se importava mais com esses detalhes superficiais. – Mas me faz rir. É gentil, e eu sinto que, perto dele, posso ser eu mesma. Ele faz com que eu me sinta inteligente e bem-humorada. Sei que parece piegas, mas estou mais feliz do que nunca.

Eles brigam sobre onde vão passar o Dia de Ação de Graças, se precisam mesmo ir ao casamento de um amigo não muito próximo e sobre o dinheiro que ele gasta com a comida *premium* do cachorro dele. Mas agora Maya acredita que essas brigas são sinais de que está tudo bem.

– Nós somos passionais! Nós nos importamos com as coisas. Falamos abertamente um com o outro. Não somos a mesma pessoa, de modo que, claro, vamos brigar. Sei que todos os relacionamentos exigem trabalho. E quero investir neste.

TÓPICOS PARA GUARDAR

1. Nossa mentalidade importa! A capacidade de mudar a mentalidade de crença na alma gêmea para a crença no trabalho pode ser a diferença entre encontrar ou não um companheiro ou uma companheira para a vida toda.
   - As pessoas que acreditam em alma gêmea rejeitam companheiros promissores porque eles não combinam com a visão que elas têm sobre como eles deveriam ser. Acham que o amor vai simplesmente aparecer e esperam que não exija esforço. Que, se não for assim, elas devem estar com a pessoa errada.
   - As pessoas com mentalidade de trabalho sabem que relacionamentos exigem esforço e que um relacionamento bem-sucedido é uma construção.

2. Nossa crença no destino e nos contos de fadas – influenciada em parte pelos filmes da Disney, pelas comédias românticas e pelas redes sociais – cria expectativas irreais sobre encontrar e conservar relacionamentos. Lembre-se: ninguém é perfeito, nem você. Até mesmo o Príncipe Encantado tem mau hálito de manhã.

3. A "falácia do 'felizes para sempre'" é a ideia equivocada de que a parte mais trabalhosa do amor é encontrar alguém. Na verdade, isso é só o começo. Permanecer no amor também exige trabalho. Se você espera que relacionamentos sejam fáceis, será surpreendido(a) quando vocês chegarem a um inevitável trecho esburacado do caminho.

4. É hora de aceitar (e buscar) o amor real, com brigas e tudo!

4

NÃO DEIXE O PERFEITO SER INIMIGO DO ÓTIMO

Como superar a tendência maximizadora

Steven disse que não conseguia se lembrar de uma época em que soubesse *instintivamente* o que fazer. Pesquisas detalhadas precediam todas as grandes ou pequenas decisões. A cada poucos meses ele fazia entrevistas em diferentes empresas ("para manter as opções abertas", foi o que me disse) e acabava permanecendo no emprego. Leu avaliações de uísques durante duas horas antes de comprar uma garrafa para o pai no Dia dos Pais. Considerava cada decisão um problema a ser dissecado, analisado e pensado. Listas de prós e contras enchiam seu celular. Por que se arriscar a tomar uma decisão meramente boa quando havia uma perfeita, depois de apenas algumas horas de pesquisa?

Ainda que às vezes esse comportamento irritasse seus amigos – e os recrutadores das empresas –, ninguém, a não ser Steven (e Gabby, sua namorada), sofria com sua indecisão.

Gabby amava Steven. E Steven amava Gabby. Fazia quatro anos que os dois namoravam e três que moravam juntos. Mas frequentemente Steven pensava: *E as outras mulheres?* Ele conhecia as qualidades de Gabby. Ela era enfermeira e cuidava dos gatos do abrigo de animais do bairro. Ela era leal, calorosa, carinhosa, bonita, gentil e inteligente. Mas isso não bastava. Ele queria que ela fosse mais social. Queria jantares e conversas profundas sobre ideias abstratas.

Gabby se sentia pronta para casar e construir uma família. Fiel ao seu estilo, Steven não tinha tanta certeza.

Depois de um ano esperando Steven se decidir, Gabby deu um basta. Ela estava cansada de ir a casamentos de amigos que tinham se conhecido *depois* de ela e Steven começarem a namorar. Uma noite ela disse a Steven, em meio às lágrimas:

– Não posso esperar mais. Quero ficar noiva ou terminar.

Nos meses seguintes Steven não sabia o que fazer. Ele *queria* ficar noivo, mas não conseguia fazer o pedido. Debatia com amigos. Nadava durante longos períodos para meditar sobre a questão. Mas nunca se sentia mais perto de saber o que realmente desejava.

Ele não conseguia parar de pensar: *Será que eu poderia ser 5% mais feliz com outra pessoa?*

MAXIMIZADORES *VERSUS* SACIADORES

Steven é um maximizador. Os maximizadores são obcecados por tomar a melhor decisão possível. O economista, cientista político e psicólogo cognitivo norte-americano Herbert Simon descreveu esse perfil de personalidade num ensaio de 1956.[1] Segundo Simon, os maximizadores são um tipo especial de perfeccionista. Eles são compelidos a explorar todas as opções possíveis antes de escolherem alguma coisa. Mas essa compulsão se torna assustadora e, em última instância, inviável quando estão diante de um grande número de possibilidades.

Na outra extremidade do espectro estão os saciadores. Eles têm critérios, mas não se preocupam demais pensando que pode haver uma alternativa melhor. Procuram até encontrar a opção "suficientemente boa". Não é que se acomodem; eles apenas se sentem bem tomando uma decisão assim que juntam *algumas* evidências e identificam uma opção *satisfatória*.

Imagine que você está num voo de duas horas. O avião decola e você começa a examinar o catálogo de filmes. Você A) escolhe o primeiro que o(a) atrai e em cinco minutos se acomoda na poltrona com os olhos grudados em *Gênio indomável*? Ou B) passa 25 minutos examinando cada lançamento de comédia, drama, documentário e filme estrangeiro, além de todos os programas de TV, antes de escolher a melhor opção de todas?

Se escolheu a letra A, você provavelmente é um saciador. Se escolheu a B, você é claramente um maximizador. (Você pode estar entre esses extremos ou pode ser maximizador em algumas partes da vida e saciador em outras.)

Os maximizadores são obcecados com as tomadas de decisão. Acreditam que uma análise cuidadosa tornará sua vida melhor. Mas isso não é verdade. Os saciadores não apenas podem tomar *boas* decisões, como costumam ficar mais felizes com elas. Isso porque – e vale a pena repetir – ficar satisfeito *não* é se acomodar. Os saciadores podem ter padrões muito altos e só parar depois que esses padrões são alcançados. A diferença é que, assim que param, eles não se preocupam com as outras opções. Os maximizadores, por outro lado, podem encontrar uma opção que atenda aos seus padrões, mas se sentem compelidos a explorar todas as possibilidades.

Quando se trata de relacionamentos, maximizadores como Steven acreditam equivocadamente que, explorando o bastante, poderão encontrar a pessoa perfeita e ter confiança absoluta na própria decisão. Mas essa pessoa perfeita (e a certeza) não existe. Por isso, maximizar leva a angústia, adiamentos na decisão e oportunidades perdidas. Em outras palavras, é melhor ser saciador.

POR QUE OS MAXIMIZADORES SÃO ASSIM?

A ansiedade assola os maximizadores. Eles não sentem medo só de estar perdendo alguma coisa. Também sofrem com o medo de tomar a decisão errada. Acham que maximizar vai ajudá-los a fazer a escolha certa e aliviar sua ansiedade. Mas o medo de tomar a decisão errada gera uma pressão enorme. Qualquer coisa menor do que a perfeição parece um fracasso.

Isso acontece comigo quando viajo. Mesmo se uma viagem acontece de modo quase perfeito, quando cometo um erro – como reservar um hotel longe do centro da cidade –, não consigo deixar de sentir que fracassei.

Penso: *Se ao menos eu tivesse pesquisado mais um pouquinho...* Preciso lutar para impedir que esse sentimento arruíne a viagem.

Praticamente nada exacerba mais a tendência maximizadora do que escolher um companheiro ou uma companheira de longo prazo. Os maximizadores têm medo de cometer qualquer erro. *E se eu me divorciar e tiver que criar meus filhos sozinha? E se eu morrer de medo de ir para casa depois do trabalho porque não tenho assunto com minha esposa? E se eu ficar entediado a ponto de arranjar um caso?*

Durante a maior parte da história humana (e até hoje em muitas sociedades), as famílias, as comunidades ou os líderes religiosos aconselhavam as pessoas sobre o que fazer: quais roupas usar, o que comer, como agir, em que acreditar e com quem se casar. Hoje, na nossa cultura cada vez mais individualista e laica, cada um de nós define a própria identidade. *Eu como carne? Trabalho no Shabat? Batizo meus filhos? Me caso numa sinagoga? Me identifico como homem, mulher ou nenhum dos dois?*

Nossa vida, antes roteirizada pela cultura, pela religião e pela família, agora é uma página em branco. Isso dá a liberdade de nos exprimir de modo mais integral. Mas também sofremos com a pressão para acertar. Quando somos autores da nossa própria história, e essa história é uma porcaria, só podemos culpar a nós mesmos. Não é de espantar que fiquemos paralisados quando precisamos analisar algo.

Se tudo está por nossa conta, ansiamos por tomar a melhor decisão.

– Quero ter 100% de certeza antes de pedi-la em casamento – dizia Steven.

Mas esse é exatamente o problema. Steven acredita que é possível fazer uma lista de prós e contras até chegar à resposta correta, assim como faria ao comprar um bom aspirador de pó (Dyson V11 Animal, 160 avaliações com cinco estrelas) ou planejar o dia ideal (surfe às cinco da manhã, café na barraquinha que todo mundo adora mas ninguém conhece, disputar um triatlo, encontrar dois amigos diferentes, meditação na praia, refeição em casa e jogos de tabuleiro). Mas isso presume que *exista* uma resposta certa para com quem se casar. E não existe.

O PROBLEMA DE MAXIMIZAR

Os maximizadores alcançam resultados melhores?

Podemos pensar nessa pergunta de dois modos: o *resultado* objetivo e a *experiência* subjetiva. Em outras palavras, a qualidade da sua escolha e como você se sente a respeito dela.

Imagine que você é um maximizador e está cansado de gastar dinheiro com o café da manhã. Você passa horas pesquisando máquinas de expresso para comprar. Lê resenhas na Amazon e estuda sites de comparação de produtos. Você acaba optando pela elegante Breville Bambino Plus. Assim que ela chega, você percebe que ela não se encaixa tão bem na sua cozinha quanto pensava. Você se pergunta se não devia ter comprado uma menor. Assim como a resenha alertava, ela não captura o sabor do seu grão de café. Enquanto ela enche sua xícara, você se arrepende de não ter feito uma escolha diferente.

Enquanto isso, sua amiga saciadora também está querendo comprar uma máquina de café expresso. Ela vai ao shopping, entra numa loja da Nespresso, diz a um atendente o que está procurando e sai com uma máquina de preço razoável. Ela lhe conta como adora o processo de fazer seu café com leite de todo dia, desde escolher as cápsulas com cores variadas até ferver o leite.

Nesse enredo você escolheu a melhor máquina de expresso disponível. Vários sites comparavam sua máquina com a dela, e a sua vencia. Mas quem se sente melhor com a decisão?

Os saciadores dizem que se sentem bem com suas escolhas mesmo quando selecionam uma opção objetivamente pior. (Ah, qual é! A Nespresso da sua amiga nem chega aos pés das que tiveram mais pontos nos sites especializados!) Isso porque os maximizadores ficam sempre em dúvida. Eles sofrem em dobro: primeiro com a agonia de chegar à decisão certa e depois quando se preocupam achando que tomaram a decisão errada.

O psicólogo Barry Schwartz, autor de *O paradoxo da escolha*, explica que o que separa os maximizadores dos saciadores não é a qualidade das decisões, mas como essas decisões influenciam a maneira como eles se sentem: "Os maximizadores tomam boas decisões e acabam se sentindo mal com elas. Os saciadores tomam boas decisões e se sentem bem."[2]

Qual é o seu objetivo? Ter a melhor máquina de café ou ser feliz? Se é a felicidade que você busca, o que realmente importa é a experiência subjetiva, e não o resultado objetivo. Ainda que a qualidade do café seja importante, o fundamental é como a gente se *sente* em relação a esse café.

A SABEDORIA DO SACIADOR

Os maximizadores querem examinar cada detalhe antes de tomar uma decisão. Isso representa um desafio particularmente difícil quando se trata de namorar. Você não pode sair com todas as pessoas disponíveis na sua cidade, quanto mais em todo o mundo. Se você quer um dia se casar ou se comprometer com um relacionamento de longo prazo, precisará tomar uma decisão a partir das informações que tem.

Se você é um maximizador, essa ideia pode deixá-lo ansioso. E se você não ficar satisfeito ou satisfeita com o que escolheu? A boa notícia é que nós temos uma ferramenta incrível atuando a favor da nossa felicidade: o cérebro! Assim que nos comprometemos com alguma coisa, nosso cérebro nos ajuda a racionalizar por que aquela era a escolha certa.[3]

Racionalização é a capacidade de nos convencermos de que fizemos a coisa certa. Imagine que você comprou um casaco caro que pode ser devolvido em até 30 dias. Você o leva para casa e faz uma lista dos prós e contras dele. Mesmo que não devolva o casaco, você não consegue tirar essa lista da cabeça. Mas quando compra um casaco e a loja não dá o direito de devolvê-lo, você se compromete imediatamente a gostar dele. Se não pode devolvê-lo, então por que se preocupar com os pontos negativos? Esse é o poder da racionalização. Abrace-a.

Isso também funciona para o namoro. Quando se compromete com alguém, seu cérebro fará o máximo para convencer você de que a decisão foi boa. Os saciadores entendem inerentemente essa ideia – e se beneficiam dela.

Agora, talvez você esteja pensando: *Não quero tomar uma decisão meramente "boa". Eu me recuso a me acomodar.* Mas esse é um erro comum em relação aos saciadores. Lembre-se: eles podem ter padrões muito elevados. Assim como podem procurar durante um tempo até encontrar uma opção que atenda às suas expectativas. A diferença é que, assim que encontram algo que atende às suas expectativas, eles ficam felizes. Não ficam se perguntando sobre as alternativas que tinha.

Por isso quero que você se torne um(a) saciador(a). A melhor escolha de todas é escolher ser feliz.

O PROBLEMA DO SECRETÁRIO

Você pode aprender a namorar como um saciador estudando o enigma conhecido como "problema do secretário". Imagine que você vai contratar um secretário. Vamos nos certificar de que seja um secretário do sexo masculino, porque #daneseopatriarcado. Há uma centena de candidatos possíveis que você precisa entrevistar um por um. Depois de cada entrevista, você decide se vai contratar a pessoa ou continuar procurando. Se você rejeita um candidato, não dá mais para voltar atrás e contratá-lo.

Como você deveria maximizar as chances de escolher o melhor candidato? Você não deve decidir cedo demais, porque pode perder um candidato forte que está no fim da fila. Mas não quer ir muito longe sem escolher, porque: e se as últimas opções não forem muito boas? No fim, existe uma resposta matematicamente correta para esse problema. Você deve entrevistar 37% dos candidatos e fazer uma pausa. Identifique a melhor pessoa desse primeiro grupo. Agora você tem um *parâmetro* significativo. Depois de avaliar os primeiros 37%, você está preparado para contratar o primeiro candidato que seja melhor do que aquele que se destacou no primeiro grupo.

Essa lógica também se aplica ao namoro. No problema do secretário, você sabe que existe uma centena de candidatos possíveis. No namoro você não faz ideia de quantos bons partidos existem. Mesmo se soubesse, não poderia conhecer todos. A vida, a logística e a geografia acabam atrapalhando.

Em vez de pensar no *número* total de pessoas com quem você pode namorar, pense durante *quanto tempo* você quer procurar ativamente um parceiro ou uma parceira. Aplique a regra dos 37% a esse período. No livro *Algorithms to Live By* (Algoritmos para a vida), os autores Brian Christian e Tom Griffiths dão o exemplo de um homem solteiro que quer se casar. "Presumindo que a busca dele acontecerá entre 18 e 45 anos, a regra dos

37% aponta a idade de 26,1 anos como o momento em que ele deveria mudar de *procurar* para *pular*."[4]

Isso significa que aos 26,1 anos ele deveria estabelecer um parâmetro usando seus primeiros 8,1 anos de namoro – isto é, a melhor pessoa com quem ele namorou até então. Então ele deveria se casar com a *próxima pessoa* de quem *goste mais do que daquele parâmetro*.

Expliquei o problema do secretário a Doug, um engenheiro de software que tinha vendido seu negócio para uma grande empresa de tecnologia. Doug tivera vários relacionamentos que duraram entre três e seis meses. Ele sempre achava que faltava algo nas mulheres que namorava. Uma ria das suas piadas, mas não era engraçada. Aquela trabalhava demais. A outra vivia meio à toa.

Quando comecei a descrever a ideia do parâmetro, ele assentiu e me interrompeu:

– Saquei. Saquei – disse. – Estou com 31 anos e provavelmente já namorei alguém que teria sido uma esposa fantástica.

A ideia ficou clara.

Em seguida lhe dei um dever de casa.

– Faça uma planilha com todas as mulheres com quem você saiu no último ano. Crie uma coluna com o nome delas, como você as conheceu, como se sentia quando estava com elas e que valores vocês compartilhavam. Você pode incluir outros detalhes também. Só não quero que você faça uma lista dos defeitos delas nem decida qual é mais gostosa.

– Vou fazer.

Na sessão seguinte, Doug pegou seu notebook e mostrou a planilha que fizera.

– Brielle – disse, enquanto a página carregava – é a certa.

– A certa? Quer dizer, a certa *certa*? – perguntei. (Suspendi temporariamente minha aversão por essa expressão.)

– Não é com ela que vou me casar. Ela é o parâmetro. Era inteligente, engraçada, ambiciosa e bonita, e era divertido estar com ela. Droga, por que terminei com ela? De qualquer modo é tarde demais para lamentar. Brielle é meu parâmetro. Vou me comprometer com a próxima mulher de quem eu gostar tanto quanto gostava de Brielle ou mais.

Agora é a sua vez. Para determinar sua janela de namoro, conte os anos desde que você começou a namorar até quando gostaria de entrar num relacionamento de longo prazo. Quanto é 37% desse número? Acrescente-o à idade em que você começou a namorar. Essa é a sua marca dos 37%. Se você tem 30 e poucos anos, provavelmente já passou dela. Faça a tarefa que dei a Doug e determine quem é seu parâmetro de parceiro ou parceira.

Não se preocupe. Não estou dizendo para você se casar com a próxima pessoa com quem sair, nem estou sugerindo que é tarde demais se você passou da marca dos 37%. Estou apenas insinuando que talvez você já tenha dados suficientes para chegar a um parâmetro razoável e sólido. *Você não precisa fazer mais pesquisas.* A próxima vez que conhecer uma pessoa de quem goste tanto quanto gostava do seu parâmetro ou mais, comprometa-se com ela.

A DESIGUALDADE DE GÊNERO E A LINHA DE TEMPO DOS RELACIONAMENTOS

Sou feminista. Acredito que mulheres e homens devem ser equiparados, mas isso não significa que sejamos iguais. Afinal, nosso sistema reprodutivo tem diferenças biológicas. (Reconheço que essas categorias não abarcam todo mundo e que as pessoas trans e não binárias enfrentam desafios únicos ao namorar.)

A fertilidade das mulheres declina depois dos 30 anos. Os homens podem ter filhos até quase os 70 ou mais. (Robert de Niro tinha 68 anos quando sua filha mais nova nasceu – se bem que eu encorajaria qualquer homem que acha que tem um tempo infinito de vida a se imaginar jogando bola aos 70 anos com artrite nas mãos.)[5]

Para minhas amadas leitoras: se você quer ter filhos e espera engravidar, é importante incorporar esse objetivo ao avaliar sua janela de namoro. Embora você não precise de um companheiro para ter um filho, isso pode afetar a idade limite em que você gostaria de encontrar alguém.

Apesar de ser caro, você pode pensar em congelar seus óvulos.

> Ainda que isso não *garanta* que você poderá ter filhos mais tarde, essa solução pode lhe dar algum tempo. No mês em que fiz 31 anos congelei embriões fertilizados com o esperma do meu companheiro, porque não estávamos preparados para ter filhos e queríamos adiar essa decisão.
>
> Por mais injusto que seja, você provavelmente chegará à marca dos 37% antes dos homens da sua idade. Eu realmente gostaria que não fosse assim. Mas prefiro que você reconheça a situação e se planeje a ser apanhada desprevenida mais tarde, desejando ter feito escolhas diferentes.

Isso me traz de volta a Steven, que ainda estava perguntando: *Será que eu poderia ser 5% mais feliz com outra pessoa?* Alguns meses depois de Gabby dar o ultimato, ela o confrontou mais uma vez. Ele admitiu que ainda não tinha conseguido comprar as alianças.

Ela disse que estava acabado. Em seguida vieram as caixas da mudança, o sexo pós-término e novas fotos nos perfis das redes sociais.

Steven ficou sentado sozinho em seu apartamento meio vazio. Sem sofá, sem TV, sem cômoda. Só uma cama, algumas cadeiras e o equipamento de camping ultraleve que pesquisara meticulosamente.

Naquele ponto eu não esperava ter mais notícias de Steven. Baseada em minha experiência com outros Stevens, achei que ele conheceria outras mulheres – com quem se empolgaria e depois abandonaria ao sentir que não tinha 100% de certeza em relação a elas.

Até que, cerca de um ano mais tarde, ele me telefonou.

– Conheci uma pessoa – anunciou ele. – Uma pessoa com quem quero passar o resto da vida.

Fiquei surpresa, mas empolgada.

– Conte mais.

– Saímos num fim de semana desses. Andamos de bicicleta, cozinhamos, fizemos sexo. E eu simplesmente senti que era com ela que eu ia me casar.

Fiquei muito feliz ao saber que ele estava feliz. Mas precisei perguntar:

– E aquelas vozes que você escutava na cabeça, perguntando: *Será que eu poderia ser 5% mais feliz?*

Ele riu.

– Olha, não foi fácil. Mas trabalhei nisso. Estou grato pelo que tenho com ela. Não estou imaginando o que poderia ter com outra pessoa. Só sei que posso construir uma vida com ela. Uma vida incrível.

Steven tinha aprendido a ser um saciador. A sentir-se confortável com a incerteza. A tomar uma decisão com base numa busca menos meticulosa. Ele tinha mudado a pontuação da sua vida: passando do ponto de interrogação ansioso de um maximizador para o confiante ponto-final de um saciador.

A princípio achei que a história de Steven serviria como um alerta: "Não deixe o perfeito ser inimigo do ótimo." Mas agora posso compartilhá-la como uma narrativa de vitória. Maximizadores, deem a si mesmos a chance da felicidade. Deem a si mesmos a chance da satisfação.

TÓPICOS PARA GUARDAR

1. Maximizadores ficam obcecados por tomar a decisão certa. Querem explorar todas as opções possíveis antes de fazer uma escolha. Mesmo quando decidem, imaginam constantemente o que estão perdendo. Saciadores veem o que querem e param de procurar assim que algo alcança seus critérios. Eles não se *acomodam*, simplesmente param de se preocupar com as outras opções.

2. Pesquisas mostram que saciadores costumam ser mais felizes, porque, no fim das contas, a satisfação vem de como você se *sente* em relação à decisão, e não da decisão em si.

3. O cenário atual de namoro transforma muitos de nós em maximizadores. Ninguém parece suficientemente bom, e ficamos imaginando se poderíamos ser mais felizes com outra pessoa. As tendências maximizadoras nos relacionamentos podem levar à angústia mental, a atrasos onerosos nas tomadas de decisão e à perda de oportunidades.

4. Maximizadores presumem que existe uma resposta certa para com quem eles devem estar. E não existe. Podemos aplicar o problema do secretário para ver que já temos experiência de namoro suficiente para escolher um bom parceiro ou uma boa parceira. Esse conhecimento pode ajudar a nos comprometer sem que nos preocupemos com as outras opções. O poder da racionalização também pode nos ajudar a aceitar nossas decisões.

5

NÃO ESPERE, NAMORE

Como superar a tendência hesitante

Conheci meu novo cliente, Shea, num pátio escondido no centro de São Francisco, a vários quarteirões do seu escritório. Ele estava com 35 anos e tinha bem mais que 1,80 metro. (Mais tarde ele me contou que isso lhe dava uma grande vantagem no mercado de namoro entre os judeus de São Francisco.)

Eu sabia muito pouco sobre Shea antes daquele encontro. Ele parecia confiante e charmoso. Sentada à mesa enquanto ele pegava a fila para pedir nossos cafés, tentei adivinhar por que ele teria procurado minha ajuda. Estaria com problema para decidir quem namorar? Precisava de ajuda para terminar um relacionamento ruim? Estaria tentando voltar depois de uma separação difícil?

Ele voltou e me entregou o café.

– Bom, acho que vou começar do começo – disse. – Nunca tive uma namorada. Certo, talvez uma no ensino médio, mas nenhuma depois disso.

Fiquei surpresa ao saber que ele tinha tão pouca experiência em relacionamentos amorosos.

– Qual você acha que é o motivo para isso?

– Nunca me senti preparado. Primeiro queria ter um bom emprego. Aí arranjei um emprego ótimo, mas queria garantir que tinha poupado dinheiro suficiente para sustentar uma esposa. Cheguei perto, mas aí comecei a fazer terapia e quis trabalhar primeiro em mim mesmo. Recentemente mudei de emprego e agora acho que só vou estar pronto para namorar quando o trabalho estiver mais estabelecido de novo.

Ele explicou que de fato queria se casar e ter filhos, mas achava que ainda não estava pronto para isso. Tinha me procurado somente porque seus pais o estavam pressionando a buscar ajuda.

Você pode estar pensando: *Faz sentido. É bom para ele. Só vai namorar quando estiver pronto.*

Só que, quando pedi mais detalhes, descobri que Shea *já estava* pronto. Tinha trabalhado como advogado numa firma grande durante uma década e era financeiramente estável. Era confiante e maduro. Tinha passatempos (tocava violão; mal, segundo ele), amigos e um ótimo relacionamento com a família.

Tive muitos clientes parecidos com Shea. Essas pessoas parecem ótimos partidos, mas não namoram. Chamo-as de hesitantes. Elas me procuram porque têm dificuldade para agir. Quando pergunto por que não namoram, começam a dar desculpas do tipo "vou estar pronto quando":

"Vou estar pronto(a) quando perder 5 quilos."
"Vou estar pronto(a) quando for promovido(a)."
"Vou estar pronto(a) quando terminar a faculdade."
"Vou estar pronto(a) quando tiver fotos novas para o meu aplicativo de namoro."
"Vou estar pronto(a) quando as coisas se acalmarem no trabalho."

Todos queremos melhorar em alguma área. Mas essas aspirações podem virar pretextos. E eu entendo: namorar dá medo. O medo paralisa os hesitantes: o medo da rejeição, o medo do fracasso, o medo de não ser bom o suficiente. Não é de espantar que evitem o relacionamento. Você não pode fracassar numa coisa que nunca tentou, certo?

Mas as pessoas que esperam até estar 100% prontas subestimam o que estão perdendo.

POR QUE ESPERAR É UM ERRO

Você nunca estará 100% pronto para nada, inclusive – e talvez principalmente – para o namoro.

A vontade de esperar até sentir-se totalmente realizado ou realizada é compreensível. E se você conhecer a pessoa ideal cedo demais e ela rejeitar você?

Na cabeça dos hesitantes, há uma história de que um dia eles vão acordar e se sentir prontos. Isso é ficção. Não é assim que a vida funciona. Todo mundo se sente desajeitado às vezes. A maioria das pessoas fica nervosa em situações de alta pressão. Muitos de nós temos uma parte que não desejamos revelar aos outros. No entanto, essas mesmas pessoas continuam indo a encontros, beijando outras pessoas, apaixonando-se, terminando, apaixonando-se de novo e casando. Você só precisa sair e começar a namorar, por mais imperfeito ou imperfeita que seja. Todas as outras pessoas também são imperfeitas – até aquela com quem você vai ficar.

E digamos que você alcance esse suposto estado de perfeição que visualiza – conseguindo aquela promoção ou perdendo 5 quilos – e comece um relacionamento. Você vai se preocupar achando que o amor da outra pessoa é condicional? Que ela o abandonará se você perder o emprego ou o controle, se desenvolver um vício em cheddar e ganhar 15 quilos?

Quando a gente espera para namorar, está perdendo mais do que imagina. Os economistas costumam se referir ao *custo de oportunidade* das decisões: o preço que pagamos ao escolher uma opção em vez de outra.[1] Se você estiver diante de duas opções mutuamente excludentes, a opção A e a opção B, o custo de oportunidade é aquilo de que você abre mão na opção A caso escolha a opção B, e vice-versa. Um exemplo rápido pode ajudar a ilustrar esse conceito.

Imagine que você está se decidindo entre a opção A, fazer uma pós-graduação, e a opção B, continuar no seu emprego atual. As mensalidades, somadas às despesas básicas de dois anos, chegam a um total de 200 mil dólares. Se eu perguntasse quanto custa fazer a pós-graduação, o que você diria? "Duzentos mil dólares", certo?

Errado. Você deixou de incluir o custo de oportunidade. Se você fizer a pós-graduação, não poderá continuar trabalhando em tempo integral, de modo que o custo total de estudar inclui você parar de receber seu salário atual.

Assim, o custo real do empreendimento são os 200 mil dólares de mensalidades e despesas *mais* o dinheiro que você ganharia em dois anos se continuasse trabalhando. São 200 mil dólares mais o dobro do seu salário anual atual.

Ou digamos que você está se decidindo entre ir à festa de aniversário da sua amiga Samantha num bar ou à *open house* do seu colega de trabalho David. Quando você avalia o custo de ir à festa de Samantha, não se trata apenas do tempo que demoraria para chegar lá, do dinheiro que gastaria no bar ou da ressaca no dia seguinte. Também há o custo de oportunidade de não conhecer melhor David e seus próprios colegas de trabalho na comemoração dele.

Quando se trata de namorar, os hesitantes esperam até ter mais confiança, mais dinheiro, mais *qualquer coisa*. Mas estão negligenciando o custo de oportunidade de não começar.

PERDENDO A CHANCE DE APRENDER

O primeiro custo de oportunidade é perder a chance de aprender. Você não vai descobrir do que gosta (e do que não gosta) se não namorar pessoas diferentes. Boa parte do namoro é um processo em que as partes fazem concessões à medida que aprendem com o tempo, em especial porque provavelmente estamos errados em relação àquilo de que gostamos ou valorizamos num parceiro ou numa parceira (falarei mais sobre isso no capítulo 8). Você acha que quer alguma coisa, experimenta e por acaso descobre que *não* quer aquilo, e assim aprende e vai em frente. Talvez você se apaixone por uma pessoa misteriosa: aquele artista mais reservado do Cirque du Soleil que costura as próprias calças e uma vez atravessou Madagascar só pedindo carona. Mas depois de alguns meses percebe que, ainda que a princípio o mistério seja atraente, você quer um parceiro caloroso e afetuoso (e que tenha calças boas). Se você não namora, não tem a chance de saber com que tipo de pessoa você quer ficar a longo prazo.

Veja minha cliente Jing, por exemplo. Aos 31 anos ela está namorando pela primeira vez. Sua família se mudou muitas vezes durante sua juventude, por isso ela jamais estabeleceu um grupo de amigos de longo prazo. Acima de tudo, nunca teve uma melhor amiga. Na faculdade era estudiosa e tímida. Fez novos amigos, mas os rituais de namoro e sexo da faculdade eram tremendamente estranhos para ela.

– Eu não sabia flertar – confessou ela. – Simplesmente nunca aprendi.

Depois de se formar, ela começou a estagiar numa agência de publicidade. Trabalhou e subiu de posto até chefiar o departamento de redação. Transformou-se numa pessoa de quem ela gostava – sofisticada, divertida, passional –, mas ainda assim não namorava. Parou de tentar porque sentia que já havia ficado muito para trás.

Agora ela percebe que sua falta de experiência complicou a busca por algum parceiro:

– Eu não experimentei. Não sei do que gosto e do que não gosto. E agora parece muito mais difícil encontrar um companheiro sem ter essa informação.

PARTIR PARA AS REPETIÇÕES

Os hesitantes também perdem a oportunidade de melhorar suas habilidades de namoro. Sempre fico surpresa vendo quantos clientes meus acham que deveriam saber naturalmente como namorar. Namorar é difícil! E leva tempo para dominar suas habilidades, como qualquer outra coisa.

Digo aos meus clientes que eles precisam partir para suas repetições. Uso "repetição" no sentido de um exercício físico. Na academia, você se fortalece fazendo muitas repetições. No namoro você se fortalece namorando mais.

Quando você espera para namorar e fica em casa pensando que ainda não está pronto ou pronta, alguém como você está indo a um primeiro encontro. Praticando a habilidade de contar histórias, de ouvir, e a técnica do beijo de língua. Essa pessoa está fazendo suas repetições.

Jing me disse que ainda se sente uma iniciante.

– Estou cometendo erros de caloura, quando deveria estar pronta para o jogo da minha vida.

O fato é que todo mundo precisa cometer esses erros no início. Você vai cometê-los independentemente de quando comece a namorar, de modo que é melhor cometê-los agora.

Namorar é um pouco como uma comédia *stand-up* (se bem que com menos estranhos vaiando, assim espero). As duas artes são baseadas em plateia. Os comediantes costumam dizer que, quando estão em casa bolando piadas, isso não passa de escrita. Só quando ficam diante do público é que eles estão realmente realizando um *stand-up*. Esses comediantes sabem que ninguém arrasa a primeira vez que pega o microfone; eles precisam aprender com a experiência. Esse é um dos motivos pelos quais os comediantes amadores se esforçam tanto para ter tempo de palco. Antes de chegar ao seu bem-sucedido especial de comédia na Netflix *Baby Cobra*, Ali Wong fazia apresentações em estabelecimentos pequenos todas as noites, treinando repetidamente seu show.[2]

Isso também vale para o namoro. Você precisa treinar como fazer perguntas interessantes, como expressar-se de modo envolvente e como partir para um primeiro beijo. Essas são as suas repetições. E você não pode exercitar nenhuma dessas habilidades se ficar em casa, "preparando-se". O único modo de melhorar é *namorando*.

SUPERE A HESITAÇÃO E COMECE A NAMORAR

A ciência comportamental alerta para o temível hiato entre intenção e ação, quando *pretendemos* fazer algo, mas não damos os passos necessários para que isso aconteça.[3] Se sua intenção é começar a namorar, você pode emperrar no hiato entre querer namorar e fazer isso de fato. Para ajudar, aqui vão algumas técnicas da ciência comportamental. Elas funcionaram para Jing, que, depois de vários primeiros encontros atabalhoados e um punhado de segundos, terceiros e quartos encontros ligeiramente menos canhestros, finalmente começou um relacionamento amoroso.

Passo 1: Estabeleça um prazo

Prazos são um dos modos mais eficientes de motivar alguém a agir. Prazos curtos funcionam especialmente bem. Imagine que você recebeu um e-mail do seu banco dizendo para trocar sua senha. Eles não determinaram um prazo. Qual é a probabilidade de você fazer isso? Você pode *querer* mudar, mas, como parece que pode fazer isso a qualquer momento, provavelmente vai se esquecer e deixar de agir. Vai cair no hiato entre intenção e ação.

Agora imagine que o banco mandou um e-mail dizendo: "Mude sua senha até o fim do dia." Nesse caso você tem um prazo concreto e curto. Para não perdê-lo, você provavelmente vai mudar a senha no mesmo instante ou separar uma hora específica do dia para fazer isso. De qualquer modo, com esse prazo curto, você terá muito mais probabilidade de agir.

Pesquisadores estudaram os efeitos do prazo bem determinado: curto mas ainda viável.[4] As cientistas comportamentais Suzanne Shu e Ayelet Gneezy examinaram com que frequência as pessoas trocavam vales-brinde numa padaria.[5] Quando o cupom tinha validade de dois meses, menos de 10% das pessoas o trocavam por um doce. Mas quando valia por apenas três semanas, de repente mais de 30% das pessoas apareciam para trocá-lo. Na primeira situação, as pessoas deixavam de agir porque achavam que poderiam fazer isso mais tarde. Com o prazo mais curto, as pessoas tinham mais consciência de que podiam perder a oportunidade, por isso agiam de imediato.

Hesitantes, está na hora de estabelecer um prazo para quando vocês vão começar a namorar. Sugiro três semanas a partir de agora. É tempo suficiente para o que você precisa fazer antes – o trabalho pré-namoro listado a seguir –, mas não tão longo a ponto de você perder o ímpeto.

Passo 2: Preparação

Assim que estabelecer o prazo, comece o trabalho pré-namoro. Baixe os aplicativos. Separe algumas roupas boas. Considere fazer um curso para aprender a ouvir com atenção e ter jogo de cintura. Preste atenção na próxima vez em que estiver jantando com algum amigo: quanto você está focalizando no seu interior (*Como estou me saindo?*) *versus* quanto está realmente ouvindo e demonstrando curiosidade (*O que essa pessoa está tentando comunicar?*).

E se faz algum tempo que você não namora, tire algumas fotos em que você esteja atraente. Tive uma cliente que morria de medo de namoros pela internet. Ela sempre dizia que não tinha fotos boas para o perfil dela.

Convenci-a a fazer um ensaio. Assim que ela recebeu as fotos, finalmente se sentiu pronta para começar. Baixou os aplicativos, foi elogiada pelas fotos e marcou um encontro para a semana seguinte. Você não precisa gastar uma fortuna em fotos profissionais. Uma boa iluminação e um amigo com um celular decente vão servir (ah, e não se esqueça de ajustar a câmera para o modo retrato!).

Como parte dos preparativos, talvez seja bom consultar um terapeuta ou um *coach*. O que está atrapalhando você? Quais medos você não verbaliza? O que, no seu passado, impede você de ir em frente? Mas fazer terapia não é desculpa para não começar a namorar. Não é uma solução rápida. Não espere que a terapia transforme você numa versão mais perfeita de si em poucas semanas e que depois disso você estará totalmente pronto ou pronta para namorar. Comprometa-se a fazer terapia *em paralelo* com o namoro.

Passo 3: Conte aos outros

Se você anuncia publicamente seus objetivos a outras pessoas, provavelmente manterá o foco neles. Uma equipe de pesquisadores coordenada pelo psicólogo social Kevin McCaul demonstrou isso numa experiência fascinante.[6] Eles dividiram em grupos estudantes que estavam prestes a fazer uma prova especialmente difícil. Pediram a um grupo que compartilhasse com seus integrantes que nota pretendiam tirar. A um grupo diferente instruíram manter seu objetivo em segredo. Os pesquisadores descobriram que os participantes que haviam compartilhado seu objetivo se sentiram mais comprometidos a alcançá-lo, passaram mais tempo estudando para a prova e tiveram 20% mais chances de tirar a nota que desejavam.

Conte a dois ou três amigos mais íntimos ou familiares que você vai começar a namorar. Diga qual é o seu prazo. Você vai se sentir mais motivado a agir quando fizer esse anúncio público, porque agora sua reputação está em jogo. (Benefício bônus: compartilhar seus objetivos de namoro com sua comunidade abre a porta para que as pessoas arranjem encontros para você. No capítulo 9 darei dicas práticas sobre como pedir que lhe apresentem pretendentes.)

Passo 4: Comprometa-se com sua nova identidade

Todos temos diferentes identidades: filha, amiga, fã da Beyoncé, maratonista e assim por diante. Agimos de modo diferente dependendo de qual identidade ativamos em determinado momento. Pesquisadores de Stanford e Harvard descobriram que podemos mudar o comportamento das pessoas simplesmente reforçando uma dessas identidades.[7] Eles perguntaram a um grupo de eleitores durante a semana de uma eleição: "Para você, qual é a importância de votar?" Para outro grupo, demograficamente idêntico, fizeram a pergunta de um modo um pouco diferente: "Para você, qual é a importância de ser um eleitor na próxima eleição?" Mais tarde analisaram o registro de votos para ver quem tinha realmente ido às urnas. Descobriram que aqueles a quem haviam perguntado sobre *ser* um eleitor tiveram 11% a mais de probabilidade de votar do que aqueles a quem perguntaram sobre o *ato* de votar.

Ainda que pessoas dos dois grupos *tivessem intenção* de votar, aquelas que foram instigadas a pensar em si mesmas como eleitoras tinham mais probabilidade de levar o plano adiante. Elas se consideravam eleitoras, e não apenas pessoas que votavam. Assim que essa identidade foi reforçada, a probabilidade de elas irem votar aumentou.

Você pode usar essa pesquisa para se motivar a namorar. Reforce sua identidade como uma pessoa que namora, e não como alguém que só vai a encontros. Diante de um espelho, diga em voz alta: "Estou procurando o amor. Sou uma pessoa que namora." Isso parece ridículo, ainda mais logo antes de você ir a um encontro? Claro! Mas mesmo assim você deve fazer.

Uma vez tive um cliente chamado Jacob, que, na nossa primeira conversa ao telefone, se descreveu como "muito gordo". Ele disse:

– Minha mãe é gorda, meu pai é gordo, somos todos gordos.

Ele trabalhava na equipe de aprendizado e desenvolvimento de uma organização sem fins lucrativos. Recebia os novos funcionários da empresa e os treinava durante a primeira semana de trabalho.

– Conheço pessoas o tempo todo. O problema não é esse. Odeio a ideia de namorar porque não me imagino ficando nu na frente de ninguém. Então de que adianta?

Jacob disse que já tentou perder peso, mas saía dos trilhos e acabava voltando à estaca zero: infeliz com o próprio peso e ainda sozinho. Toda semana eu tentava ajudar Jacob a se enxergar como alguém que pode namorar, e não como alguém que começaria a namorar assim que perdesse peso. Ele fez o exercício do espelho. Odiou, mas fez.

Um dia, em vez da nossa sessão normal, e talvez inspirada por uma recente maratona de *Queer Eye*, levei Jacob para fazer compras. Era hora de mostrar algum amor-próprio.

Ele saiu do provador e disse:

– Uau, estou quase bonito!

Gargalhei. Com a ajuda de uma vendedora jovem e entendida de moda, ficamos sabendo que Jacob comprava roupas dois números acima do que deveria. Ele comprou jeans novos, paletós e camisas que lhe caíam bem.

Nos meses seguintes descobrimos maneiras de melhorar sua autoestima focando suas melhores qualidades – como seus lindos olhos e seu senso de humor sarcástico –, em vez de esperar um corpo novo que talvez jamais chegasse.

Com o tempo, sua identidade como alguém que namora ficou mais forte. Ele continuou a praticar o exercício do espelho e começou a se odiar um pouquinho menos. Baixou um aplicativo de namoro e tentou ter pelo menos um encontro por semana. Num fim de semana, ele retomou contato com uma velha amiga da faculdade, de Denver, que estava visitando São Francisco. Quando os dois foram caminhar juntos, ele contou histórias sobre suas aventuras amorosas. Pela primeira vez, ela o viu como um potencial interesse romântico.

Na vez seguinte em que ela foi a São Francisco os dois saíram para um encontro. E depois outro. Ele a visitou em Denver. E ela voltou a São Francisco. Um ano depois, ele tinha se mudado para Denver para ficar com ela. Na última vez em que nos falamos ele estava empolgado. Finalmente tinha uma coisa que jamais havia imaginado que teria: um relacionamento feliz e saudável.

Ele não perdeu peso, mas perdeu uma identidade limitadora. Passou a se enxergar como alguém que podia namorar no presente, e não no futuro. O truque foi mudar o modo como se enxergava.

Comece a pensar em você como alguém que namora, e o mundo também enxergará você desse jeito.

Passo 5: Comece aos poucos

Você não é um beatle para precisar de oito encontros por semana. (Sacou? Tipo na música "Eight Days a Week"? Desculpe minha piada de tio do pavê.) Os psicólogos Edwin Locke e Gary Latham descobriram que estabelecer objetivos específicos não somente nos ajuda a *alcançá-los*, mas também traz mais motivação, confiança e eficiência pessoal.[8]

Em geral, recomendo aos meus clientes que tenham pelo menos um encontro por semana. Você deve deliberadamente separar um tempo na sua agenda para encontros. Uma cliente minha quer ter um encontro todas as quartas-feiras depois do trabalho. É algo consistente, que divide a semana ao meio e a faz sentir expectativa. Além disso, se o encontro correr bem, ela pode se encontrar com a pessoa de novo no sábado ou no domingo.

Passo 6: Tenha compaixão por você

Olha, sei que é difícil. Você está se expondo, talvez pela primeira vez. Isso dá medo. Você pode se machucar. Ou machucar alguém.

Quando um encontro não acontece de acordo com suas expectativas, fale consigo mesmo como conversaria com seu melhor amigo. Imagine que esse amigo ligasse para você e dissesse: "De que adianta? Isso nunca vai dar certo. Não sou bom/boa o suficiente."

Como você reagiria? Iria criticar a negatividade do outro, não é? Tentaria dar algum estímulo: "Qual é! Foi só um encontro. Foi bom você sair um pouco. Aposto que aprendeu alguma coisa, ainda que não tenha sido tão legal."

Aprenda a ser seu próprio incentivador. Aprenda a usar esse tom compassivo consigo mesmo(a).

Essa foi a chave para Shea, o hesitante do início do capítulo. Por meio do nosso trabalho juntos e de suas sessões semanais com um terapeuta, ele aprendeu a se aceitar como é hoje, em vez de se concentrar na pessoa que espera ser no futuro. No momento, Shea está solteiro e indo a encontros. (E se você conhece alguém especial que goste de guitarristas amadores altos e pensativos, me avise!)

Agora é sua vez. Comece hoje. Se não for hoje, quando?

> **EXERCÍCIO:** Preencha a lista de preparativos
>
> ☐ Começarei a ter encontros na seguinte data: _____
> ☐ Baixei pelo menos um aplicativo de namoro.
> ☐ Tenho pelo menos cinco fotos que posso usar no meu perfil.
> ☐ Tenho dois *looks* que posso usar num encontro.
> ☐ Contei a pelo menos dois amigos que estou começando a ter encontros.
> ☐ Fiquei diante do espelho e disse: "Estou procurando o amor. Sou alguém que namora" (ou, no mínimo, "*Penso* em mim como alguém que namora!").
> ☐ Me comprometo a ter pelo menos um encontro por semana.
> ☐ Estou treinando falar comigo de modo compassivo, como falaria com uma criança ou um amigo.
> ☐ Se eu der de cara com um obstáculo e perder o ímpeto, me comprometo a tentar de novo em vez de voltar ao estilo hesitante.

PARE DE FALAR COM SEU OU SUA EX

Uma última coisa: descobri que um número significativo de clientes hesitantes meus tem dificuldade para se comprometer com namoros porque estão presos a um relacionamento anterior. Mas esse conselho é bom para todos que desejam namorar: pare de falar com seu ou sua ex.

Podemos pensar que, se mantivermos contato com um ex (de um modo romântico ou potencialmente romântico), estamos mantendo uma porta aberta. Você quer ter a opção de mudar de ideia sobre o relacionamento que tiveram. Esse instinto, como tantos outros explorados neste livro, está errado. Manter o ex por perto torna mais difícil, e não mais fácil, seguir em frente.

Pesquisas comprovam isso. Como parte de um experimento, os psicólogos de Harvard Daniel Gilbert e Jane Ebert criaram várias oficinas de fotografia para estudantes, com duração de dois dias.[9] Os estudantes tiravam fotos pelo campus e revelavam o filme com a ajuda de um instrutor. No fim da oficina, o instrutor dizia aos estudantes que cada um podia escolher uma foto para uma exposição de arte especial em Londres. A um grupo de alunos era dito que eles precisavam escolher uma foto e mandá-la naquele mesmo dia e não podiam mudar de ideia depois. A outro grupo era dito que eles podiam escolher uma foto naquele momento, mas que alguém telefonaria dentro de alguns dias para ver se eles desejavam mudá-la.

Quando os instrutores perguntavam aos estudantes do segundo grupo se eles queriam trocar de foto, muito poucos diziam que sim. Mas quando os pesquisadores fizeram uma análise dos estudantes, o grupo que não podia mudar de ideia em relação às fotos estava muito mais satisfeito do que o outro. Por que os estudantes do segundo grupo estariam menos satisfeitos, uma vez que a maioria tinha mantido a escolha original?

Apesar de preferirmos instintivamente as decisões reversíveis às irreversíveis, com frequência essa flexibilidade nos deixa menos felizes a longo prazo. Preferiríamos mudar de ideia – devolver o celular novo, mudar o voo para outro dia, responder "talvez" a um convite. Mas, como aconteceu com os estudantes que podiam trocar de foto, ficamos menos comprometidos com as escolhas que achamos que podemos reverter, e o comprometimento é fundamental para a felicidade.

Como expliquei, assim que nos comprometemos com alguma coisa, o cérebro começa o processo mágico de racionalização, nos convencendo de que a escolha foi boa.[10] Atribuímos retroativamente mais características positivas às coisas que escolhemos e mais características negativas às coisas que não escolhemos. Os estudantes que tiveram que escolher uma foto definitiva se comprometeram com ela imediatamente, dando início logo em seguida ao processo de racionalização. Os que tinham a chance de mudar de foto passaram a semana indecisos, avaliando diferentes opções. Isso os levou a sentimentos de dúvida, de modo que, mesmo quando mantinham a foto original, sentiam-se menos seguros em relação a ela. Quando seu cérebro aceita algo e você segue em frente, não fica se martirizando com a decisão.

Em outras palavras, você quer ter decisões reversíveis, mas as irreversíveis o deixam mais feliz a longo prazo. Manter seu ou sua ex por perto como um potencial interesse amoroso transforma o término numa decisão *mutável*. Permita-se ir em frente e tomar uma decisão *imutável*.

Se você olhou as postagens do seu ou da sua ex ontem à noite, e se ainda sente algo por ele ou ela, imaginando secretamente que vocês vão voltar, experimente estes seis passos simples para bloquear essa pessoa de uma vez por todas:

1. Respire fundo.
2. Pegue o celular.
3. Apague o número dela.
4. Bloqueie a pessoa. Em tudo. Redes sociais, e-mail, sua cama, etc. Se alguém próximo a ela segue você, bloqueie-o também. (Pode parecer radical, mas você está protegendo seu eu futuro contra postagens de alguém mostrando seu ex-amor ao lado de um novo namorado ou uma nova namorada.)
5. Dessa vez apague *mesmo* o número dela. Sei que você o salvou em algum lugar. Vou esperar.
6. Queime seu celular. (Brincadeirinha, mas talvez seja melhor você limitar seu tempo diante da tela durante essa fase inicial da separação.)

Talvez isso pareça um pouco demais. Até que ponto pode ser prejudicial verificar o Instagram ou o Facebook dessa pessoa de vez em quando? Aqui vão ainda mais evidências, dessa vez das psicólogas Tara Marshall e Ashley Mason: num artigo, Marshall escreveu que "a exposição a um ex-parceiro por meio do Facebook pode atrapalhar o processo de cura".[11] Mason descobriu que falar com um ex *piora* sua saúde mental.[12] E, pelo amor de Deus, não durma com seu ou sua ex! Mason também descobriu que "fazer sexo com seu ou sua ex" torna mais difícil seguir em frente. Em outras palavras, vigiar (ou dormir com) um antigo amor torna mais demorado o processo de superá-lo.

Portanto, faça-se um favor e feche essa porta. Pare de falar com a pessoa que ficou para trás. Transforme a decisão mutável em imutável.

TÓPICOS PARA GUARDAR

1. Hesitantes adiam o namoro porque ainda não se sentem 100% prontos e querem começar com o pé direito. Mas ninguém jamais se sente 100% pronto para coisa nenhuma. Você só precisa começar.

2. A perfeição é uma mentira. Todas as outras pessoas também são imperfeitas – até aquela com quem você vai acabar ficando.

3. Ao esperar para namorar, os hesitantes perdem a chance de desenvolver suas habilidades de namoro e descobrir com que tipo de pessoa querem estar.

4. Eis como você pode aprender a superar sua hesitação:
    - Estabeleça prazos.
    - Prepare-se para sua nova vida de namoros.
    - Conte aos outros sobre seu plano.
    - Comprometa-se com sua nova identidade de "pessoa que namora".
    - Comece com pequenos passos.
    - Seja compassivo(a) com você mesmo(a).
    - Pare de falar com seu ou sua ex!

6

DESCUBRA SEU ESTILO DE APEGO

Como administrar seu estilo de apego

Conheci Vivian numa aula de malhação *barre*. Ela era sempre a primeira a aparecer, fazendo entusiasmadas contrações de bunda e microagachamentos antes mesmo que a aula começasse. Também gosto de chegar cedo, principalmente para aliviar minha ansiedade em relação a conseguir um bom lugar na sala. Nós nos víamos semana após semana, ambas nitidamente tentando não parecer irritadas quando a professora se atrasava.

Numa dessas manhãs começamos a conversar e descobri que tínhamos muitas coisas em comum. Vários amigos meus da Costa Leste também eram amigos dela. Tínhamos nos mudado para São Francisco no mesmo ano. Adorávamos o mesmo café do bairro, aonde começamos a ir juntas depois da aula.

Foi nesse café que ela confessou:

— Todos os caras de quem eu gosto não gostam de mim, mas todos os caras que gostam de mim eu acho uns chatos. — Enquanto esperávamos na fila para fazer o pedido, ela olhou em volta e sussurrou: — O que eu deveria fazer? Vou ter que me acomodar?

Vivian não gostava de pensar em si mesma como uma pessoa acomodada. Ela trabalhava como relações-públicas de uma grande empresa, lidando com o que é conhecido como "gerenciamento de crise". Naquele ano e no anterior, as crises tinham sido implacáveis. Ela precisava estar o tempo todo pronta para a batalha, preparada para quaisquer processos jurídicos ou matérias negativas publicadas na mídia. Malhava cinco vezes por semana, tinha uma dieta estritamente vegana e acabara de obter sua licença como velejadora. Vivian controlava tudo. *Menos* sua vida amorosa.

Vivian sabia que eu trabalhava como *coach* de namoro. Tinha contado um pouco sobre seus relacionamentos nas conversas anteriores, mas aquela era a primeira vez que se abria de verdade.

– Então vamos recuar um passo. Como é seu histórico de namoros? – perguntei.

– Numa palavra: frustrante. Tive um lance com um cara durante dois anos. Nem sei se deveria chamar de "lance". Ele com certeza não chamaria. Ele morava no meu prédio em Nova York e nós nos encontrávamos quando ele tinha vontade. Depois teve um cara do trabalho, quando me mudei para cá, mas ele passava um monte de mensagens confusas, e meio que acabou não dando certo. Ultimamente tenho usado aplicativos de namoro e tive, tipo, um milhão de encontros, mas, assim que alguém diz que gosta de mim, perco rapidinho o interesse. Diga a verdade: eu sou amaldiçoada? Vou morrer sozinha?

Gargalhei.

– Não, você é ótima. É linda e interessante. E sabe velejar, caramba! Só acho que você está procurando as coisas erradas. – Eu estava tentando manter o distanciamento profissional, mas me peguei lentamente entrando no modo *coach*. Queria ajudar.

– Coisas erradas? Não falei que estava procurando caras altos ou ricos.

– Não foi isso que eu quis dizer – retruquei abruptamente. – Você já ouviu falar na teoria do apego?

APEGO, PRIMEIRA AULA

De todas as ideias da ciência do relacionamento que compartilho com meus clientes, a teoria do apego é uma das mais poderosas. É uma estrutura bem conhecida que ajuda a explicar por que nos sentimos atraídos por determinados tipos de pessoa, por que nossos antigos relacionamentos não deram certo e por que somos assolados por certos maus hábitos.[1]

Existem muitos livros sobre o assunto, como *Maneiras de amar*, de Amir Levine e Rachel Heller, e *Abrace-me apertado*, de Sue Johnson, mas a teoria do apego tem feito uma diferença tão grande para meus amigos, meus clientes e na minha própria vida que quis incluí-la aqui também. Já trabalhei com pessoas que durante anos tiveram dificuldade para namorar, aprenderam sobre essa estrutura e a usaram para mudar completamente sua abordagem. Não é fácil, mas os resultados podem ser poderosos. Conheço um bom número de pessoas que devem seu sucesso conjugal ao que aprenderam com a teoria do apego. (Dá para ver que sou muito *apegada* a essa teoria, não é?)

Depois de pedir nossas bebidas, Vivian e eu nos sentamos num cantinho cheio de almofadas no fundo do café. Comecei a explicar o que era a teoria do apego e por que ela era importante.

A teoria do apego remonta ao trabalho do psicólogo do desenvolvimento John Bowlby.[2] Ele acreditava que as crianças têm um apego inato às mães. Mais tarde, a psicóloga Mary Ainsworth investigou como o apego pode variar de criança para criança numa experiência, hoje famosa, chamada "Situação Estranha". Ela convidou mães e seus bebês (entre 12 e 18 meses de idade) para seu laboratório e os observou durante uma série de situações diferentes.

Primeiro a mãe e o bebê entravam numa sala cheia de brinquedos. O bebê se sentia seguro para brincar e explorar o lugar porque a mãe atuava como uma base segura – alguém que poderia ajudar se fosse necessário. Depois a auxiliar do laboratório instruía a mãe a sair da sala e observava como o bebê reagia à ausência dela e ao seu retorno alguns minutos depois. O experimento investigava a capacidade do bebê de acreditar que suas necessidades seriam satisfeitas, mesmo com a ausência temporária de sua base segura.

Alguns bebês mostravam sinais de aflição assim que a mãe saía. Quando ela voltava, esses bebês paravam de chorar e se acalmavam por um tempo, mas depois empurravam a mãe para longe e começavam a chorar de novo. Ainsworth disse que esses bebês tinham um padrão de "apego ansioso".

Outro grupo de bebês chorava quando a mãe saía, mas parava assim que ela retornava e rapidamente voltava a brincar. Esses eram os que tinham um "apego seguro".

Um terceiro grupo não reagia nem quando a mãe saía da sala nem quando ela voltava. Os bebês fingiam que não estavam incomodados com aquela situação, mas, pelos batimentos cardíacos acelerados e pelos níveis de estresse, os pesquisadores sabiam que eles estavam tão aflitos quanto os que choravam. Esses eram os bebês com "apego evitativo".

Ainsworth e sua equipe concluíram que todos temos a mesma necessidade de apego e atenção, mas desenvolvemos estratégias diferentes para lidar com nossos próprios cuidadores.

Anos mais tarde, pesquisadores descobriram que a mesma teoria se aplicava ao nosso estilo de apego já adultos – por quem nos sentimos atraídos, como nos relacionamos com essa pessoa e por que nossos relacionamentos dão certo ou errado. Mas não vá culpar sua mãe por seus problemas amorosos, por enquanto. O relacionamento com nossos pais é apenas um dos muitos fatores que determinam nosso estilo de apego na vida adulta.

– Qual é meu tipo? – perguntou Vivian.

– Bom – falei –, lembra-se dos bebês com apego ansioso, que choravam quando a mãe saía da sala e continuavam a chorar quando ela voltava? Como bebês, eles se preocupavam com a possibilidade de que suas necessidades não fossem satisfeitas e reagiam com raiva e frustração. Como adultos, eles têm medo do abandono e querem estar em contato constante com seu parceiro.

– Isso é a minha cara.

Sorri, porque Vivian de fato tinha me mandado sete mensagens quando não apareci na aula da semana anterior.

Quando as pessoas têm apego ansioso, seu cérebro se inunda de "estratégias de ativação", pensamentos que as compelem a recuperar a proximidade. Por exemplo, elas podem pensar no parceiro o tempo todo. Ou podem ficar pensando nas qualidades dele enquanto desvalorizam as suas próprias. Essa distorção leva ao pânico. E quando não têm uma resposta imediata do parceiro, elas se preocupam, achando que foram abandonadas. Só conseguem afastar essa ansiedade quando estão se comunicando com seu parceiro. Isso também as leva a entrar em relacionamentos e permanecer neles muito depois da data de validade, porque têm medo de ficar sozinhas e se preocupam porque acham que aquela pode ser sua única chance no amor.

– As pessoas com apego ansioso, e não estou apontando o dedo para você, também demonstram "comportamento de protesto" – falei.

As pessoas com estilo de apego ansioso costumam se comportar mal para atrair a atenção do companheiro. Elas podem ligar ou mandar mensagens em excesso, ameaçar ir embora para provocar ciúme ou então se fechar e ignorar ligações, só para sentirem-se em vantagem.

E os bebês com apego evitativo que fingiam desinteresse quando a mãe voltava à sala, apesar de estarem aflitos? Eles achavam que não podiam contar com a pessoa que cuidava deles, que só satisfazia algumas das suas necessidades. Eles acabam se tornando adultos com apego evitativo: tentam minimizar a dor da rejeição fingindo que não querem se conectar. Como não acreditam que podem contar com os outros para satisfazer suas necessidades emocionais, eles evitam se aproximar muito de qualquer pessoa. Quando a intimidade aumenta, eles tentam se afastar. Essas tentativas de se desconectar são chamadas de "estratégias de desativação". Se alguém já lhe disse "Não estou preparado para me comprometer", "Só preciso de espaço" ou "Meu trabalho é muito exigente, por isso não posso ver você agora", você já experimentou um pouco do comportamento de apego evitativo.

As pessoas com esse estilo de apego também costumam se fixar nas imperfeições do parceiro e usá-las como desculpa para sair do relacionamento e recuperar sua independência. Elas fantasiam pensando em como seriam mais felizes se estivessem solteiras ou com outro pretendente.

Quando delineei o estilo de apego evitativo, Vivian assentiu.

– Parece exatamente igual a todo mundo que já namorei – disse ela.

– Não seja dura com você mesma.

Na verdade, esse padrão é extremamente comum. É chamado de "ciclo ansioso/evitativo". As pessoas com apego ansioso acreditam que seu(sua) companheiro(a) vai recuar e que elas, por sua vez, precisarão correr atrás dele(a). Foi o que aconteceu com o ex de Vivian, que morava no mesmo prédio que ela.

– Ele era tão legal – comentou Vivian – que eu ficava pensando: *Será que ele vai me ligar de volta? Será que vou vê-lo esse fim de semana?* – Essa possibilidade de rejeição gerava ansiedade, um sentimento que Vivian confundia com a expectativa gostosa de sentir. E quando esse cara começou a se afastar dela, Vivian passou a sentir isso com ainda mais intensidade.

E ele, cujo estilo de apego era claramente evitativo, talvez experimentasse uma coisa totalmente diferente. As pessoas com esse estilo de apego têm medo de perder sua independência. Assim, quando Vivian começava a chegar mais perto, isso provavelmente reforçava a visão pouco saudável dele sobre os relacionamentos – o que o fazia querer se afastar mais ainda.

– Se você pensar na coisa desse modo – falei –, o ciclo ansioso/evitativo faz sentido. As pessoas com apego evitativo são tão boas em afastar os outros que só param num relacionamento quando o outro é muito persistente.

– Eu sou a persistência em pessoa – proclamou Vivian.

Finalmente a garçonete chegou com nossas bebidas. Vivian olhou pela janela, para um casal no banco do lado de fora do café.

– E o último grupo de bebês, que parava de chorar quando a mãe voltava? – perguntou.

– Eram os bebês com apego seguro, que confiavam que a mãe iria satisfazer às suas necessidades. Pessoas com o estilo de apego seguro são os parceiros ideais. São confiáveis. Tendem a evitar o drama e, se não conseguem evitá-lo, conseguem reduzi-lo quando veem que está se aproximando. São flexíveis, perdoam e se comunicam bem. Comportam-se de modo coerente. Criam limites saudáveis. Não se incomodam com a intimidade. As pessoas com esse estilo de apego apresentam níveis mais altos de satisfação com seus relacionamentos do que as com estilo evitativo ou ansioso.

– Nunca namorei alguém assim – respondeu Vivian. – As pessoas seguras são, tipo, 1% da população?

Na verdade, 50% da população é segura, 20% têm apego ansioso, 25% têm apego evitativo e o resto fica num grupo chamado ansioso-evitativo. Isso pode parecer uma boa notícia. O problema é que, apesar de as pessoas com apego seguro representarem 50% da população, essa porcentagem cai drasticamente na população de solteiros. Isso porque as pessoas seguras costumam se comprometer rapidamente. Porque são boas em estabelecer relacionamentos saudáveis, elas tendem a permanecer neles. Por isso a "pista" está cheia de pessoas ansiosas e evitativas.

Quando expliquei tudo isso a Vivian, ela suspirou.

– Desisto – disse ela, tomando o resto do *smoothie*.

Ela disse que iria desistir, mas não foi isso que aconteceu.

> **EXERCÍCIO:** Determine seu estilo
>
> Se você está curioso para saber seu estilo de apego, responda às seguintes perguntas:
>
> 1. Até que ponto você se sente confortável com a intimidade e a proximidade? Até que ponto você costuma evitar a intimidade?
> 2. Até que ponto fica ansioso(a) em relação ao amor e ao interesse do seu parceiro ou da sua parceira por você? Você se preocupa constantemente com o relacionamento?
>
> Caso anseie pela proximidade mas sinta insegurança em relação ao futuro do seu relacionamento e ao interesse do seu parceiro por você, seu estilo de apego pode ser o ansioso. Caso se sinta desconfortável quando as coisas ficam próximas demais e valoriza mais sua liberdade do que a conexão, seu estilo pode ser o evitativo. Caso se sinta confortável com a intimidade e com o tempo que passa sozinho e não se preocupa frequentemente com seu relacionamento, então seu estilo talvez seja o seguro.
>
> Você pode responder a esse questionário no meu site, loganury.com, para confirmar seu estilo de apego.

PROCURE UM PARCEIRO SEGURO

Apesar de Vivian ter sentido vontade de desistir, nos meses seguintes à nossa conversa ela se esforçou para abordar a questão do namoro de um modo diferente. Ela começou a procurar parceiros seguros. Isso demorou. Ela saía com uma pessoa nova e reclamava que era "chata demais". Quando eu a sondava, descobria que em geral isso significava que a pessoa estava sendo legal com ela. Por exemplo, ela disse a um cara com quem tinha saído duas vezes que iria a Seattle no fim de semana seguinte. Ele então lhe mandou uma lista com recomendações de restaurantes. Quando ela me contou essa história, terminou dizendo:

– E é por isso que nunca mais quero vê-lo de novo.

– Espera aí, o quê? – perguntei.

– Ele obviamente gosta demais de mim. É patético.

Fiz o que pude para ajudá-la a enxergar a situação de modo diferente. O cara estava tentando ser solícito porque gostava dela. Era um sujeito seguro, e não patético. Trabalhamos juntas para romper esse ciclo ansioso-evitativo.

Se você se identifica com a história de Vivian e acredita que tem apego ansioso, esse também é o seu dever de casa. Não estou sugerindo que *todo mundo* que você acha chato é, no fundo, seguro. A pessoa pode ser mesmo chata. Mas está na hora de parar com a caçada. Este foi o desafio que dei a Vivian: tente namorar pessoas seguras. Aquelas que mandam mensagem quando dizem que vão mandar. Que dizem o que estão pensando. Que não fazem joguinhos, não evitam nem reduzem o drama.

Isso também serve para você, meu leitor e minha leitora com apego evitativo. Encontre um parceiro seguro!

APRENDA A SE AUTORREGULAR

Ao mesmo tempo você pode trabalhar para sentir mais segurança. Os estilos de apego são relativamente estáveis no decorrer da vida, mas cerca de um quarto das pessoas mudam seu estilo de apego depois de um período de quatro anos. É necessário esforço, mas você pode fazer isso.

Vivian estava decidida a mudar, o que para ela significava aprender a se autorregular, ou seja, administrar os impulsos e as emoções que causavam perturbação. Ela treinou para não entrar em pânico quando alguém não respondia logo em seguida. Nesses momentos, ela tentava aquietar suas ansiedades dando um passeio ou ligando para uma amiga. (Essas opções são mais saudáveis do que mandar 14 mensagens para o cara que ela havia conhecido no elevador do trabalho no dia anterior.)

E para quem tem apego evitativo: preste atenção nos seus sentimentos quando você perceber que está recuando. Aprenda a *pedir* espaço em vez de desaparecer *no* espaço. E quando sentir que está se concentrando nos defeitos da pessoa com quem se relaciona e quiser ir embora por causa deles, experimente outra técnica: tente procurar as qualidades dela. Lembre que ninguém é perfeito e que, se você for embora, a próxima pessoa com quem namorar também não será.

Mudar sozinho o seu estilo de apego pode ser desafiador. Existem muitos motivos inconscientes para sermos como somos, e cavar o passado pode trazer questões inesperadas e difíceis. Como o relacionamento com nossa mãe tem a ver com nosso estilo de apego? Se encontrarmos um estilo de apego mais saudável, isso significa que estamos traindo ou abandonando nossa mãe? Talvez você tenha que encarar o fato de que não recebeu o que precisava da pessoa de quem você mais dependia. Muitas pessoas acham útil falar sobre isso com um terapeuta.

Vivian e eu continuamos a discutir sua vida amorosa depois das aulas de malhação. Logo ela parou de rotular os caras com quem saía de "chatos" quando começavam a demonstrar interesse. Sempre que dizia a um pretendente obviamente evitativo para dar o fora, ela me mandava uma mensagem, orgulhosa. E adivinha só: depois de uns seis meses ela conheceu um cara lindo que tinha acabado de se mudar de Houston para São Francisco. Depois do primeiro encontro, numa noite de sexta-feira, ele ligou para ela e disse:

– Gostei muito de você e quero vê-la outra vez amanhã.

Em vez de chamar isso de "patético", no dia seguinte ela se viu tomando o café da manhã com ele, como ele tinha pedido. O café da manhã se transformou num passeio. O passeio se transformou num rolê com os amigos dela numa cervejaria. A cervejaria se transformou numa viagem bêbada de táxi até a casa dele, seguida por uma longa soneca. Dois anos depois eles ainda dormem juntos.

TÓPICOS PARA GUARDAR

1. A teoria do apego é uma estrutura bem conhecida usada para entender os relacionamentos. Ela pode ajudar a explicar por que você sente atração por determinado tipo de pessoa, por que seus antigos relacionamentos não deram certo e por que você está preso(a) num padrão de maus hábitos.

2. Você pode ter apego ansioso se anseia demais por proximidade mas sente insegurança em relação ao futuro do seu relacionamento e ao interesse do seu parceiro ou da sua parceira por você. Você pode ter apego evitativo caso se sinta desconfortável com a intimidade e valorize mais sua independência do que a conexão. Você pode ter apego seguro caso se sinta confortável com a intimidade, com o tempo que passa sozinho(a) e com o delineamento de limites.

3. As pessoas com apego seguro representam 50% da população, mas não da população disponível para namoro, já que estes costumam começar relacionamentos e permanecer neles. Pessoas com apego ansioso e evitativo costumam se namorar, reforçando as piores tendências de cada uma.

4. Se você tem apego ansioso ou evitativo, pode desenvolver melhores habilidades de relacionamento procurando um par seguro e aprendendo a se autorregular, ou seja, administrar impulsos e emoções que causem perturbação.

7

PROCURE UM COMPANHEIRO PARA A VIDA, E NÃO UM ACOMPANHANTE PARA O BAILE

*Como se concentrar no que é importante
em um parceiro ou uma parceira de longo prazo*

Brian parecia o irmão mais bonito de Keanu Reeves.

Nós nos conhecemos no Burning Man, o festival anual de arte e psicodelismo no deserto de Nevada. Naquela primeira noite, vestido da cabeça aos pés em linho branco, com os óculos de proteção contra poeira pendurados no pescoço, ele sussurrou:

– Posso beijar você?

Assenti, ajeitando o chapéu de pele creme que eu tinha combinado com um macacão rajado para completar o look de leopardo-das-neves. Nós nos beijamos ao som do DJ Paul Oakenfold. Milhares de pessoas dançavam ao nosso redor. Quando a batida ficou mais pesada, a multidão aplaudiu e nós nos beijamos com mais intensidade.

Mais tarde, um estranho com manto de mago nos entregou uma polaroide que capturou nosso envolvimento.

– Vocês pareciam muito apaixonados.

E tive certeza de que estávamos. Eu sentia que estava voando enquanto explorávamos a paisagem lunar do deserto.

Continuei interessada em Brian quando voltamos a São Francisco. Numa tarde, nos sentamos num banco na sede do Google, onde nós dois trabalhávamos, e trocamos histórias sobre nossa "descompressão" – a experiência de voltarmos à vida real depois do Burning Man. Brian tinha trocado a roupa de linho por jeans e camiseta.

Pegamos umas cervejas numa microcozinha e entramos no ônibus do Google para voltar a São Francisco. Eu sorri quando me sentei no banco ao lado dele. Compartilhamos fones de ouvido. O esquerdo no ouvido dele, o direito no meu. Tocava "The Trapeze Swinger", do Iron and Wine. Fechei os olhos e me lembrei do nosso momento delirantemente feliz dançando no deserto. *O amor é assim*, pensei.

Brian era um gato, espontâneo e divertido. Mas também pouco confiável. Eu nunca sabia se ele responderia minha mensagem ou se daria as caras quando dizia que ia me encontrar. Ele sabia que eu gostava dele. Num dia parecia interessado, e no outro, distante. Eu nunca me perguntava coisas do tipo: *Ele é gentil e atencioso? Confio no julgamento dele? Ele se lembraria de levar nossos filhos ao dentista?* (Se seus próprios hábitos de ir ao dentista servissem como sinal, não, ele não se lembraria.)

Olhando para trás, me pergunto por que eu, uma pessoa que queria encontrar um companheiro sério e criar um relacionamento de longo prazo, tentei desesperadamente convencê-lo a me namorar. Por que eu vivia me apaixonando por caras como Brian? Minhas escolhas não estavam me ajudando a ter o relacionamento que eu desejava. Em vez de me dedicar a um relacionamento de longo prazo, eu estava me resignando à diversão a curto prazo.

ACOMPANHANTE PARA O BAILE *VERSUS* COMPANHEIRO PARA A VIDA

Muitos de nós temos dificuldade de fazer boas escolhas para nosso eu futuro – e não somente em termos de namoro. Somos culpados disso quando adiamos tarefas domésticas (mesmo sabendo que em algum momento precisaremos fazê-las), quando não praticamos exercícios (mesmo sabendo que isso é importante para manter a saúde) e quando gastamos dinheiro sem pensar (mesmo sabendo que deveríamos poupar). Em todos esses momentos somos vítimas do *viés do presente*,[1] um erro de avaliação que nos leva a dar um valor desproporcionalmente mais alto ao aqui e agora do que ao futuro.

A maioria de nós não namora buscando a viabilidade de longo prazo. Eu certamente não corria atrás do Brian para isso. Chamo isso de "procurar um acompanhante para o baile". O que é um ou uma acompanhante ideal para o baile? Uma pessoa fotogênica que lhe dê uma noite cheia de diversão e faça você parecer legal na frente dos seus amigos. Muitos de nós terminamos o ensino médio há mais de uma década, no entanto ainda usamos os mesmos critérios para avaliar parceiros potenciais. Você quer realmente se casar com um acompanhante? Preocupar-se imaginando se ele vai ajudar você a cuidar dos seus pais idosos? Ou ir à reunião de pais e professores do filho de vocês? Ou cuidar de você até que se cure de uma diarreia feroz?

Você provavelmente não faz essas perguntas quando conhece alguém. As respostas a elas têm pouco a ver com você querer beijar a pessoa ou sair com ela de novo. (E quem quer pensar em diarreia num primeiro encontro?!) Mas quando você está procurando uma companhia de longo prazo, quer alguém que esteja presente nos momentos bons *e* nos ruins. Alguém com quem você possa contar. Alguém com quem possa tomar decisões. *O companheiro para a vida.*

Tenho sorte de ter a brilhante terapeuta de casais Esther Perel como mentora. Uma vez ela me explicou a diferença entre uma história de amor e uma história de vida. Existem muitas pessoas com quem você pode compartilhar um encontro amoroso, mas um número muito menor com quem você pode construir uma vida. Quando você estiver pensando em com quem se casar, diz ela, não se pergunte: *Como seria uma história de amor com essa pessoa?* Em vez disso, pergunte-se: *Posso criar uma vida com essa pessoa?*[2] Essa é a diferença fundamental.

A maioria de nós começa a desenvolver paixonites pelo(a) acompanhante por volta da época em que entramos na puberdade. E faz sentido! Quando você é adolescente, está pensando em quem você quer beijar, e não em quem seria um bom pai ou uma boa mãe para seus filhos.

Mas você não tem mais 15 anos. Se está mesmo procurando um relacionamento de longo prazo com uma pessoa que se comprometa, você precisa parar de procurar um(a) acompanhante para o baile e começar a buscar um(a) companheiro(a) para a vida.

QUANDO DAR UM FORA NO ACOMPANHANTE

Quando você deveria fazer essa mudança? Não existe uma resposta única para todo mundo, mas conversando com o economista comportamental Dan Ariely bolamos uma regra útil para quem deseja ter filhos: você precisa mudar deliberadamente o modo como avalia companheiros potenciais por volta de seis a oito anos antes de querer ter filhos.[3] Essa não é uma estimativa científica, e sim uma estrutura para pensar em quando fazer essa mudança.

Imagino que muitos de vocês – assim como muitos dos meus clientes – já estejam nesse intervalo crítico. Não quero que você se sinta atrasado ou atrasada. Só quero encorajar você a levar-se a sério e começar a namorar alguém que tenha o potencial de ser um companheiro ou uma companheira de verdade.

Seja honesto(a): você costuma namorar acompanhantes ou companheiros? Uma vez uma cliente contou que havia tido vários encontros com um cara que morava sozinho. Quando ela visitava o apartamento dele e precisava usar o banheiro, via uma pia cheia de pelos de barba, um lixo transbordando e papel higiênico faltando. Essa mulher era uma profissional bem-sucedida e talentosa. Tinha 34 anos e queria ter "muitos filhos". Não estou dizendo que um cara cujo banheiro é sujo não possa ser um ótimo marido e pai. Mas se ela tem 34 anos e quer dar à luz um bando de crianças, precisa começar logo. E quem tem mais probabilidade de estar pronto para começar uma família: um cara com um banheiro limpo ou um que ainda age como se vivesse num alojamento estudantil? Aconselhei-a a dar adeus a esse acompanhante e a concentrar sua energia em encontrar um companheiro.

Para começar a procurar um companheiro, você precisa aprender a reconhecer o viés do presente e trabalhar deliberadamente contra ele.

O QUE ENTENDEMOS ERRADO SOBRE O QUE IMPORTA

Além de *coach*, atuo como casamenteira e arranjo encontros para os meus clientes. Comecei a fazer isso quando descobri quantos amigos e clientes meus estavam tendo dificuldades com os aplicativos de namoro. Como casamenteira, conversei com dezenas de pessoas para descobrir o que elas procuravam num(a) companheiro(a). Centenas preencheram o formulário no meu site para entrar na "lista da Logan". Por meio desse processo, coletei dados suficientes para entender o que as pessoas *acham* que mais importa num(a) companheiro(a) sério(a). Podemos comparar isso com o que a ciência do relacionamento nos diz que *realmente* importa para o sucesso de um relacionamento de longo prazo.

Podemos agradecer a John Gottman por muitas dessas ideias da ciência do relacionamento. Ele passou mais de quatro décadas estudando relacionamentos amorosos. Durante anos, ele e seu colega Robert Levenson levaram casais para um laboratório de estudos observacionais chamado pela mídia de "Laboratório do Amor".[4] Ali, ele os gravou tendo DRs. Pedia que os casais contassem a história de como se conheceram e depois narrassem uma briga recente. Ele até mesmo convidava os casais a passarem um fim de semana num apartamento que ele enchera de câmeras para observar como eles interagiam em situações do dia a dia.

Anos depois de os casais terem participado do estudo do apartamento, Gottman os reencontrava para verificar como estavam. Eles se encaixavam em dois grupos: os "mestres", casais que continuavam casados e felizes; e os "desastres", casais que tinham se separado ou permanecido juntos e infelizes. Gottman estudou as gravações originais desses dois grupos de casais para descobrir quais padrões separavam os mestres dos desastres.

Quando observamos as descobertas de Gottman e o trabalho de outros cientistas do relacionamento, podemos ver nitidamente quais qualidades colaboram para um relacionamento de longo prazo bem-sucedido. Em outras palavras, a pesquisa revela o que determina um bom companheiro ou uma boa companheira para a vida. No entanto, as características descritas não são o que os clientes do meu trabalho como casamenteira costumam pedir. Em vez disso, eles se concentram no desejo a curto prazo – ou seja, nas características de um bom acompanhante para o baile.

O QUE IMPORTA MENOS DO QUE PENSAMOS

Não somente subestimamos as qualidades mais importantes para os relacionamentos de longo prazo, como também supervalorizamos outras irrelevantes. Podemos pôr uma parte da culpa num erro cognitivo chamado *ilusão de foco*: a tendência de superestimar a importância de determinados fatores quando prevemos coisas como a nossa felicidade futura.

Os economistas comportamentais Daniel Kahneman e David Schkade mergulharam nesse fenômeno.[5] Perguntaram a universitários em Michigan e Ohio quem eles achavam que eram mais felizes: os estudantes do Meio-Oeste, como eles, ou os da Costa Oeste. E fizeram as mesmas perguntas a estudantes do sul da Califórnia.

Os dois grupos disseram que os estudantes da Califórnia eram mais felizes. No entanto, os pesquisadores descobriram que os estudantes do Meio-Oeste eram quase tão felizes quanto os californianos.

Concluiu-se que os dois grupos superestimavam o impacto que a vida num clima mais quente tinha sobre a satisfação cotidiana. Isso porque o clima é uma diferença "nítida e facilmente observável" entre esses dois lugares. Eles ignoravam todos os outros fatores que colaboravam para a felicidade e que os dois grupos compartilhavam: preocupação com as notas, *status* social, questões familiares, dinheiro, perspectivas profissionais, etc. Essas coisas são iguais, independentemente do clima. Mas quando foi pedido para compararem a vida nesses dois lugares, os estudantes se concentraram no clima e presumiram que ele tinha um impacto maior do que realmente tinha.

Kahneman resumiu perfeitamente essa descoberta: "Nada na vida é tão importante quanto você imagina enquanto está pensando nisso." O simples fato de pensar numa coisa acentua as diferenças.

Somos culpados de nos deixar enganar pela ilusão de foco quando escolhemos companheiros potenciais. As pessoas que oriento costumam citar exigências como "Preciso de alguém que goste de dançar". Nesse momento, elas estão focando o fato de que elas próprias adoram dançar. Então, por causa da ilusão de foco, simplesmente *pensar* nessa coisa faz com que superestimem a importância dela. A verdade é que, mesmo que sejam conhecidas por sair de camisa suada depois de uma noite dançando salsa, essas pessoas provavelmente não passam mais do que algumas horas por mês na pista de dança. Mesmo assim costumam se fixar nessas características insignificantes e ignorar fatores muito mais importantes correlacionados a um relacionamento de longo prazo feliz (falarei mais sobre isso daqui a pouco).

Isso também serve para aparência, dinheiro, etc. Essas coisas fazem diferença, só que uma diferença muito menor do que costumamos pensar.

I. Dinheiro

Não me entenda mal, dinheiro é importante. Quando casais abaixo da linha da pobreza lutam para atender às suas necessidades básicas, o casamento sofre. Psicólogos da Texas Tech University estudaram casados que faziam terapia de casal e descobriram que os casais de baixa renda eram muito mais insatisfeitos com seu relacionamento do que os de renda média.[6] Na verdade, casais de baixa renda se sentiam quase tão infelizes quanto casais um mês antes de se divorciarem.

Não é segredo que as dificuldades financeiras provocam estresse conjugal.[7] Esse é um dos principais motivos pelos quais os casais se divorciam. Se você tem recursos financeiros suficientes, não vai enfrentar a tensão de tomar decisões financeiras difíceis, como ter que escolher entre pôr aparelho nos dentes do seu filho mais velho ou colocar o caçula numa aula particular de matemática. E mais: uma pesquisa da Harvard Business School descobriu que os casais que podem se dar ao luxo de terceirizar tarefas que consomem muito tempo, como cozinhar e fazer faxina, são mais felizes justamente porque podem passar mais tempo juntos.[8]

Mas isso não significa que, para ser feliz, você deva buscar o parceiro mais rico ou a parceira mais rica que puder. Ainda que seja difícil determinar um limite exato para além do qual o dinheiro não vai lhe comprar mais felicidade, pesquisas dos economistas comportamentais Daniel Kahneman e Angus Deaton levaram a uma descoberta famosa: não existe aumento no "bem-estar emocional" (jargão dos economistas para felicidade) quando o salário anual do casal ultrapassa 75 mil dólares.[9]

De fato, pesquisas adicionais sugerem que o tanto que você pode obter de felicidade a partir do dinheiro depende, em primeiro lugar, da riqueza de quem está ao seu redor.[10] Em outras palavras, não é o tamanho da sua casa que importa, mas o tamanho da sua casa *em comparação* com a dos vizinhos.

Isso porque nós nos aclimatamos às nossas condições. Frequentemente nos esquecemos da *adaptação*: o processo de acostumar-se a uma situação.

Não importa quanto alguma coisa seja maravilhosa, a novidade acaba se desgastando e paramos de prestar muita atenção nela. E assim que paramos de prestar atenção, ela não nos traz o mesmo nível de alegria ou de sofrimento de quando a desejávamos. Isso explica os resultados de um estudo conduzido em 1978 pelo psicólogo Philip Brickman, em que ele e sua equipe estudaram ganhadores da loteria um ano depois de receberem a bolada.[11] Esses ganhadores, eles descobriram, são menos felizes a longo prazo do que seria de pensar. São quase tão felizes quanto os não ganhadores, e na verdade têm mais dificuldade para desfrutar dos pequenos prazeres da vida do que aqueles que não ganharam nada. Os ganhadores da loteria *se adaptaram* ao seu ambiente, e a riqueza teve um efeito muito menor do que o previsto em sua satisfação geral com a vida.

> **Dica para sua busca de namoro**
> Ao tomar uma decisão, costumamos nos concentrar na alegria ou no sofrimento imediato que ela trará. Mas lembre-se: somos ruins em fazer previsões! Frequentemente não podemos avaliar como esses sentimentos vão mudar com o tempo. O dinheiro importa, mas só até certo ponto. Você não está errado ao levar em consideração esse elemento no seu futuro relacionamento, mas não priorize a riqueza.

II. Beleza

Não é segredo que a aparência faz diferença em muitos aspectos da vida. Pessoas atraentes costumam ganhar salários mais altos[12] e vencer oponentes menos atraentes em disputas políticas.[13] Em muitos estudos que investigam a atratividade, pesquisadores observaram que as pessoas bonitas são consideradas mais persuasivas, mais dignas de confiança, extrovertidas, socialmente competentes e poderosas, sexuais, saudáveis, inteligentes e agradáveis.[14]

E quando se trata de namoro, um motivo histórico e evolutivo explica nossa valorização da beleza. No início, a vida era uma luta constante pela sobrevivência. As características fisicamente atraentes – como pele sem manchas e cabelos viçosos – indicavam saúde e vitalidade.[15] Isso era importante para a seleção do parceiro ou da parceira porque significava que não somente essa pessoa *passaria* essas características desejáveis aos seus filhos, mas também teria mais probabilidade de *permanecer viva* por tempo suficiente para ajudar a criá-los. Não é de espantar que nosso cérebro nos treinasse para procurar pessoas bonitas.

No mundo atual, graças ao milagre da medicina moderna e da produção de alimentos industrializados, não enfrentamos mais esses problemas. Nossos filhos têm uma larga chance de sobreviver, por isso, ao escolher um companheiro ou uma companheira, não faz mais sentido priorizar a boa forma reprodutiva – a capacidade de transmitir os genes para as gerações futuras. Seu filho ficará bem, mesmo que o pai tenha tido acne na adolescência.

E mais: concentrar-se na aparência, excluindo outras características, ignora o fato de que o tesão inevitavelmente diminui com o tempo (lembre-se: estamos procurando o sucesso de longo prazo). Em seu livro *The Science of Happily Ever After* (A ciência do "felizes para sempre"),[16] o psicólogo Ty Tashiro faz uma investigação longitudinal da satisfação no casamento durante 14 anos.[17] Ele descobriu que, ao longo de sete anos, a "luxúria" (o desejo sexual) por um companheiro ou uma companheira declinava com o dobro da velocidade da "amizade" (caracterizada pela lealdade e pela gentileza).

A antropóloga biológica Helen Fisher ajuda a explicar por que isso acontece.[18] O tesão é incrivelmente intenso no início e depois diminui. Quando nos apaixonamos, parece que ficamos viciados na outra pessoa, como se ela fosse uma droga. Fisher descobriu que a cocaína e a paixão acionam as mesmas regiões do cérebro.

A diminuição da nossa luxúria também é uma estratégia evolutiva. Nosso "vício" no companheiro ou na companheira nos mantém juntos por tempo suficiente para ter um bebê e criá-lo até ele ter cerca de 4 anos, idade suficiente para adquirir certa autonomia (pelo menos naquela época) e conseguir sobreviver. Assim que nosso trabalho ali está feito, o tesão se esvai e o cérebro nos libera para criar outros filhos com outros(as) parceiros(as), aumentando a chance de que pelo menos um deles sobreviva até a idade adulta e leve adiante nosso DNA.

Se você está avaliando seu relacionamento numa época em que faz sexo o tempo inteiro, até que ponto pode prever como será quando essa frequência diminuir?

E se é atrás de sexo bom que você está, não há garantia de que uma pessoa atraente seja boa de cama. Pode ser que pessoas bonitas jamais desenvolvam algumas habilidades porque não precisam delas. Um episódio da série *30 Rock*, chamado "A bolha", leva essa ideia ao extremo.[19] Jon Hamm interpreta um personagem que é isolado pela própria beleza. É um ex-tenista profissional que não sabe sacar, um médico que não sabe aplicar primeiros socorros e, segundo uma reclamação da personagem de Tina Fey, "é tão ruim no sexo quanto eu". O chefe dela conhece esse fenômeno em primeira mão:

– Esse é o perigo de ser superbonito – garante ele. – Quando você está na bolha, ninguém lhe diz a verdade.

Portanto, não presuma que as pessoas mais bonitas são as melhores amantes.

Por fim, lembre-se do que acabamos de aprender sobre adaptação. Mesmo que você se case com a pessoa mais bonita do mundo, com o tempo vai se acostumar à aparência dela. Esse prazer inicial vai desbotar. Uma grande parte do nosso impulso sexual está associada à novidade. Assim, não importa quanto seu(sua) parceiro(a) seja um(a) gato(a), é provável que seu interesse sexual por ele(a) diminua com o tempo, simplesmente porque ele(a) não é mais novidade para você. Parafraseando um ditado da internet: "Para cada pessoa gostosa, existe alguém cansado de fazer sexo com ela."

A paixão se esvai! O tesão se esvai![20] O que importa é você sentir atração pela pessoa, e não que ela seja a mais linda do mundo.

Dica para sua busca de namoro
A atração física pode obscurecer a compatibilidade de longo prazo. Preste atenção se *você* sente atração por alguém e tente ignorar como a *sociedade* avaliaria a aparência dessa pessoa. Não coloque o tesão acima de fatores mais importantes a longo prazo.

III. Uma personalidade parecida com a sua

Meus clientes costumam dizer que precisam encontrar uma pessoa que tenha personalidade semelhante à deles. "Sou extrovertida demais; e ele, introvertido demais. Nunca daria certo", argumentam eles. Ou: "Sou neurótica e nada jamais parece incomodá-lo. Simplesmente não combinamos."

Descobri que esse sentimento é mais comum entre os clientes mais velhos. Quando somos jovens, começar um relacionamento é como um ponto de partida: duas pessoas se juntando para construir alguma coisa. Somos mais flexíveis e ainda estamos tentando descobrir o que queremos. Quando estamos mais velhos e pensamos em relacionamentos de longo prazo, e quem sabe em casamento, o processo é mais como uma fusão: dois seres completos se juntando. Quanto mais velhos ficamos, mais nos acomodamos em nosso modo de ser e mais ansiamos por alguém que se encaixe facilmente na nossa vida. Presumimos que, quanto mais semelhantes formos, mais fácil será a fusão.

Mas essa suposição está errada. Pesquisas revelam que personalidades semelhantes não são um requisito para um relacionamento de longo prazo. Na entrevista que fiz com Eli Finkel, professor da Northwestern University e especialista em casamento, ele disse:

– Não existe correlação entre quanto você sente satisfação ou felicidade num relacionamento e a semelhança das duas personalidades.[21]

Em outras palavras, reduzimos o número de parceiros potenciais eliminando, equivocadamente, pessoas que não são parecidas o suficiente conosco.

A questão é: você *realmente* quer namorar você mesmo(a)? Eu jamais iria querer!

Tenho um cliente, um promotor de eventos com uma personalidade marcante, que é a alma de qualquer festa. Ele estava namorando uma pessoa calma e carinhosa que gostava de dormir antes das 22 horas na maioria das noites. Ele se perguntava: *Minha vida não seria melhor se eu namorasse alguém mais parecido comigo?*

Eu o fiz se sentar e disse que dois dele seriam demais para uma sala só, quanto mais para um relacionamento! Eles brigariam para ser o centro das atenções.

– Você conhece o programa *The Amazing Race*? – perguntei. Nesse programa, casais ou pares de amigos ou familiares viajam a lugares exóticos para realizar missões. – Os pares que são parecidos demais brigam. Empacam nas mesmas coisas. As duplas mais bem-sucedidas são as que se complementam, as que não têm características idênticas. Quando perdem um voo, um parceiro encontra uma rota alternativa e acalma o pânico do outro. É isso que os faz vencerem. É desse tipo de parceira de vida que você precisa.

No decorrer de um ano ele trabalhou para apreciar as diferenças de sua companheira, em vez de desejar que ela fosse mais parecida com ele. Recentemente os dois decidiram ter um bebê.

Dica para sua busca de namoro
Encontre alguém que complemente você, e não uma personalidade gêmea.

GENÉTICA!

Muitas pessoas dizem que querem encontrar alguém com personalidade semelhante à sua. Mas quando os pesquisadores William Chopik e Richard Lucas, da Michigan State University, estudaram mais de 2.500 casais casados havia uma média de 20 anos, descobriram que os casais com personalidades semelhantes não ficam mais satisfeitos com seu relacionamento.[22]

E quando se trata dos nossos genes, talvez tenhamos evoluído para preferir pessoas geneticamente *diferentes* de nós. Há uma teoria de que nos sentimos atraídos pelo cheiro de pessoas geneticamente diferentes de nós porque, se reproduzíssemos com elas, passaríamos adiante dois conjuntos de genes muito diferentes – tornando nossa prole mais forte e aumentando a probabilidade de sobreviver.[23]

O biólogo suíço Claus Wedekind explorou isso em seu famoso estudo de camisetas.[24] Ele coletou amostras de DNA de alunos dos sexos masculino e feminino. Para capturar o cheiro dos estudantes do sexo masculino, ele os instruiu a usar a mesma camiseta de algodão durante duas noites e evitar atividades que produzissem cheiro, como o sexo. Em seguida pediu que as estudantes cheirassem seis camisetas – três de homens geneticamente parecidos com elas e três de homens geneticamente diferentes – e dar uma nota a cada uma baseada em intensidade, prazer e sensualidade. Ele descobriu que as mulheres preferiam o cheiro dos homens cujos genes eram *mais diferentes* dos delas.

(Por coincidência, em mulheres que tomam anticoncepcional oral acontece o efeito contrário.[25] As coisas podem ficar complicadas quando um casal se casa, a mulher interrompe o uso de anticoncepcional e de repente se sente atraída por pessoas diferentes.)

IV. Passatempos compartilhados

Uma vez, viajando de carro com uma velha amiga, começamos a conversar sobre o amor dela e do marido pelo tênis. Essa conversa durou até pararmos em um posto de gasolina. Ela saiu do carro e ficou mexendo no celular enquanto enchia o tanque. Quando entrou de novo, pôs o celular na minha cara e disse:

– Olha só! Meus sogros não são bonitinhos?

A tela mostrava uma selfie turva, ruim, de um casal com mais de 60 anos. Enquanto ligava o carro, ela comentou:

– Sem brincadeira, é surpreendente como eles são casados há tanto tempo. Os dois não têm nada em comum.

– As pessoas acham que compartilhar passatempos é mais importante do que realmente é – respondi. – É possível que você esteja subestimando todas as coisas que eles de fato compartilham. – Àquela altura ela já havia me ouvido falar sobre os Gottmans. (Geralmente menciono os Gottmans e algumas obscuras curiosidades sobre o Weird Al antes da primeira parada numa viagem de carro.)

John Gottman, que mencionei antes, é casado com Julie Gottman, uma conhecida psicóloga clínica. John optou por passar muitos anos da vida num laboratório, codificando as microexpressões de casais. Não é nenhuma surpresa que ele se considere um "ávido recluso". Ele brinca dizendo que é o tipo de pessoa que pode pensar em mil maneiras de morrer num piquenique. Julie compartilha sua paixão por ajudar casais. Mas a ideia de diversão dela é passar um tempo ao ar livre em lugares ermos. Foi uma esquiadora competitiva na faculdade. Para comemorar seus 50 anos ela sonhava em escalar o Everest. Imagine John, o cara que odeia piqueniques, desbravando o gélido monte com Julie.

Claro que John e Julie sabiam dessas diferenças antes de se casarem. Mas, devido ao seu trabalho, eles também sabiam que casais não precisam compartilhar passatempos para ter um relacionamento de longo prazo bem-sucedido. Os dois estão casados e felizes há mais de 30 anos.

O segredo é o seguinte: tudo bem ter interesses diferentes, desde que o tempo que você passe em suas atividades prediletas não o impeça de investir no seu relacionamento. Se você adora vinho e seu companheiro não dá a mínima, tudo bem; você não precisa se casar com um sommelier. O que importa é que, quando você beber vinho ou viajar ao vale de Napa para experimentar um novo cabernet-sauvignon recentemente premiado, seu(sua) companheiro(a) não tente fazer você se sentir culpada(o) por isso nem diga algo do tipo "Por que você *sempre* tem que beber?". Um bom relacionamento tem espaço para pessoas diferentes com passatempos diferentes.

Dica para sua busca de namoro
Não se preocupe em encontrar alguém que tenha os mesmos passatempos que você. Tudo bem curtir atividades diferentes, desde que vocês deem um ao outro espaço e liberdade para explorar esses passatempos sozinhos.

O OUTRO SIGNIFICATIVO

Uma técnica para administrar diferentes passatempos é o "outro significativo", expressão cunhada pelo cientista do relacionamento Eli Finkel.[26] Os casais modernos costumam achar que podem satisfazer todas as suas necessidades com o parceiro ou a parceira. Eles esperam que essa pessoa faça muitas coisas diferentes ("use muitos chapéus", de acordo com a expressão em inglês) – na verdade, que use praticamente todos os chapéus; chapéus que foram espalhados pela nossa rede social antes de nos casarmos.

Esperar que nossos companheiros satisfaçam todas as nossas necessidades coloca uma enorme pressão sobre o relacionamento. Os outros significativos podem ajudar a aliviar essa pressão. Pense do seguinte modo: se você tentar empilhar dezenas de chapéus na cabeça de uma pessoa, a pilha (e talvez a pessoa) acabará caindo. Em vez disso, você pode dar o boné para sua prima que adora esportes e ligar para *ela* quando quiser discutir sobre qual é o melhor time do campeonato. Você pode dar o chapéu de caubói para seu amigo que adora música sertaneja e fazer planos com *ele* na próxima vez que quiser ir a um festival de música.

Uma pesquisa feita pelos psicólogos sociais Elaine Cheung, Wendi Gardner e Jason Anderson sustenta essa ideia.[27] Eles descobriram que ter várias pessoas nas quais buscar apoio emocional – em vez de apenas uma ou duas – leva a um aumento no seu bem-estar geral. Por exemplo, você pode falar com sua colega de apartamento quando estiver com raiva e contar com sua irmã quando estiver triste.

Quando você está num relacionamento, pode incorporar outras pessoas à sua vida do seguinte modo: pense nos papéis que você pediu a seu companheiro ou sua companheira para representar e que ele ou ela não está interessado(a) em fazer – por exemplo, insistindo que ele(a) vá com você a uma festa quando ele(a) prefere reuniões menores. Ou desejar que seu companheiro ou sua companheira sugira visitas a museus e galerias de arte quando ele(a) não curte muito isso. Lembre-se: só porque a pessoa não tem os mesmos

> interesses que você, isso não faz com que ela seja uma parceira ruim! E para esses papéis, aos quais seu companheiro ou sua companheira não é adequado(a), encontre um amigo ou um familiar que possa substituí-lo(a). A longo prazo isso vai deixar *você* mais feliz porque suas necessidades serão satisfeitas. E deixará *seu companheiro* (*ou companheira*) mais feliz porque assim ele(a) pode se concentrar em papéis que têm a ver com as habilidades e os interesses dele(a).

O QUE IMPORTA MAIS DO QUE A GENTE PENSA

No meu trabalho, raramente ouço meus clientes dizerem que seu objetivo principal é encontrar uma pessoa emocionalmente estável. Ou boa em tomar decisões difíceis. Às vezes eles mencionam que essa pessoa precisaria ser gentil, mas em geral *depois* de dizer qual seria a altura mínima e máxima dela. E, no entanto, esses são exemplos de qualidades que cientistas do relacionamento descobriram colaborar muito mais para o sucesso de relacionamentos a longo prazo do que características superficiais ou interesses compartilhados.

Não que as pessoas não saibam que essas coisas importam; pelo contrário, elas tendem a subestimar o valor desses atributos quando estão decidindo quem namorar. (Um dos motivos é que essas qualidades são difíceis de mensurar e discerníveis apenas depois de passarmos algum tempo com alguém. Isso também explica por que os aplicativos de namoro se concentram nas características mais fáceis de medir e menos importantes do que a gente pensa, mas falarei mais sobre isso no próximo capítulo.) Se você quer encontrar um companheiro ou uma companheira para a vida, procure alguém com as seguintes características:

I. Estabilidade emocional e gentileza

Em seu livro *The Science of Happily Ever*, o psicólogo Ty Tashiro examina as pesquisas existentes sobre o que é mais importante ao escolhermos um parceiro ou uma parceira.[28] Ele descobriu que estabilidade emocional e gentileza são duas características muito importantes e, ainda assim, subestimadas.[29] Ele define estabilidade emocional como a capacidade de se autorregular e não ceder à raiva ou à impulsividade. A estabilidade emocional de um casal é essencial para a satisfação e a estabilidade do relacionamento.

Em uma palestra de 2017, Tashiro observa que "os parceiros gentis são incríveis. São generosos, empáticos e querem apoiar o outro".[30] Gentileza e estabilidade emocional também nos fazem tratar o parceiro ou a parceira com carinho e compaixão, o que uma pesquisa de John e Julie Gottman sugere que é o segredo para um relacionamento de longo prazo bem-sucedido.

> **Dica para sua busca de namoro**
> Você pode ver até que ponto uma pessoa é gentil prestando atenção em como ela trata aqueles de que não precisa. Ela é gentil com o garçom? Oferece seu assento no metrô? É paciente com os novos colegas de trabalho que estão aprendendo as manhas na empresa? Trata os amigos e os pais com compaixão?
>   Um modo de perceber a estabilidade emocional de uma pessoa é prestando atenção em como ela reage a situações estressantes. Ela pira ou fica fria? Parceiros emocionalmente estáveis são avaliados a partir das suas reações. Eles pensam por alguns momentos para *responder* com consideração, em vez de *reagir* impulsivamente. Quando explico esse conceito aos meus clientes, cito Viktor Frankl, um sobrevivente do Holocausto e célebre psiquiatra: "Entre o estímulo e a resposta existe um espaço. Nesse espaço está a nossa capacidade de escolher a resposta. Nossa resposta guarda nosso crescimento e nossa liberdade." Uma pessoa emocionalmente estável aproveita esse espaço.

II. Lealdade

Sabe aqueles amigos que ficam ao seu lado quando a vida está ótima mas esquecem seu número quando você precisa de ajuda? Esse tipo de amigo pode ser ótimo em determinadas situações, mas você não quer um companheiro ou uma companheira assim. Encontre alguém que esteja presente nos momentos bons e nos ruins. Lealdade é importante.

Penso frequentemente numa parte do discurso de casamento da minha irmã. (E em como ela rejeitou minhas muitas ofertas de oficiar a cerimônia.) É um trecho do artigo "Will He Hold Your Purse?" (Ele vai segurar sua bolsa?), da médica Robin Schoenthaler, que trata pacientes com câncer.[31]

Schoenthaler explica que observou milhares de casais passando por crises, e isso lhe ensinou o que realmente importa num relacionamento: "É um privilégio observar esses casais, mas o lado negativo é que me pego xingando baixinho quando minhas amigas solteiras me mostram seus perfis em sites de namoro. 'Ele deve gostar de longas caminhadas na praia ao pôr do sol, de gatos', escrevem elas, ou 'comida francesa, andar de caiaque, viajar.' Ou um eterno favorito: 'Procurando um colega de pesca; deve ser bom com as iscas.' Esses anúncios me fazem ter vontade de subir num banquinho e proclamar: 'Encontrar pessoas com boas varas de pesca pode ser ótimo a curto prazo. Mas o que você deve mesmo procurar é alguém que segure sua bolsa na clínica de oncologia.'"

Minha irmã encontrou um homem maravilhoso que vai segurar sua bolsa sempre que ela precisar. Quer dizer, ela se casou com alguém que está presente para ela, que cuida dela quando ela está triste. Procure lealdade. Procure alguém que esteja presente, quer você tenha ganhado um prêmio na sua área de atuação, quer esteja na ala oncológica.

> **Dica para sua busca de namoro**
> Um modo fácil de avaliar a lealdade de uma pessoa é ver se ela tem amigos de diferentes momentos da vida. Quantos velhos amigos ela manteve ao longo dos anos? Abandonou a melhor amiga da faculdade quando ela ficou deprimida ou ainda se encontra com ela todo mês para ir ao cinema? As pessoas do

passado dessa pessoa parecem contar com ela para ser sua companhia e seu apoio? Claro, existem exceções para essa regra, já que algumas pessoas se mudaram muito ou moraram em lugares onde não se encaixavam. Mas em geral velhos amigos indicam lealdade.

III. Mentalidade de crescimento

A psicóloga de Stanford Carol Dweck passou décadas estudando o que ela chama de mentalidades "fixas" e "de crescimento".[32] Pessoas com mentalidade de crescimento acreditam que podem melhorar sua inteligência e suas capacidades. Adoram aprender, são motivadas por desafios e enxergam o fracasso como um sinal de que precisam melhorar suas habilidades. São resilientes e se sentem confortáveis correndo riscos. Já uma pessoa com mentalidade fixa acredita no oposto: que o talento e a inteligência são designados no nascimento e que correr riscos é só uma oportunidade de passar vergonha.

Você deve se alinhar com uma pessoa que tenha mentalidade de crescimento, porque, quando um problema surgir, coisa que uma hora ou outra acontecerá, vai querer um companheiro ou uma companheira que esteja à altura da ocasião, e não que desista logo de cara. Uma pessoa com mentalidade de crescimento tem muito mais probabilidade de encarar um desafio e trabalhar para melhorar a situação, em vez de desistir do relacionamento e presumir que as coisas não têm conserto.

Dica para sua busca de namoro
Você pode identificar as pessoas com mentalidade de crescimento prestando atenção em como elas se comportam em diferentes situações.

COMO IDENTIFICAR UMA MENTALIDADE DE CRESCIMENTO		
Situação	Fixa	De crescimento
Como a pessoa lida com desafios	Evita-os	Aceita-os
Como a pessoa reage a reveses	Desiste	Persiste
O que a pessoa acha de aprender novas habilidades	Uma chance de passar vergonha	Uma chance de crescer
Como a pessoa reage a feitos de outra pessoa	Sente-se ameaçada	Sente-se inspirada
Como a pessoa fala consigo mesma	Com condenação, vinda de uma voz crítica interna	Com autocompaixão

IV. Uma personalidade que desperta o que há de melhor em você

No fim das contas, um relacionamento não se trata de quem cada um de vocês é separadamente, e sim do que acontece quando vocês se juntam. O que essa pessoa desperta em *você*? A gentileza dela faz você se sentir tranquilo(a) e bem cuidado(a)? Ou a ansiedade dela provoca sua ansiedade? Você deve entender quais qualidades ela desperta em você, porque é isso que você será sempre que estiver com ela.

Uma cliente minha conheceu um cara que na teoria parecia perfeito para ela. Ele tinha tudo que ela achava que estava procurando, especialmente em termos de inteligência e de sucesso na carreira. Para a tristeza dela, sempre que estavam juntos ele a fazia sentir-se inferior. Perguntava por que ela havia escolhido determinada receita que obviamente estava acima da sua capacidade de cozinhar. E zombava dos pôsteres de obras de Picasso pendurados na parede dela. Depois dos encontros, ela ficava questionando as próprias decisões – e *se* questionando. A princípio, ela achava que essas críticas a tornavam mais forte. Tentou me convencer de que ele estava apenas procurando "fazê-la subir de nível". Mas durante nosso trabalho juntas ela percebeu que, na verdade, ele era muito inseguro, e que a insegurança *dele* provocava a dela. Não importava como ele parecesse na teoria. Na prática, ele a fazia se sentir mal com ela mesma. Ela se recusou a ter uma vida inteira de dúvidas em relação a si mesma e terminou com ele.

Um amigo meu diz que sua namorada o faz sentir-se competente. Ela pede conselhos para ele – e os segue. Conta com ele de um modo que o faz sentir-se importante e capaz. Ele adora esse lado dele que ela desperta.

> **Dica para sua busca de namoro**
> Preste atenção em como você se sente quando está perto da pessoa ou logo depois de passarem um tempo juntos. Energizado(a)? Esvaziado(a)? Entediado(a)? Desafiado(a)? Feliz? Desejado(a)? Inteligente? Idiota? Escolha alguém que desperte o que há de melhor em você.
> Também pode ser útil pedir a opinião de outra pessoa. Convide seus amigos para sair e, em vez de perguntar "O que vocês acharam dele?", pergunte: "O que vocês acharam de *mim* perto dele?"

V. Habilidades para brigar bem

Brigas não são uma coisa divertida, mas não significam necessariamente um desastre. Se você não teve modelos de comportamento em relacionamentos que demonstrassem como brigar e como fazer as pazes, não se abale. Você pode aprender a brigar bem.

As brigas – desde um pequeno desentendimento até uma disputa de berros – são uma chance de lidar com as coisas no momento em que surgem, em vez de deixar o ressentimento crescer. Um amigo meu se orgulhava de não brigar com a namorada. Ela havia decorado a casa dos dois e ele sentia que não havia espaço para ele. Seus interesses e suas coisas não estavam representados na decoração. Ele queria falar sobre isso, mas, como acreditava que evitar conflitos era necessário para um relacionamento saudável, não falava. Com o tempo foi ficando cada vez mais ressentido. A falta de representação física no espaço que compartilhavam começou a parecer uma metáfora de todo o relacionamento – ele não se enxergava ali. Ele parou de investir na parceria e começou a passar mais tempo no trabalho, onde tinha seu próprio escritório. Com o tempo, finalmente trouxe o assunto à tona, mas era tarde demais. Entre os dois havia um espaço e um ressentimento muito grandes, e eles decidiram terminar o relacionamento de cinco anos.

O primeiro passo para brigar bem é entender que existem dois tipos de problema em um relacionamento: os solucionáveis e os perpétuos – características não solucionáveis e permanentes. John Gottman descobriu que 69% dos conflitos em relacionamentos são perpétuos.[33]

Entre os exemplos de problemas perpétuos estão situações em que uma pessoa gosta de sair e a outra prefere ficar em casa ou em que uma pessoa é organizada e a outra bagunceira. Esses problemas podem incluir opiniões diferentes sobre trabalho, família, ambição, dinheiro e frequência sexual.

Imagine que você é uma pessoa que chega cinco (tudo bem, 10) minutos atrasada para tudo e que sua cara-metade cresceu numa família cujo slogan é "Chegar cedo é chegar na hora, chegar na hora é chegar tarde, e chegar tarde significa 'nem se incomode em aparecer'". Uma hora vocês vão brigar por causa da pontualidade. Vocês podem encontrar soluções para *administrar* essa diferença, como ir separados para o aeroporto, mas é muito difícil que *solucionem* esse problema. O objetivo não é convencer o outro a mudar ou mesmo a concordar, mas encontrar um modo produtivo de viver com essa diferença.

Como o falecido terapeuta de casais Dan Wile explica em seu livro *After the Honeymoon* (Depois da lua de mel): "Ao escolher um companheiro ou uma companheira de longo prazo, inevitavelmente você estará escolhendo um conjunto específico de problemas não solucionáveis."[34] O objetivo não é encontrar alguém com quem você não brigue, mas encontrar um companheiro ou uma companheira com quem você brigue *bem*, que não faça você se preocupar achando que uma briga acabará com o relacionamento. O segundo passo para brigar bem é ser capaz de se recuperar de um desentendimento. John Gottman escreve sobre "tentativas de conserto", palavras ou ações que impedem uma briga de aumentar de proporção. Casais bem-sucedidos conseguem quebrar a intensidade de uma briga fazendo uma piada, cedendo num argumento ou dizendo ao outro o que gosta nele.

Dica para sua busca de namoro
Lembre-se de que você terá desentendimentos com a pessoa que escolher. Preste atenção no modo como você briga. Você consegue apresentar seu argumento? Seu companheiro ou sua companheira tentam fazer o desentendimento não aumentar? O objetivo é brigar bem, e não evitar completamente as brigas.

VI. A capacidade de tomar decisões difíceis com você

Em algum momento você e seu companheiro ou sua companheira enfrentarão escolhas difíceis. O que você faria se um dos dois recebesse uma oferta de emprego irrecusável em outra cidade? Ou se precisassem criar um filho com deficiência? Como lidariam com pais idosos que precisassem de cuidado 24 horas por dia? Esteja com alguém que possa tomar decisões difíceis com você.

Um dos meus clientes namorava uma mulher que foi demitida logo no primeiro mês de namoro: ela estava lamentando a perda do seu emprego dos sonhos *e* procurando um novo. Se não conseguisse arranjar alguma coisa boa rapidamente, precisaria decidir se ficaria em São Francisco ou se voltaria para a Costa Leste. Ainda que isso fosse desafiador, meu cliente disse que ajudá-la nessa escolha difícil revelou como os dois se davam bem numa situação desafiadora. Certamente não foi divertido, mas demonstrou a compatibilidade deles e fortaleceu o relacionamento.

Dica para sua busca de namoro
O melhor modo de saber como será tomar decisões com uma pessoa é tomar decisões com ela. Decisões *de verdade* (e não decidir se vocês vão pedir comida chinesa ou tailandesa). É

fundamental testar o relacionamento no quesito estresse. Não estou recomendando que você crie do nada uma crise (como enviar de repente a seguinte mensagem: "Socorro! Vovó foi sequestrada!"), mas que você preste atenção em experiências compartilhadas que desafiem os dois. Por exemplo, o que acontece quando você tenta cozinhar um prato complicado ou fazer uma viagem internacional? Ou quando vocês estão viajando juntos e o carro quebra no meio da estrada? O que fazer quando cada um é convidado para um casamento diferente no mesmo fim de semana? Como vocês reagem quando não conseguem decidir entre duas opções igualmente boas (ou igualmente ruins)?

Dan Ariely nos ensina a fazer o "teste da canoa".[35] Entrem numa canoa. É, uma canoa de verdade. Vocês conseguem encontrar um ritmo juntos? Vocês se sentem confortáveis com um liderando e o outro seguindo, ou os dois querem estar no comando o tempo todo? Mais importante: quanto você culpa seu companheiro ou sua companheira quando as coisas dão errado? Preste atenção em como vocês navegam por águas turbulentas em equipe.

DEIXANDO O(A) ACOMPANHANTE NO BAILE

Como você já viu, as coisas menos importantes para um relacionamento de longo prazo bem-sucedido costumam ser características superficiais fáceis de discernir quando você conhece alguém. E as coisas mais importantes se revelam apenas quando você já está num relacionamento com a pessoa ou teve pelo menos alguns encontros com ela. É por isso que você precisa fazer um esforço para mudar sua abordagem, com o objetivo de se concentrar no que é realmente importante.

Essa mudança é difícil. Sei disso porque passei por ela.

Há muito tempo, numa noite de sábado, cerca de quatro meses depois do Burning Man, mandei uma mensagem para Brian, perguntando se ele tinha programa para aquela noite.

– Vou à Bootie – respondeu ele, referindo-se a uma boate de São

Francisco onde os DJs se fantasiavam de robôs ou piratas e drag queens dançavam *vogue* no palco. Eu queria ir junto, mas ele não me convidou.

Minha contraproposta foi: um jantar, por minha conta, antes de ele ir. Achei que, se pudesse lembrá-lo como tínhamos nos divertido dançando no deserto, Brian me convidaria para ir com ele.

Depois do jantar o convenci a me deixar participar do pré-festa com amigos dele. Várias bebidas depois insisti em acompanhá-los à Bootie.

Ficamos do lado de fora da boate enquanto os amigos dele entravam. Eu estava congelando de frio, numa minissaia de couro com uma regata de seda enfiada por dentro (tinha escolhido aquela roupa esperando atrair um convite e sem pensar nas bem conhecidas noites frias do verão de São Francisco). Fiquei passando o peso do corpo de um pé para o outro, nos saltos altos bambos.

Ele pôs as mãos nos meus ombros nus e me olhou nos olhos.

– Por favor, não entre comigo. Quero ficar com meus amigos e conhecer outras garotas. Você precisa ir para casa.

Eu chorei e implorei, mas meia hora depois ele se afastou de mim e se juntou aos amigos na boate.

Onde eu tinha errado? Nenhum conselho que eu já havia escutado dava conta daquele momento, em que a gente está na rua, sozinha, do lado de fora de uma boate chinfrim, com rímel e ranho escorrendo pelo rosto, sofrendo por alguém que manda mensagens confusas e faz a gente se sentir idiota.

Não era a primeira vez que eu corria atrás de alguém como Brian. Eu sabia que estava procurando as pessoas erradas, mas não sabia como consertar isso. Uma semana depois, desesperada para sentir que estava seguindo em frente, contratei Nadia, uma *coach* de namoro. (Naquela época, eu ainda não trabalhava com os assuntos do amor.)

Nadia e eu nos sentamos de pernas cruzadas no tapete do seu escritório/sala de estar/jardim zen. Ela me ajudou a entender que eu gostava do Brian porque ele era divertido e empolgante, mas que não tinha o que eu procurava num marido e que eu não gostava do lado ansioso que ele trazia à tona em mim. Com seu sério sotaque russo, ela disse:

– Seu dever de casa é se concentrar em como você quer se *sentir* em um relacionamento.

Na sessão seguinte eu disse qual era a minha resposta:

– Quero que meu parceiro faça com que eu me sinta inteligente, engraçada, valorizada e segura do nosso relacionamento.

Nadia assentiu.

Na longa caminhada para casa depois daquela sessão, com o dever de casa na mão, me senti frustrada. Por mais que tivesse gostado da ajuda de Nadia, eu continuava obcecada por Brian. Mesmo naquele momento ficava imaginando onde ele estaria e no que (ou em quem) estaria pensando.

Verifiquei meu celular e pensei em mandar uma mensagem para ele. Naquele momento surgiu uma notificação na tela. Era de um cara do trabalho chamado Scott.

Tínhamos nos conhecido oito anos antes, quando havíamos almoçado juntos na faculdade com alguns amigos em comum. No verão anterior conversamos de novo no ponto do ônibus do Google. Pouco depois eu o convidei para outro almoço – dessa vez uma reunião de ex-alunos de Harvard no trabalho. Durante aquela refeição, eu comentei que queria aprender a linguagem R, de codificação de estatística. Ele disse que tinha acabado de terminar um PhD em matemática e se ofereceu para me ensinar.

Começamos a nos encontrar semanalmente no trabalho. Ele era um professor inato: gentil, paciente, divertido.

– Baseada na visualização que você produziu em R, o que você pode dizer sobre a distribuição dos tempos de erupção do gêiser Old Faithful?

– Que é bimodal?

– Isso! – comemorou ele, fazendo um "toca aqui".

Infelizmente ele solapou nosso início de flerte ao dizer que não gostava de viagens exóticas e do pessoal que curtia o Burning Man. Descartei-o.

Mas isso foi antes. Naquela caminhada para casa percebi que Scott tinha muitas das qualidades que eu tinha enumerado a Nadia que estava procurando. Ele fazia com que eu me sentisse inteligente, engraçada, valorizada e segura.

Quando reavaliei Scott pelas novas lentes do que era importante, percebi que aquelas preferências iniciais e superficiais eram apenas distrações. Eu adorava como me sentia perto dele, mesmo que ele estremecesse diante da ideia de passar uma noite inteira curtindo uma balada no deserto. Nos anos seguintes, descobri que o conselho de Nadia não era apenas inteligente, mas baseado em uma enorme quantidade de pesquisas.

Naquele sábado fatídico, caminhando pelo Dolores Park e olhando para o horizonte de São Francisco, respondi "sim" ao convite dele para almoçar.

Aquele almoço se transformou num evento semanal – e depois diário. Começamos a ligar um para o outro para lamentar nossos terríveis encontros com estranhos, marcados pela internet. Ele e um amigo estavam gravando um programa para o YouTube – uma paródia de um canal de tecnologia chamada *Silly Valley* – perto da minha casa, e nós nos encontrávamos durante alguns minutos antes ou depois das gravações.

Um dia, enquanto nos despedíamos após mais um almoço, ele pegou uma flor branca que tinha acabado de cair de uma árvore e a pôs no meu cabelo.

– Parece que estamos num haicai – disse ele.

Falei que estava livre naquela sexta-feira, e ele me convidou para sair. (Tecnicamente, fui eu que o convidei.)

Scott não era nem um pouco parecido com Brian. Ele deixou claro seu interesse por mim. Eu ficava empolgada em vê-lo e em passar tempo com ele. Não existia aquela voz no fundo da minha cabeça perguntando *Será que ele gosta de mim?*, porque eu sabia que ele gostava. Ele mandava mensagens como "Estou doido para te ver hoje", "Gosto do jeito que você pensa" e "Quero descobrir coisas com você".

Duas semanas depois do nosso primeiro encontro oficial eu lhe mandei uma mensagem agressiva, pois estava chateada com uma coisa que ele tinha dito. Baseado nos meus antigos relacionamentos, eu sabia que isso provocaria uma briga. Eu iria me sentar no sofá, batendo com raiva os dedos na tela do celular, com o coração disparado, os olhos sem piscar, despejando furiosamente minha decepção numa saraivada de mensagens curtas e combativas. E eu sabia o que aconteceria em seguida: permaneceríamos nesse ir e vir até eu ficar tão chateada que voltaria a adotar alguns velhos e confiáveis comportamentos de protesto, provavelmente ignorando as chamadas e as mensagens dele. (Olha aí o estilo de apego ansioso!)

Mas nem chegamos a entrar nesse mato. Em vez disso, Scott escreveu de volta: "Vamos conversar sobre isso pessoalmente." Era a primeira vez que eu namorava alguém tão seguro. Foi uma experiência completamente inédita. Nós não discutimos, somente conversamos. (O fato de a mãe dele ser terapeuta não atrapalhou nada.)

Faz seis anos desde que convidei Scott para aquele almoço no Google.

Já fomos a dois Burning Man (ele acabou topando), fizemos uma viagem de cinco dias para mergulhar na Tailândia e moramos juntos. Matamos um pé de manjericão e três suculentas.

Somos felizes. Dizemos que a linguagem R é a nossa linguagem do amor.

TÓPICOS PARA GUARDAR

1. A ciência do relacionamento pode nos ensinar o que realmente importa para relacionamentos de longo prazo bem-sucedidos. Busque companheiros(as) para a vida: pessoas dignas de confiança que ficarão com você a longo prazo. Evite acompanhantes para o baile: indivíduos divertidos a curto prazo, mas que acabam deixando você na mão.

2. Qualidades superficiais como aparência e dinheiro são menos importantes para um relacionamento de longo prazo bem-sucedido do que imaginamos, porque o tesão se esvai e as pessoas se adaptam às circunstâncias. Isso também acontece com passatempos compartilhados e personalidades semelhantes.

3. Um bom parceiro ou uma boa parceira de longo prazo é leal, gentil e emocionalmente estável, uma pessoa com quem você pode crescer, tomar decisões difíceis e brigar de modo construtivo.

4. No fim das contas, o relacionamento é o que acontece quando vocês estão juntos. Concentre-se no que essa pessoa desperta em você, porque é isso que você será quando estiver com ela.

PARTE DOIS

SAINDO DA CASCA

8

VOCÊ ACHA QUE SABE O QUE QUER, MAS NÃO SABE

*Como evitar as armadilhas do
namoro pela internet*

Uma vez deslizei o Scott para a esquerda no Tinder.

Já contei como o conheci: na faculdade e, anos depois, no ponto de ônibus do Google. O que deixei de mencionar é que, antes de ele começar a me dar aulas, eu o encontrei no Tinder. Olhei as fotos dele e o rejeitei.

Era 2014, e eu estava presa no trânsito pavoroso de São Francisco, indo do trabalho para casa no ônibus da empresa, quando apareceu no Tinder a foto de um cara vagamente familiar. Tínhamos uma boa quantidade de amigos em comum para eu saber que havíamos frequentado a mesma faculdade. Boné de beisebol virado ao contrário. Camiseta regata. Olhos franzidos por causa do sol. Estilo garotão. Não fazia meu tipo. Deslizei-o para a esquerda.

Por que rejeitei Scott – o homem que me faz muito feliz – quando o vi on-line? Como cheguei a uma conclusão tão precipitada sobre ele?

Eu achava que sabia o que queria e o que me faria feliz num relacionamento de longo prazo. E acreditava que era capaz de avaliar alguém com precisão baseada somente em algumas fotos.

Estava errada.

Não sou a única pessoa que tende a cometer esse tipo de erro. Muitos dos meus clientes têm tudo a seu favor – personalidade atraente, amigos, passatempos, e assim por diante –, mas continuam cronicamente solteiros. Por quê? Porque estão namorando errado. A culpa não é deles nem sua. Na maioria das vezes, podemos dizer que a culpa é dos aplicativos.

Segundo uma pesquisa de Michael Rosenfeld, professor de sociologia na Universidade Stanford, o modo mais comum pelo qual os casais se conhecem hoje em dia é "pela internet", seguido por "num bar ou restaurante" e "por meio de amigos".[1] (Entre as respostas menos comuns estavam: "no rodeio", "reclamando com estranhos aleatórios sobre como odeio a p*rra desses aplicativos de namoro" e "no Red Lobster".)

Nos últimos 20 anos o namoro digital explodiu: Rosenfeld descobriu que, enquanto em 1995 apenas 2% dos casais se conheceram pela internet, hoje a taxa cresceu para 39%.[2] E à medida que mais casais se conectam digitalmente, um número cada vez menor se conhece por meio de conexões sociais – amigos, parentes ou colegas de trabalho – ou de comunidades como escola e igreja.

Mais ou menos como vimos acontecer com todos os gigantes das redes sociais, ainda que os aplicativos possam ser o começo de muitos relacionamentos prósperos, eles também podem criar tendências cognitivas prejudiciais entre seus usuários. Como tantas pessoas estão se conhecendo desse modo – até gente que não usa esses aplicativos costuma sair com gente que usa –, os desenvolvedores de aplicativos têm uma quantidade sutil mas espantosa de poder sobre nossa vida amorosa. E, por extensão, influenciam profundamente as decisões que tomamos.

A economia tradicional presume que as pessoas têm preferências consistentes e estáticas. Mas os cientistas comportamentais sabem que isso é mentira. A verdade é que *o ambiente importa*. O ambiente em que tomamos uma decisão nos influencia, seja um local físico ou digital. O que escolhemos é muito afetado pelo modo como as opções são apresentadas. Podemos achar que nossas preferências são permanentes, mas na verdade são muito flexíveis.

Aqui vai um exemplo de como isso acontece quando escolhemos o que comer. Há alguns anos o Google diagnosticou um "problema M&M" nos seus empregados.[3] Para instigá-los a tomar decisões mais saudáveis em relação à alimentação, uma equipe interna de cientistas comportamentais mudou o ambiente em que as comidas eram apresentadas. Pararam de oferecer os M&M em gigantescas caixas transparentes que atraíam as pessoas com suas muitas cores. Puseram os doces em recipientes bem rotulados mas opacos, onde seriam menos tentadores. Lanches mais saudáveis, como figos secos e pistaches, ficavam ali perto, em vidros transparentes.

Aqueles trabalhadores da área de tecnologia sabiam que os lanches saudáveis estavam disponíveis o tempo todo. Mas a simples mudança no *ambiente* em que as opções de comida eram apresentadas fez os empregados comerem 3,1 milhões de calorias de M&M a menos em sete semanas, somente no escritório de Nova York. Segundo o *The Washington Post*, que cobriu a experiência, "é uma redução de nove pacotes de M&M de tamanho padrão para as máquinas de venda para cada um dos 2 mil empregados". No escritório do Google, nada mudou em relação às preferências dos empregados. Mas os recipientes opacos fizeram toda a diferença. Aquele ambiente teve um impacto gigantesco sobre as escolhas dos funcionários.

Com relação ao namoro moderno, nosso ambiente é o aplicativo de namoro. Somos influenciados pelo modo como o aplicativo apresenta determinados *matches* e a ordem em que essas combinações aparecem na tela. É por isso que meus clientes falam que recusam alguém num aplicativo e algumas semanas depois aceitam essa mesma pessoa num aplicativo diferente. Essas pequenas diferenças de contexto têm um impacto enorme nas nossas decisões.

Esclarecendo: não sou contra os aplicativos. Os aplicativos fizeram milhões de casais felizes se conhecerem, casais que talvez não se conheceriam de outro modo. Eles têm sido especialmente importantes para solteiros dos chamados mercados de nicho, como a comunidade LGBTQIAPN+, habitantes de áreas pouco povoadas e pessoas com mais de 50 anos.[4] E nem todos os aplicativos de namoro são iguais. Sou fã daqueles que se concentram em ajudar os usuários a ter encontros reais.

(Na verdade, depois de escrever este livro assumi o cargo de diretora de ciência do relacionamento no aplicativo Hinge. O Hinge não somente se concentra em tirar seus usuários dos aplicativos e incentivá-los a ir para a vida real – o que é evidenciado pelo slogan "Projetado para ser deletado" –, como me contratou para fazer exatamente o que espero fazer com este livro: ajudar milhões de pessoas ao redor do mundo a namorar de modo mais eficaz.)

Mas, infelizmente, o modo como alguns aplicativos de namoro apresentam as informações pode fazer a gente se concentrar nas coisas erradas.

Não precisa ser assim. Vou ensinar você a fazer os aplicativos funcionarem a seu favor, de modo que você possa aproveitá-los enquanto evita possíveis armadilhas.

ESTAMOS NAMORANDO ERRADO

Eu estava escrevendo um e-mail quando Jonathan bateu à minha porta, cinco minutos atrasado para nossa sessão. Pensei que ele não fosse aparecer.

– Desculpe, desculpe! – pediu ele, estendendo a mão gigantesca. – Fiquei preso no trabalho.

Jonathan era alto, em forma e charmoso. Suas covinhas apareciam quando ele sorria ou pronunciava a letra C, como em "CEO", seu cargo atual. Ele era do Meio-Oeste e morava em São Francisco havia cinco anos. Tinha permanecido solteiro na maior parte desse tempo, a não ser por algumas conexões que pareciam promissoras mas logo terminavam. Depois de anos lutando com os aplicativos de namoro, ele decidiu procurar minha ajuda.

Durante nossas primeiras sessões fiquei sabendo do alto padrão com que Jonathan se enxergava e como ele tinha sido bem-sucedido em outras áreas da vida: fora presidente do grêmio estudantil na faculdade, ganhara importantes prêmios internacionais, recebera a bolsa de estudos Rhodes e outras coisas mais. Era ambicioso mas também sensível e divertido. (Sabe, o tipo de pessoa com quem seus pais adorariam comparar você.)

– Eu tenho usado bastante os aplicativos, e tive um monte de encontros. Sei o que quero, mas ainda não encontrei. Estou procurando um executivo em boa forma física, que meça pelo menos 1,90 metro. Você pode ajudar?

– Sim, posso – respondi. – Só que não como você pensa.

Jonathan não precisava ser apresentado ao empresário *certo*. Ele precisava era reajustar completamente sua mentalidade para o namoro. Para isso, ele deveria primeiro entender como os aplicativos o estavam afetando.

Problema número 1: Nosso cérebro se concentra no que é mensurável e facilmente comparável. Os aplicativos mostram características superficiais, levando-nos a valorizá-las ainda mais

Como discutimos no capítulo anterior, décadas de estudos do relacionamento revelaram o que importa para um relacionamento de longo prazo ser bem-sucedido; coisas como a pessoa ser emocionalmente estável, gentil e leal, e como ela faz a gente se sentir.

Mas os aplicativos de namoro atuais não levam você a procurar *nenhuma* dessas qualidades. Como poderiam? Já é bem difícil medir com precisão os traços de personalidade, quanto mais o que esses traços provocariam em *você*. Os aplicativos de namoro são limitados pelas informações que podem capturar e catalogar com segurança: altura, idade, faculdade, emprego e até que ponto a pessoa é boa em escolher fotos lisonjeiras, que as fazem parecer legais mas acessíveis, sexy mas divertidas.

Isso representa um problema. Como os consultores de administração adoram dizer, "você é aquilo que mensura".[5] Numa coluna sobre esse tema na *Harvard Business Review*, o economista comportamental Dan Ariely escreveu: "Os seres humanos ajustam seu comportamento baseados nas métricas com que são avaliados. Qualquer coisa que você meça vai impelir a pessoa a otimizar sua nota nessa métrica. O que você mede é o que você vai obter. Ponto final." Se você cria um sistema de recompensa para quem viaja de avião frequentemente, medindo as milhas percorridas, e diz aos clientes que esse número importa, explicou Ariely, os clientes reagem. Começam a marcar voos absurdos de aeroportos distantes para aumentar suas milhas. Em outras palavras, somos influenciáveis: basta nos mostrar uma métrica e passamos a presumir que ela é importante. Enquanto determinados traços superficiais sempre foram valorizados, os aplicativos nos fazem pensar que eles são *mais* importantes ainda simplesmente medindo-os, apresentando-os e enfatizando-os.

Chris Hsee, professor da Universidade de Chicago, escreve sobre um conceito relacionado, chamado *avaliabilidade*: quanto mais fácil for comparar determinadas características, mais importantes essas características vão parecer.[6]

Imagine a seguinte situação (e, para essa experiência, imagine que você goste de homens). Eu abordo você na rua e digo: "Você pode ter um encontro com um desses dois homens solteiros. Um mede 1,74 metro; e o outro, 1,77 metro; porém o mais baixo ganha mais dinheiro. Com quem você quer sair?"

Provavelmente você vai se afastar devagar, confuso, pensando por que um desconhecido estaria fazendo uma pergunta tão estranha. Se você decidisse ficar, eu faria mais uma pergunta: "Quanto dinheiro a mais, por ano, um homem mais baixo precisaria ganhar para você considerá-lo tão atraente quanto o mais alto?"

Nesse ponto você poderia rir, sem jeito, e dizer que seria impossível calcular esse valor. Mas, graças a pesquisas de Dan Ariely, sabemos que não é.[7] Ele descobriu que, de fato, existe uma correlação quantificável entre altura, rendimentos e o sucesso nos aplicativos de namoro. E não é pequena. Usando dados de um site popular, Ariely descobriu que um homem precisa ganhar 40 mil dólares a mais por ano para ser tão desejável quanto outro homem 2,5 centímetros mais alto.

É: 40 mil dólares.

A avaliabilidade ajuda a entender o motivo. Na vida real você pode encontrar homens com 1,74 metro e 1,77 metro de altura e mal perceber essa diferença. (E certamente não vai saber quanto eles ganham; a não ser que eles digam sem que isso seja perguntado, o que seria bem esquisito.) Mas, como acabamos de ver, quanto mais uma qualidade pode ser comparada, mais importante ela parece. Os aplicativos tornam fácil comparar a altura. Ainda que algumas mulheres prefiram homens altos há muito tempo, o mundo digital exacerba essa preferência. Devido à comparação de alturas explícita nos perfis de namoro on-line, os homens mais baixos têm uma desvantagem muito maior do que teriam no mundo real. Não é de espantar que Jonathan estivesse tão concentrado na altura de seu marido potencial!

Vocês podem estar se perguntando: até que ponto o rendimento de uma *mulher* afeta quanto ela é desejável? A resposta é: não afeta. Mulheres que ganham muito não inspiram homens solteiros em sites de namoro tanto quanto homens que ganham muito inspiram mulheres solteiras. A qualidade que mais importa para os homens ao avaliar a atratividade de uma mulher solteira é o índice de massa corporal (IMC). Eles preferem uma mulher cujo

IMC seja de 18,5 – ligeiramente abaixo do peso – e não se importam com seu salário ou nível de formação. De novo, não é que os homens realmente valorizem a magreza acima de tudo em suas potenciais parceiras de vida. Eles só estão presos trabalhando com um conjunto limitado de qualidades comparáveis. (Mas também, arghhhh!)

O que me traz de volta ao motivo pelo qual recusei Scott no Tinder. Eu estava escolhendo parceiros potenciais baseada nas características superficiais que aparecem nos aplicativos de namoro, e ele simplesmente não se encaixava na imagem de um parceiro ideal que eu tinha criado. Se, enquanto eu estava procurando, você me perguntasse o que eu queria num companheiro, acha que eu diria "engenheiro vegano de cabelos ruivos com 1,73 metro de altura"? Não, provavelmente não diria. Eu poderia ter estabelecido uma altura mínima de 1,75 metro e Scott jamais teria aparecido para mim. No entanto – depois de sair com um monte de gente –, descobri que ele é o homem que me faz mais feliz. (E ele não é nem um pouco o estilo garotão que as fotos faziam parecer.)

Tudo isso para explicar que os aplicativos podem nos tirar do caminho ao enfatizar qualidades mensuráveis e comparáveis. Eles podem nos induzir a valorizar essas características e ignorar as qualidades que a ciência do relacionamento diz que são mais importantes.

Problema número 2: Achamos que sabemos o que queremos, mas estamos errados. Os aplicativos nos fazem descartar ótimos parceiros potenciais

Meus clientes costumam me procurar com longas listas de todas as qualidades que desejam num companheiro ou numa companheira. Mas o estranho é que a maioria de nós não namorou *tantas* pessoas assim. Temos relativamente pouca experiência, em especial quando se trata de deduzir se aquele relacionamento é viável a longo prazo. Mesmo assim, achamos que somos especialistas no que vai nos fazer felizes.

Esse é um ponto importante! Sublinhe a seguinte frase: a maioria de nós não faz ideia de que tipo de parceiro ou parceira pode nos realizar a longo prazo.

É, nós *achamos* que sabemos o que queremos. E temos aquela lista enorme. Mas aquelas provavelmente *não* são as qualidades da pessoa por quem vamos nos apaixonar. Nosso eventual parceiro pode ser completamente diferente do que esperávamos. Lembre-se: eu não estava procurando um engenheiro vegano.

Estar errado em relação a quem faria você feliz a longo prazo não é um problema que a tecnologia criou. Mas na vida real somos expostos a todo tipo de parceiros potenciais: altos e baixos, gordos e magros, intelectuais, divertidos, introvertidos, religiosos, ateus, e todo o resto. Se está procurando alguém no mundo físico – num clube de leitura, numa aula de cerâmica, no aniversário da sua amiga –, você vai conhecer pessoas que não são do seu suposto tipo. Você pode flertar e depois engatar em um relacionamento com uma delas. Pode ter uma surpresa agradável ao ver como tinha se enganado em relação à necessidade de namorar uma pessoa que, digamos, fosse mais alta do que você ou tivesse crescido numa família religiosa.

Mas os aplicativos de namoro jamais lhe dão a chance de ver que você estava errado ou errada, porque você pode descartar facilmente pessoas que não são do seu "tipo". Uma vez realizei algumas entrevistas com pessoas que conheceram o cônjuge fora da internet.

– Se você tivesse visto seu cônjuge atual num aplicativo, teria deslizado para a esquerda ou para a direita?

Muitas me disseram que ele nem apareceria, porque as especificações no aplicativo o teriam deixado de fora.

– Meu limite de idade era de até um ano mais velha do que eu, e ela é cinco anos mais velha – contou um sujeito.

– Configurei o aplicativo para me mostrar somente homens judeus, e ele se identifica como budista – disse outro.

Muitos serviços digitais exigem que você responda a algumas perguntas quando se inscreve. A Netflix, por exemplo, pergunta de que tipo de filme você gosta. Nos aplicativos de namoro as perguntas são sobre o tipo de pessoa: você namoraria uma pessoa até quantos anos mais nova? E mais velha? Qual seria a altura máxima e mínima dessa pessoa? Você se importaria se ela fumasse? Se usasse drogas? Se bebesse?

Segundo uma perspectiva prática, faz sentido que os aplicativos usem essas perguntas para limitar a quantidade de combinações potenciais. Eles não conseguem mostrar um número infinito de pessoas. Precisam estreitar as coisas de algum modo. Mas a maioria não está respondendo a essas perguntas com cuidado. Veja bem, elas estão com pressa para ver as combinações potenciais o mais rapidamente possível. Respondem às perguntas com mais ou menos a mesma prudência com que respondem a um atendente que monta seu lanche e dispara perguntas uma atrás da outra. Mas, diferentemente do peru defumado, da mostarda Dijon e de uma porção extra de cheddar, os ingredientes que escolhemos às pressas no nosso perfil de relacionamento têm a capacidade de nos fazer felizes ou não.

Essas decisões têm um impacto gigantesco na nossa experiência de namoro. As restrições que estabelecemos descartam possíveis ótimas combinações. Seria como pedir um lanche apressadamente porque você está com fome e marcar o quesito "Somente peru", e depois descobrir que todas as vezes que você for comprar um lanche só poderá ver lanches de peru.

Claro que *podemos* mudar nossas preferências nos aplicativos depois de termos feito a inscrição, mas a maioria não muda. Isso se deve a uma coisa chamada *viés do status quo*: nossa tendência a deixar as coisas como estão e não balançar o barco.[8] É por isso que serviços por assinatura costumam ser lucrativos. Se você se inscreve numa academia e a inscrição é renovada automaticamente todo mês, você terá muito menos probabilidade de ligar para cancelar do que se precisasse decidir todo mês se quer manter o serviço.

Isso também acontece quando as pessoas se inscrevem num aplicativo de namoro. Assim que estabelecem suas preferências, elas têm muito pouca probabilidade de alterá-las. O aplicativo nos mostra pessoas que atendem ao nosso critério inicial: o tipo que nós *achamos* que queremos. Se você acredita que odiaria namorar uma mulher mais alta e o aplicativo só lhe mostra mulheres baixas, você jamais terá a chance de ver que estava errado.

Problema número 3: Os aplicativos promovem a busca de parceiros potenciais como se fossem compras potenciais

Muitos realizamos pesquisas detalhadas antes de comprar alguma coisa. Se você quisesse comprar uma câmera fotográfica, por exemplo, poderia usar todos estes parâmetros para comparar: megapixels, qualidade da imagem, peso, tempo de bateria, preço e assim por diante. Os aplicativos de namoro criam a ilusão de que podemos fazer a mesma coisa com nossos parceiros potenciais.

Antigamente os pesquisadores chamavam a transformação de estranhos ou amigos em parceiros amorosos de "*relationshipping*", agora eles falam de um novo fenômeno: "*relationshopping*" (procurar um companheiro ou uma companheira como procuraríamos um novo par de sapatos).[9] Mas tratar nossos parceiros potenciais como compras potenciais gera muitos problemas.

Uma equipe de cientistas comportamentais, que incluía Michael Norton e Dan Ariely, explica num artigo que muitos itens de consumo são "bens procuráveis": coisas como câmeras fotográficas, sabão para máquina de lavar e TVs de tela grande, que podem ser avaliados a partir de seus atributos objetivos.[10] Esses bens são diferentes dos "bens de experiência", que, segundo a definição deles, podem ser "avaliados pelo sentimento que evocam, e não pelas funções que realizam. Entre os exemplos estão filmes, perfumes, bichinhos de estimação e refeições em restaurantes – bens definidos por atributos subjetivos, estéticos, holísticos, emocionais e ligados à produção de sensações. Mais importante, as pessoas precisam estar presentes para avaliá-los; seu valor não pode ser estimado em segunda mão". Todos já vimos algum filme que recebeu críticas ruins e mesmo assim nos fez rir. Ou bebemos um vinho incrivelmente elogiado, mas que, para nós, não era gostoso. Já ficamos surpreendidos ou desapontados ao experimentar esse tipo de bens. O processo de avaliação era mais pessoal do que simplesmente saber que queríamos uma boa lente para nossa câmera.

Segundo os autores desse artigo, pessoas são bens de experiência. Não somos como câmeras fotográficas. Somos muito mais parecidos com vinho. (Se você é como eu, também é encorpado, um pouco seco e melhora com a idade.) Não podemos ser compreendidos comparando e contrastando nossas partes. No entanto os aplicativos de namoro transformaram pessoas vivas e tridimensionais em bens bidimensionais e pesquisáveis. Eles nos deram a falsa crença de que podemos dividir as pessoas em partes e compará-las para descobrir qual é a melhor.

Os aplicativos só nos dão um resumo das características dos pretendentes e nada mais. Somente passando tempo com uma pessoa você pode avaliá-la como o "bem de experiência" que ela é.

Problema número 4: Os aplicativos nos deixam mais indecisos em relação a quem namorar

Na noite em que baixei o Tinder, fiquei seis horas deslizando pessoas para a esquerda ou para a direita. É. Muito mais do que demoraria para maratonar toda a primeira temporada de *Fleabag*. Olhei centenas, talvez milhares de perfis. E, como se não bastasse o fato de que os aplicativos de namoro nos confundem em relação ao que é importante, eles tornam mais difícil escolher com quem sair. Nosso cérebro não é feito para escolher um parceiro ou uma parceira entre tantas opções.

Lembre-se do que o psicólogo Barry Schwartz descobriu sobre o paradoxo da escolha: achamos que mais opções nos tornarão mais felizes, mas frequentemente não é assim.[11] Na verdade, um número grande demais de opções nos deixa *menos* felizes, em parte por causa da sobrecarga. Comparar nossas opções pode ser opressivo a ponto de nos fazer desistir e de não tomarmos nenhuma decisão.

Sheena Iyengar, professora da Universidade Columbia, e Mark Lepper, professor de Stanford, demonstraram isso num estudo hoje famoso.[12] Eles montaram uma mesa de amostras grátis de geleia gourmet em uma mercearia. Quando ofereciam 24 tipos de geleia, as pessoas tinham mais probabilidade de se aproximar da mesa do que quando ofereciam seis. Mas os clientes que provavam uma ou mais das 24 geleias tinham muito menos chance de comprar do que aqueles a quem ofereciam só seis opções. Os pesquisadores levantaram a hipótese de que, quando você tem seis opções, pode tomar uma decisão confiante em relação à geleia de que mais gostou. Mas 24 opções é algo tão esmagador que as pessoas acabam não tomando decisão nenhuma.

Numa mercearia isso pode significar sair sem nenhuma geleia. No mundo dos aplicativos de namoro significa não encontrar um relacionamento. E escolher um parceiro ou uma parceira potencial é muito mais difícil do que escolher uma geleia entre 24 opções, pois existem milhares de pessoas; e o fato de que precisamos escolher uma com quem vamos nos comprometer pelo resto da vida só torna tudo mais difícil. Com relação ao namoro, podemos ficar tão sobrecarregados com as opções que acabamos decidindo não ir a nenhum encontro. E mesmo se formos, pode parecer impossível saber quem namorar sério.

Não é somente porque opções demais tornam toda decisão difícil. Schwartz diz que, mesmo quando podemos superar a sobrecarga de opções e fazer uma escolha, ter tantas opções nos torna menos satisfeitos com o que escolhemos. (Esse efeito pode ser amplificado quando você é um maximizador, como foi discutido no capítulo 4.)

Começamos a pensar: *E se eu escolhesse outra pessoa? Teria sido melhor? Estaria mais feliz?* Essas ideias levam a um caminho escuro em direção ao arrependimento. E o efeito se multiplica. Quanto mais opções você tem, maiores são as chances de se arrepender da decisão. Isso pode levar a sentimentos depressivos.

Nesse caso, *mais é menos* – ou, no mínimo, menos satisfatório.

Já trabalhei com todo tipo de pessoas. Sei que nem todo mundo experimenta o paradoxo da escolha ao namorar. Ele depende de fatores como raça, idade, gênero, orientação sexual e local, e tudo isso afeta o tamanho do suprimento de candidatos deles. (Muitos clientes meus *desejariam* ter opções demais para escolher.) Mas se você está recebendo um monte de *matches* ou se foi tragado pelo jogo de ver quantas pessoas você pode arrastar para a esquerda ou para a direita, talvez já consiga entender o impacto do paradoxo da escolha. Lembre-se: o objetivo de um aplicativo de namoro é fazê-lo ter um encontro real, e não passar todas as suas noites deslizando fotos.

Problema número 5: Quando conhecemos pouco alguém, preenchemos as lacunas com detalhes lisonjeiros. Criamos uma fantasia, o que em última instância nos deixa desapontados

Em *As patricinhas de Beverly Hills*, um dos meus filmes prediletos de todos os tempos, Tai, a garota nova na escola, pergunta a Cher, a mais popular, o que ela acha de Amber, colega das duas. Cher diz: "Ela é que nem uma pintura de Monet. De longe, tudo bem, mas de perto é um horror."

Chamo esse erro de avaliação de *efeito Monet*. Quando temos apenas uma percepção superficial de alguém, nosso cérebro, esperando que algo ótimo saia dali, preenche todas as lacunas de um modo otimista. As pessoas parecem muito mais desejáveis do que realmente são. Apenas mais tarde, quando elas se transformam em pessoas de verdade na nossa frente, enxergamos os defeitos delas.

Podemos ver isso acontecer no mundo corporativo. Quando as empresas buscam um novo CEO, podem escolher entre promover um funcionário ou contratar uma pessoa de fora.[13] Pesquisas sobre essas decisões apontam que as empresas que desejam contratar alguém de fora têm expectativas elevadíssimas em relação aos candidatos. Quando você avalia candidatos externos, só conhece as características mais gerais deles. Eles falam sobre suas vitórias. Os funcionários você conhece melhor; está familiarizado com os sucessos *e* os fracassos deles. O efeito Monet ajuda a explicar por que, comparados com candidatos internos, os CEOs externos frequentemente são mais bem remunerados,[14] mas têm um desempenho pior.[15]

Assim como acontece com o namoro. Olhar um perfil num aplicativo de namoro é o equivalente a ver alguém muito de longe. Você só tem umas poucas fotos cuidadosamente selecionadas e algumas informações básicas. Você e a pessoa saem para um encontro e pode ser que o tom de voz dela o(a) incomode ou talvez ela tenha maus modos à mesa ou vocês não estejam alinhados no quesito tempo e lugar apropriados para contar piadas de tio do pavê (ela: sempre; você: só nas reprises de *Três é demais*). Em vez de esses defeitos parecerem normais – porque são, e todo mundo tem alguns –, eles o(a) deixam tremendamente desapontado. Lá se vai a pessoa perfeita que você construiu na sua mente. No banheiro você não consegue evitar de fuçar no Tinder. É hora do velho deslizar de fotos. Você desiste do encontro que está tendo e começa a devanear na próxima pessoa na tela, que parece perfeita por causa do efeito Monet. Mas, assim que você a encontra pessoalmente, percebe que ela também tem defeitos, e o ciclo continua. Isso cria uma reação do tipo "a grama do vizinho é sempre mais verde": você fica pensando que a próxima coisa vai ser melhor do que a atual. Assim, você se condena a um ciclo interminável de conexões não realizadas.

NAMORE COM MAIS INTELIGÊNCIA

Todos os problemas a seguir atuam contra você, tornando mais difícil escolher de modo significativo quem namorar. Você está se concentrando em fatores que são menos importantes do que você acha e comparando as pessoas de maneiras que não refletem o verdadeiro potencial delas. No entanto, existem modos de usar os aplicativos para namorar com mais inteligência.

Mude seus filtros

As pessoas que você vê em um aplicativo de namoro são um reflexo das restrições que você estabeleceu quando se inscreveu nele. Pense naquele momento. Lá estava você. Tinha acabado de baixar o aplicativo. Estava cheio de esperança. Pássaros cantavam. Quando o aplicativo pediu que escolhesse seus requisitos, como altura e preferências de idade, você provavelmente fez isso correndo, porque sabia que centenas de potenciais interesses amorosos estavam esperando do outro lado.

E, por todos os motivos que citei, você pode ter cometido um erro. Ainda que você *ache* que sabe o que quer num parceiro ou numa parceira, você provavelmente não sabe. Portanto, quero que tenha a mente mais aberta em relação a quem permitir que os aplicativos lhe mostrem. Pegue o celular e atualize seus requisitos. Em todos os aplicativos. É, agora mesmo. Com relação às pessoas que não passaram pelos seus filtros, que você antes pensava serem muito jovens ou muito velhas, será que dá para ser mais flexível? Você realmente não namoraria uma pessoa com altura diferente das que especificou?

Pense também em suas exigências não numéricas, como "ter ensino superior" ou "ser católico". Essas exigências provavelmente representam um desejo por valores mais profundos – nesse caso, curiosidade intelectual ou conexão com uma tradição –, que o aplicativo tem dificuldade para capturar.

Faça isso agora. Sério, eu espero você. (De qualquer modo estou louca por um lanche de peru defumado, com mostarda de Dijon e uma porção extra de cheddar há pelo menos 15 minutos.)

Fiz esse exercício com Jonathan. Ele ampliou suas exigências em relação à altura e imediatamente viu mais homens do que antes. Inteligência e senso de humor ainda eram fundamentais, mas Jonathan reconheceu que precisaria procurar essas qualidades lendo o perfil das pessoas, trocando mensagens com elas e as conhecendo em encontros reais. Os aplicativos não podiam filtrar isso para ele.

Mude o modo como você seleciona

Agora que você atualizou suas exigências, é hora de atualizar o modo como você seleciona.

Desafie suas suposições. Uma vez observei uma cliente usando um aplicativo de namoro. Chegamos a um cara que parecia bonito e tinha uma biografia engraçada. Ela o deslizou para a esquerda. Perguntei por que, e ela disse:

– Ele era consultor, e consultores são chatos.

O quê? Todos os consultores? Absolutamente todos? Ela estava presumindo que sabia tudo que precisava saber baseada em apenas uma característica da vida dessa pessoa. O que você faz não define quem você é. E pessoas com o mesmo trabalho podem ser completamente diferentes.

Aqui vai outro exemplo: trabalhei com uma mulher que adorava viajar e queria alguém que também tivesse viajado bastante. Ajudei-a a entender que aventura e curiosidade eram as características subjacentes que importavam para ela, e não o número de países em que a pessoa tinha estado.

Avancemos alguns meses. Ela conheceu um cara adorável que nunca tinha saído dos Estados Unidos porque não possuía os meios financeiros para viajar. Mas ele compartilhava os valores que tínhamos identificado. Para ele, isso havia se manifestado na criação de sua própria empresa. Ela o ajudou a tirar seu primeiro passaporte. E hoje os dois viajam juntos constantemente. Se ela tivesse filtrado apenas as pessoas com um passaporte cheio de carimbos – como pretendera a princípio –, jamais teria dado uma chance a ele.

Só porque você sabe onde as pessoas estiveram ou onde estão, não significa que sabe para onde elas vão.

Procure motivos para dizer sim. É tentador abordar os aplicativos de namoro como um exercício para descobrir o que há de errado com as pessoas ou encontrar um motivo para dizer não. Em vez disso, tente julgar menos. Já vi pessoas recusarem um *match* porque na descrição da pessoa estava escrito "professor" ("Ah, ele não ganha dinheiro suficiente") ou "instrutor de ioga" ("Não quero namorar alguém que adora cristais e quer ativar meus chacras"). Você não conhece essas pessoas. Está vendo uma fatia minúscula de quem elas são – algumas fotos e informações básicas. Se alguém é um "mais ou menos", deslize para a direita e veja o que acontece. À medida que você avalia potenciais *matches*, procure o que é atraente na pessoa, e não o que você não gosta.

Decifrar características olhando os aplicativos é mais uma arte do que uma ciência. Não presuma que sabe o que a pessoa quis dizer pelas respostas dela. Marcar "sim" para a pergunta "Você usa drogas ocasionalmente?" significa "Eu como um biscoito de maconha num acampamento" ou "De vez em quando caio numa farra de heroína na veia"? Marcar "católico" significa "Fui criado como católico, mas não sou praticante" ou "Sento no banco da frente na igreja todo domingo"? Não presuma que sabe exatamente o que as pessoas quiseram dizer ao responder às mesmas perguntas vagas que você teve dificuldade de responder. Por que não encontrar a pessoa e explorar esses assuntos cara a cara?

Tenha encontros com gente que você não considera necessariamente seu par perfeito. Esse é o único modo de *descobrir* do que você realmente gosta, em vez de presumir que já sabe.

Uma conhecida minha postou uma reclamação no Facebook sobre como as pessoas que namoram pela internet hoje são "tristes e equivocadas". Como prova, ela postou o print de um perfil que tinha visto recentemente. Em resposta à pergunta "Qual é seu medo mais irracional?", ele tinha escrito: "Casar com alguém cujo nome não é propício para uma *hashtag* de casamento." Ela achou essa resposta um pouco rude e – estou citando sua postagem no Facebook – representativa da "decadência do namoro *millenial*". (Se você não é familiarizado com as *hashtags* de casamento, é quando os casais combinam seus nomes numa expressão engraçadinha que as pessoas usam ao postar fotos do casamento. Por exemplo, quando minha amiga Dani se casou com seu noivo Eric Helitzer, sua *hashtag* foi *#highwaytohelitzer*, uma referência à música "Highway to Hell", do AC/DC.)

Eu e muitas pessoas que comentaram a postagem discordamos. A princípio resisti à vontade de participar, mas depois não pude deixar de dizer alguma coisa. Respondi: "Meu pitaco: acho um erro julgar alguém tão duramente pela resposta a uma única pergunta num aplicativo de namoro. Já vi muitas pessoas criando perfis, e elas completam o processo o mais rapidamente possível para começar a ver seus *matches*. Talvez essa resposta seja um tanto rude para você, mas a achei divertida e irônica. Essa resposta me sugere que o cara já foi a casamentos suficientes para revirar os olhos diante dessas *hashtags*, de modo que talvez ele seja um sujeito leal com um grande grupo de amigos. E se muitos amigos dele são casados, talvez ele esteja querendo sossegar também. Além disso, a resposta sugere que ele gosta de jogos de palavras e quer se casar com alguém cujo nome sugira uma *hashtag* engraçada."

Ela respondeu meu comentário dizendo que *adorava* jogos de palavras e estava disposta a repensar sua primeira impressão do sujeito. Disse que gostaria de poder voltar atrás e dizer sim a ele.

Olha, não estou dizendo que você deveria dizer sim a quase todo mundo. E sim para se abrir ao fato de que alguém pode ser mais interessante pessoalmente do que o perfil sugere.

Não saia com muitas pessoas ao mesmo tempo

A essa altura você deve estar pensando: *Espera aí, isso não é o oposto do conselho que você acabou de me dar?* Não. Quero que você amplie seus filtros para que comece a ver diferentes tipos de pessoa e saia com algumas delas. Mas – e isso é um grande "mas" – não quero que você saia com um monte de gente ao mesmo tempo. Isso só vai piorar o efeito Monet.

É fácil continuar deslizando e deslizando fotos nos aplicativos e marcando encontros. Se você sente que está se viciando nos aplicativos, a culpa não é sua. Verdade. Muitas pessoas acreditam que o Tinder foi projetado intencionalmente assim.[16] Enquanto realizava pesquisas para seu documentário *Deslizando: encontros na era digital*, a jornalista Nancy Jo Sales descobriu que o Tinder foi inspirado em parte por experiências de psicologia – em particular aquelas em que o famoso behaviorista B. F. Skinner condicionou pombos a pensar que suas bicadas aleatórias levariam à comida.[17] "É o próprio mecanismo de deslizar fotos nos aplicativos", disse Sales no podcast *Recode Decode*, de Kara

Swisher. "Você desliza uma foto, talvez dê *match*, talvez não. E então você fica, tipo, empolgado com o jogo." Não é de espantar que eu tenha passado seis horas no Tinder naquela noite. (E uma vez tive 8,5 primeiros encontros em uma semana. Ainda estou tentando descobrir o que foi aquele meio encontro.)

Tente não fazer dos aplicativos um jogo. Você tomará decisões melhores se se segurar e sair com um número limitado de pessoas ao mesmo tempo. Tente realmente conhecê-las. Se expandir suas exigências significa ter um cardápio maior, encontrar-se com menos pessoas numa mesma época significa poder saborear cada prato.

Uma cliente minha não sai com mais de três pretendentes ao mesmo tempo. Ela acha que esse é seu número perfeito, aquele que lhe permite dar a cada pessoa a chance de deixar o relacionamento crescer, mas também comparar como ela está se sentindo com cada uma. Se você passa do ponto e bate papo com muita gente simultaneamente ou se fica o tempo todo enchendo sua agenda com primeiros encontros, provavelmente vai terminar como a pessoa que provava os 24 sabores de geleia da mesa. Vai experimentar mais geleias, mas não saberá qual comprar. O resultado? Uma caminhada solitária para casa, uma dor de barriga de tanto comer açúcar e a torrada seca, sem geleia.

COMO USAR OS APLICATIVOS A SEU FAVOR

Até agora falei sobre como você deve abordar o perfil das outras pessoas. Enquanto isso elas também estão avaliando o seu. Se você está com dificuldade para alcançar os resultados que deseja, aqui vão algumas dicas, baseadas em provas, para conseguir mais *matches* e ter encontros melhores.

Escolha boas fotos

As fotos importam. Elas ocupam a maior parte da maioria dos aplicativos. Frequentemente as pessoas curtem alguém baseadas apenas em uma foto e só procuram mais informações *se* gostam da primeira foto.

Pesquisadores do Hinge estudaram que tipos de foto provocavam mais respostas positivas dos usuários e compartilharam o resultado no blog do aplicativo em 2017.[18] Para essa análise eles selecionaram aleatoriamente fotos de perfil de mil membros e as separaram de acordo com suas características (espontânea *versus* com pose, sorrindo com ou sem dentes à mostra), e avaliaram o desempenho delas. Aqui vão algumas dicas práticas baseadas no que descobriram:

- Não faça as pessoas tentarem adivinhar qual é sua aparência ou se você é solteiro ou solteira. Fotos com filtros ou com amigos(as) receberam 90% de curtidas a menos do que as que não tinham. Quer dizer: nada de óculos escuros e nada de fotos em que você está posando com alguém com quem as pessoas possam achar que você está namorando. O que pode ser pior? Uma foto em grupo sem indicação clara de qual pessoa você é. Chamo essas fotos de "Onde está Wally?". Escolha no máximo uma foto em grupo e identifique claramente quem é você.
- Mulheres têm uma chance cerca de 70% maior de conseguir uma curtida simplesmente incluindo fotos em que estão de pé sozinhas, olhando para longe ou sorrindo com os dentes à mostra.
- De modo semelhante, homens aumentam sua chance de conseguir uma curtida com fotos em que estão de pé sozinhos, sorrindo *sem* mostrar os dentes e olhando direto para a câmera.
- Fotos espontâneas têm desempenho melhor do que as com pose. Ainda que cerca de 80% das fotos sejam posadas, as espontâneas têm 15% a mais de chance de receber uma curtida.
- As *selfies* têm mau desempenho, especialmente as no banheiro, que reduzem em 90% sua chance de receber uma curtida. (Dica de profissional: ao conhecer pessoas em que você esteja interessado, tente não associar sua imagem ao banheiro.) Mostre que você tem um amigo ou uma amiga que pode tirar uma foto sua.
- As fotos em preto e branco arrasam. Apesar de serem apenas 3% do total elas recebem 106% de curtidas a mais. Pense em partir para a estética monocromática em sua próxima foto.

Ao ajudar meus clientes a montar seu perfil, percebi que a maioria das pessoas é bastante ruim em escolher suas fotos mais atraentes. Desenvolvi um sistema para ajudá-las. Peço que me mandem de 10 a 20 fotos. Com a aprovação delas, coloco as fotos num álbum on-line e mando para contatos meus ao redor do país que provavelmente jamais se encontrarão com o(a) cliente em questão. Essas pessoas dão notas às fotos, indicando de quais gostam, quais apagariam e quais usariam como primeira foto, a mais importante. Frequentemente há um consenso em relação a quais fotos são melhores; quase *nunca* são as que os próprios clientes escolheram. Assim que enxergo um padrão, reorganizo as fotos do(a) cliente de modo que reflita as respostas recebidas.

> **EXERCÍCIO:** Escolher fotos melhores
>
> Separe de 10 a 20 fotos suas (uma combinação de fotos do seu rosto, de corpo inteiro e de você fazendo alguma atividade que adora, como cozinhar ou caminhar) e as mande a vários amigos. Pergunte quais fotos eles gostaram, quais apagariam e quais usariam como primeira foto. Ou então faça essa experiência nos aplicativos: troque de foto várias vezes para ver quais rendem mais *matches*.

Escreva um perfil bem pensado

Apresente-se de modo preciso. Uma vez mentoreei uma mulher chamada Abby, que dizia estar procurando um cara que gostasse de atividades ao ar livre: ela se sentia atraída por homens com visual de "lenhador" – caras descolados, com barba e camisa xadrez. Entre suas fotos havia uma que a mostrava fazendo caminhada e seu perfil mencionava o interesse pela natureza. Mas a verdade era que ela odiava passar tempo na natureza. Falei:

– Abby, sua etiqueta de bagagem literalmente diz "Adoro não acampar". Isso não é você. Isso é quem você *quer ser* para o tipo de cara com quem você acha que deveria estar.

Trabalhando juntas, criamos um perfil muito mais fiel à personalidade dela. Colocamos fotos bem conceituais dela numa viagem recente a Berlim. Escrevemos sobre sua paixão por shows de jazz e uísque caro. Talvez eu esteja dizendo o óbvio, mas um bom perfil deve representar *você*, e não uma versão fantasiosa sua. Ser sincero(a) a respeito de quem você é vai lhe poupar de dores mais adiante, como Abby precisando dizer ao seu hipotético namorado lenhador que ela não quer acompanhá-lo num curso de cinco dias de prevenção contra avalanches.

Para instigar conversas, seja específico(a). O objetivo de um perfil é instigar conversas, e não fazê-lo(a) parecer inteligente. Certifique-se de que seu perfil crie oportunidades para pessoas se conectarem. Vejamos, por exemplo, o quesito "Qualidades que estou procurando em alguém".[19] Se você escrever "Alguém que não seja casado", isso é divertido, mas não vai abrir tanto assim a porta para uma conversa. Mas se você colocar "Conhecer a letra inteira da música 'Wannabe', das Spice Girls", isso pode provocar uma conversa sobre música dos anos 1990 ou sobre quem vai cantar a parte da Scary Spice quando vocês forem ao caraoquê. Se você escrever "Alguém que me desafie para uma competição de dança", é uma grande abertura para conversar sobre o estilo de dança que você domina. O melhor modo de provocar uma conversa é ser específico. Escreva coisas curiosas que façam você se destacar. Se você escreve "Gosto de música", isso não diz nada a seu respeito. Maneiro, mas quem não gosta? A mesma coisa se você escrever que gosta de viajar, de comer e de rir. É como dizer que você gosta do Tom Hanks. É, cara, ele é um herói norte-americano. Não escreva que você gosta de cozinhar; descreva sua especialidade na cozinha e o que torna sua sopa vietnamita tão fenomenal. Quanto mais específico você for, mais oportunidades dará a seus *matches* potenciais de comentar sobre essa especificidade.

Concentre-se naquilo de que você gosta, e não naquilo de que não gosta. Fico surpresa com a quantidade de pessoas que usam sua descrição – cujo espaço é limitado! – para falar do que *não* estão procurando. Entendo a ânsia, mas isso manda uma mensagem negativa. Sua energia atrai sua tribo. Use esse espaço para atrair pessoas que compartilhem dos seus passatempos, e não das suas reclamações. Concentre-se no que lhe dá alegria e não no que você odeia ou tenta evitar. (Falando nisso, já notou que as pessoas que dizem "Sem drama, por favor" costumam provocar *mais* drama?)

Melhore seu primeiro contato

Chega de "Oi" ou "Como vai?". Não pergunte às pessoas como foi o fim de semana delas. Isso é chato! As boas frases de primeiro contato são (de novo) específicas.

O objetivo de uma frase de primeiro contato é estabelecer uma conversa com alguém de modo que vocês possam se encontrar pessoalmente. Olhe o perfil da pessoa e comente sobre alguma sutileza, um detalhe que nem todo mundo notaria. Coloque um toque de humor. Por exemplo, se um homem está sempre olhando para longe da câmera nas fotos, você poderia dizer: "Vejo que você gosta de olhar misteriosamente para longe. Estou louca para saber o que você está vendo!" Ou se o perfil de uma pessoa menciona que ela adora *The Office*, mande uma mensagem com sua citação predileta de Michael Scott. (Você pode roubar a minha: "Faça amigos em primeiro lugar, compras em segundo e amor em terceiro. Sem nenhuma ordem específica.")[20] Mostre que você se esforçou para estabelecer o primeiro contato.

E, pelo amor de Deus, mande uma mensagem assim que der *match*! Por que você está procurando alguém se não vai fazer nada?

Mantenha contato

Você tem uma vida para viver. Não pode ficar olhando para a tela do celular o dia e a noite inteira. Mas, mesmo se você tiver um dia superocupado, tente separar 15 minutos para responder às mensagens, talvez durante a ida para o trabalho ou quando estiver procrastinando. Não deixe a conversa morrer.

Vá direto ao ponto

Parta para o encontro o mais rapidamente possível. O objetivo dos aplicativos é encontrar as pessoas cara a cara, e não ganhar um amigo a distância. Vi muitas vezes as consequências negativas de ficar trocando mensagens demais antes de um encontro. Quando as pessoas ficam trocando mensagens sem parar antes de se encontrarem, acabam criando uma fantasia do outro (#efeitomonet). Quando se encontram, as duas são inevitavelmente diferentes da fantasia, o que leva ao desapontamento, ainda que de outro modo pudesse ser um bom *match*. Uma química ótima na troca de mensagens não garante que vocês vão combinar ao vivo. Não seria melhor descobrir isso logo?

Uma boa transição das mensagens para um encontro pode ser assim: "Estou gostando muito dessa conversa. Vamos continuar num passeio domingo à tarde?"

Facilite o encontro. Um modo de fazer isso é propor um dia e uma hora específica para ele. "Se você for tão charmosa na vida real quanto é pelas mensagens, talvez a gente esteja no caminho certo. Um chope na quinta-feira? Às sete da noite?" Talvez seja difícil encontrar um horário que seja bom para os dois, mas desse jeito vocês começam a estreitar suas opções. Passar muito tempo programando mata a empolgação e o ímpeto.

E às vezes isso acontece. Não necessariamente por falta de interesse; as pessoas vivem mesmo ocupadas. Qual é o melhor modo de passar de um papo on-line para um encontro ao vivo depois de uma intensa troca de mensagens? Recomendo acabar com essa situação, mas de um modo gentil e bem-humorado. "Gosto do nosso papo, e adoraria ver se a gente se dá tão bem assim pessoalmente. O que acha de dar uma saída nesse fim de semana?"

Ou quando a pessoa começar a dizer alguma coisa interessante, fale: "Espera, espera, espera. Quero ouvir isso pessoalmente! Você vai estar livre nesse fim de semana para contar o resto da história?"

UM MODO MELHOR DE NAMORAR

Olha, sei que é difícil. Pode parecer que o universo conspira contra você, que é programado para confundi-lo e impedi-lo de encontrar o amor. Mas existe esperança. Se você quer uma pausa dos aplicativos, o próximo capítulo vai ensiná-lo a conhecer pessoas na vida real. Ainda é possível, mesmo que você tenha desistido de que isso vá acontecer. Vou ajudá-lo a descobrir maneiras de tornar o namoro divertido outra vez. Imagine só.

TÓPICOS PARA GUARDAR

1. Nós achamos que sabemos o que queremos em um companheiro ou uma companheira, mas nossa intuição quanto ao que vai nos levar à felicidade de longo prazo costuma estar errada.

2. Os aplicativos de namoro podem fazer a gente se concentrar nas coisas erradas, valorizando apenas o que pode ser medido. Como os aplicativos só conseguem medir características superficiais, eles exacerbam nossa superficialidade.

3. Os aplicativos podem nos tornar mais indecisos, pois nos esmagam com uma quantidade absurda de opções. Eles criaram o hábito de *relationshopping* – comparar pessoas como se elas fossem compras potenciais.

4. Podemos aprender a selecionar de modo mais inteligente expandindo nossas exigências para ver mais pessoas, julgar menos enquanto selecionamos, encontrar menos pessoas de cada vez e transferir o encontro on-line mais rapidamente para o presencial.

9

CONHEÇA PESSOAS NA VIDA REAL (NVR)

*Como encontrar o amor fora dos
aplicativos de namoro*

– É isso! – disse Alicia, jogando sua mochila no chão e chutando os sapatos antes mesmo de fechar a porta da minha sala. – Desisto dos aplicativos.

Depois de anos deslizando fotos e perfis, minha cliente Alicia, estudante de enfermagem com 28 anos, ainda estava lutando para encontrar um companheiro. Milhares de deslizes tinham se transformado num número muito pequeno de primeiros encontros e quase nenhum segundo encontro.

Alicia é preta. Até agora não me referi à cor dos meus outros clientes, mas preciso mencionar a de Alicia porque o racismo permeia o namoro pela internet. O que faz uma experiência já tão desafiadora se tornar muito mais dolorosa para as mulheres negras. Christian Rudder analisou o comportamento de usuários do OkCupid, site de namoros que ele ajudou a fundar, tanto no blog da empresa quanto em seu livro *Dataclisma*. Segundo ele, mulheres negras recebem 25% menos primeiras mensagens do que as de outras cores.[1] E quando mulheres negras estabelecem contato com os homens, recebem respostas com uma frequência 25% menor do que mulheres não negras.[2] Homens asiáticos enfrentam uma questão semelhante. Rudder descobriu que mulheres brancas, negras e latinas avaliam homens asiáticos como 30% menos atraentes do que homens não asiáticos.[3]

Alicia afundou no meu sofá.

– Os aplicativos não estão funcionando para mim. Quero conhecer alguém pessoalmente. Será que eu sou a única pessoa que acha que isso não acontece mais?

Essa era uma reclamação que eu ouvia com frequência de clientes, colegas e amigos. As pessoas da idade dos meus pais contavam histórias de como haviam conhecido seu companheiro ou sua companheira num baile da igreja, na fila do cinema ou no parque durante uma pausa para o almoço. Mas hoje em dia essas histórias parecem antiquadas.

– Não, não é – respondi. – Uma vez perguntei a um cliente se ele abordaria uma mulher em público. Ele disse: "E me arriscar a ser rejeitado ou chamado de estranho? De jeito nenhum." Em seguida ele apontou para o celular e disse: "É por aqui que eu conheço as pessoas agora."

– Pelo menos não sou só eu.

– Com certeza não – falei. – Os aplicativos são difíceis. Vamos descobrir um jeito de você conhecer alguém incrível pessoalmente.

Quer sinta que os aplicativos não estão levando você a lugar nenhum ou só queira expandir sua busca e pescar em outro lago, aqui vão minhas quatro estratégias prediletas para conhecer pessoas na vida real (NVR).

I. Vá a eventos

Alicia contou que frequentemente via anúncios de eventos na internet ou ouvia amigos falando sobre eles, mas não sabia quais escolher. (Olá, paradoxo da escolha!) O trabalho consumia boa parte do seu tempo livre, por isso parecia exaustivo – e arriscado – se arrumar toda e ir a um evento que poderia facilmente resultar em nada. A paralisia da análise costumava vencê-la.

– Por que ir a um evento que tem muitas chances de ser chato quando eu posso estar em casa sem sutiã e com uma calça confortável às cinco e meia da tarde? – perguntou ela.

Eu sabia que os eventos dariam a Alicia a chance de conhecer alguém. Meu trabalho era ajudá-la a escolher os certos. Peguei meu caderno e mostrei um gráfico que eu havia criado e chamado de "matriz de decisão sobre eventos". Ele ajuda pessoas ocupadas a escolher estrategicamente os melhores eventos. Toda vez que você ouvir falar de um novo evento, coloque-o na matriz usando essas duas dimensões:

1. Qual é a probabilidade de que eu interaja com pessoas nesse evento?
2. Qual é a probabilidade de eu gostar desse evento?

MATRIZ DE DECISÃO SOBRE EVENTOS
Estratégia para encontrar pessoas NVR

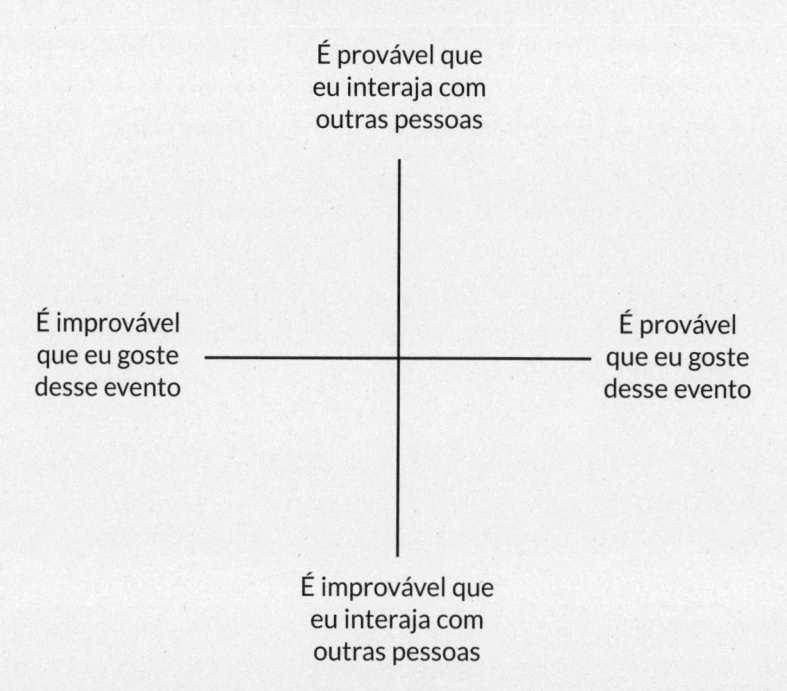

```
                É provável que
                eu interaja com
                outras pessoas
                      |
                      |
                      |
É improvável          |              É provável
que eu goste ─────────┼───────────── que eu goste
desse evento          |              desse evento
                      |
                      |
                      |
              É improvável que
              eu interaja com
              outras pessoas
```

O eixo vertical indica a probabilidade de esse evento levar a alguma interação pessoal. Em outras palavras, as pessoas que comparecerem a esse evento vão ter oportunidade de se conhecer e conversar? Se for um evento silencioso e sem interação, como assistir a uma peça, você o coloca na parte de baixo. Se for um evento em que provavelmente haverá conversas – talvez até conversas longas – entre a maioria das pessoas que comparecerem, coloque-o no topo.

O eixo horizontal representa a probabilidade de você gostar do evento. Eventos dos quais você tem certeza de que vai gostar ficam na extremidade direita. Os que você sabe que vai odiar ficam na esquerda. Eis o que importa: um evento do qual você vai gostar – algo que deixa você energizado ou energizada – tem mais probabilidade de trazer à tona o que há de melhor em você. Você vai estar mais feliz, mais à vontade, e vai ser quem é. É o momento perfeito para conhecer alguém. Além disso, se você vai a um evento de que vai gostar e acaba sem conhecer nenhum interesse amoroso, terá menos probabilidade de considerar que foi uma perda de tempo. Ainda terá feito um programa agradável, certo?

Alicia e eu nos sentamos e entramos num popular site de eventos. (Você pode simplesmente colocar no Google "próximos eventos perto de mim".) Enquanto examinávamos os eventos, fomos colocando-os na matriz de decisão.

Aula de levantamento de peso? Alicia gostava mais de corrida, por isso achou que não iria gostar. Além disso, ficar grunhindo ao lado de outra pessoa não é um bom jeito de iniciar uma conversa. Colocamos isso no quadrante inferior esquerdo da matriz – pouca probabilidade de ela gostar, pouca probabilidade de interação.

Oficina grátis de reparo em bicicletas? Provavelmente uma atividade sociável, mas, como Alicia não tinha bicicleta, acabou indo para o canto superior esquerdo – pouca probabilidade de ela gostar e alta probabilidade de interação.

Uma sessão de *Antes da meia-noite*? Um clássico de Richard Linklater, com certeza, mas assistir a um filme com um grupo de pessoas não significa que você vá se conectar com alguém; as únicas pessoas que podem falar estão na tela. Esse vai para o canto inferior direito – grande probabilidade de gostar, pouca probabilidade de interação.

Acabamos descobrindo um clube de leitura que discutia a obra de Ta-Nehisi Coates, o premiado jornalista que escreve sobre cultura, política e questões sociais. *Ding-ding*. Alicia era fã do trabalho dele. E clubes de leitura têm tudo a ver com interação. Ela poderia facilmente estender a conversa em grupo para um bate-papo se conhecesse alguém de quem gostasse. Colocou isso no quadrante superior direito. Finalmente! Um evento com potencial.

Mas a matriz de decisão sozinha não bastava. Alicia precisaria ir aos eventos que ficassem no quadrante superior direito. Foi aí que dei alguma utilidade às minhas ferramentas de ciência comportamental.

Uma pesquisa da professora de psicologia Gail Matthews mostra que *comprometer-se publicamente com um objetivo* faz as pessoas terem mais probabilidade de realizar aquilo a que se propuseram.[4] Por isso perguntei a Alicia:

– Você acha que pode comparecer a dois eventos como esse por mês?

Ela prometeu fazer isso, apesar de sua agenda cheia.

MATRIZ DE DECISÃO SOBRE EVENTOS
Estratégia para encontrar pessoas NVR

	É provável que eu interaja com outras pessoas	
É improvável que eu goste desse evento	Oficina grátis de reparo em bicicletas / Aula de levantamento de peso	Clube de leitura do Ta-Nehisi Coates / Sessão de Antes da meia-noite	É provável que eu goste desse evento
	É improvável que eu interaja com outras pessoas	

Dei um prazo a Alicia,[5] já que prazos ajudam as pessoas a agir e evitar a tendência natural de procrastinar:

– Até este fim de semana você pode me mandar uma mensagem dizendo quais eventos escolheu?

Alicia começou a usar a matriz imediatamente. Em um mês ela passou de ir a alguns poucos encontros por ano para conhecer seis parceiros potenciais em uma única noite. O evento onde os conheceu? O clube de leitura do Ta-Nehisi Coates.

Se você é uma pessoa ocupada que deseja conhecer pessoas NVR mas tem dificuldade de decidir a quais eventos deve ir, comece a colocar seus eventos na matriz de decisão. Se um evento cair no canto superior direito, vá! À medida que frequentar mais eventos assim, você vai aprender a reconhecer rapidamente os que são divertidos para você *e* que têm mais probabilidade de render interações de qualidade.

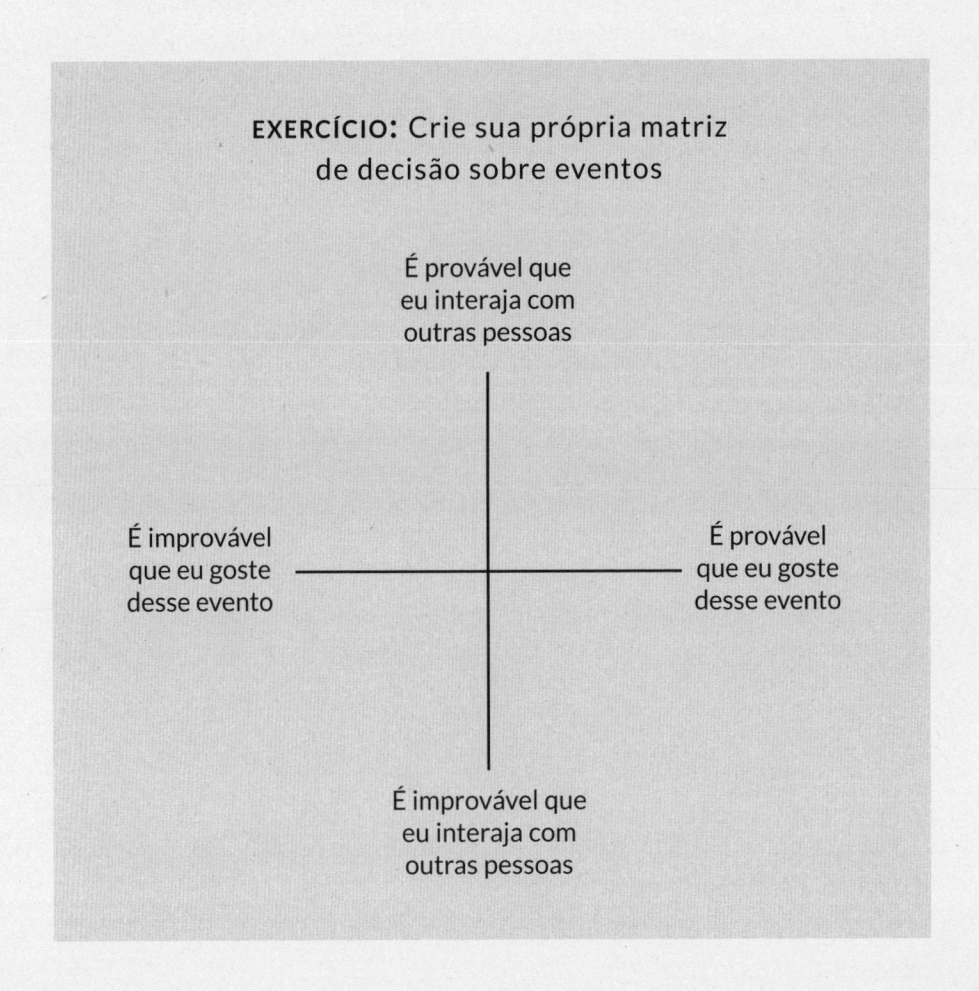

EXERCÍCIO: Crie sua própria matriz de decisão sobre eventos

É provável que eu interaja com outras pessoas

É improvável que eu goste desse evento

É provável que eu goste desse evento

É improvável que eu interaja com outras pessoas

> **EXERCÍCIO:** Compareça aos eventos
>
> Comprometa-se a ir a apenas um evento nos próximos 30 dias.
> Vou ao seguinte evento neste mês:
>
> _____

Como encontrar eventos interessantes

Fique de olho nos eventos que o Facebook diz que vão acontecer perto de você. Siga a página das organizações pelas quais você se interessa ou inscreva seu e-mail para receber a newsletter delas. Procure em sites especializados os próximos eventos que tenham a ver com seus interesses. Muitos deles são gratuitos. Sabe aqueles amigos que sempre estão fazendo programas maneiros? Peça que convidem você na próxima vez ou descubra onde eles ficam sabendo. Procure palestras nas universidades perto de você. Pesquise no Google expressões como "vernissage" ou "festival de cinema" junto do nome da sua cidade. Igrejas e sinagogas também têm sites! Ponha na matriz os eventos que encontrar e se concentre no quadrante superior direito, especialmente se você é uma pessoa muito ocupada.

Um cliente meu conheceu a namorada numa manifestação pelos direitos humanos. Outra se inscreveu para uma temporada de jogos de vôlei como "reserva" de um time composto por pessoas desconhecidas só para conhecer gente nova. Acabou namorando a jogadora central, e agora elas jogam vôlei juntas duas vezes por semana. Uma amiga conheceu o marido numa reunião de ouvintes de um podcast que os dois adoravam.

Meus amigos Jane e Joey se conheceram jogando *skee-ball*. Joey é tricampeão nacional desse jogo e encontrou Jane numa noite de *skee--ball* num bar perto da casa dela. Agora os dois estão casados e têm um lindo bebê.

Adoro ouvir histórias de pessoas que se conhecem em trabalhos voluntários. É um jeito fantástico de conhecer pessoas gentis, o que agora você sabe que é uma qualidade subestimada mas muito importante em um parceiro ou uma parceira.

Como aproveitar os eventos ao máximo

Não basta simplesmente comparecer a um evento. Para conhecer pessoas você precisa *encontrar pessoas*.

O bom é você ir sozinho(a). Você vai parecer mais acessível, porque é mais fácil abordar uma pessoa que está sozinha do que se enfiar numa conversa em grupo. Você pode sentir aquela vontade de pegar o celular. Mas, sério, mantenha-o no bolso da calça.

Se você acha que não pode ir sozinho(a), escolha o tipo certo de acompanhante: uma pessoa independente, atenta, otimista e que apoie você. Convide alguém com quem se sinta confortável e que saiba que você está tentando conhecer pessoas novas. Não vá com alguém que ficaria chateado se você passasse um tempo conversando com outra pessoa.

E sua mãe estava certa: "Você só tem uma chance de causar uma primeira impressão." Use uma roupa que faça você se sentir confiante. Não se esqueça de flertar. Faça contato visual com as pessoas ao redor, sorria e depois desvie o olhar.

Comece aos poucos e se comprometa a conhecer pelo menos uma pessoa nova por evento. Apresente-se. Diga algo às pessoas ao seu redor. Sobre uma pintura que está ali, a banda, os brincos ou os sapatos da pessoa, qualquer coisa! O objetivo é conhecer outras pessoas, mesmo se não sentir atração por elas. Desse modo, quando conhecer alguém de quem goste, você vai se sentir mais confiante. (Faça aquelas repetições!) Enquanto isso, uma nova amizade expande seu círculo social e aumenta suas chances de conhecer um novo interesse amoroso.

– Mas como vou saber se a pessoa com quem estou falando está solteira? – perguntam meus clientes. Bom, não tem como saber! Meu amigo Lucas tem um jeito direto de perguntar às mulheres se elas estão se relacionando com alguém: "Você está apaixonada?" Se a mulher faz uma pausa e diz que não, então ele percebe que ela pode estar saindo com alguém casualmente, mas também pode estar aberta a sair com ele.

Ou você pode conversar de um modo casual e dizer algo do tipo: "Ei, eu adoraria continuar falando sobre (insira aqui a coisa da qual vocês estão falando). Qual é o melhor modo de a gente se contatar?!" Então a pessoa pode lhe dar qualquer tipo de contato que ela se sinta confortável em compartilhar, seja seu número, seu Instagram ou seu e-mail. Em geral as pessoas percebem quando você está pedindo para vê-las de novo, e se estiverem em algum relacionamento amoroso arranjarão um jeito de mencionar isso. (Se estiverem comprometidas ou não se interessarem em você, elas podem se recusar a dar qualquer informação de contato.)

Senhoras, não se preocupem em relação a dar o primeiro passo. A maioria dos homens se empolga com a abordagem de uma mulher, e se eles não gostam dessa demonstração de ousadia e confiança, não são os certos para vocês, de qualquer modo.

E, senhores, sei que vocês ficam preocupados com a possibilidade de ser vistos como "esquisitos". Conversar com uma estranha num evento não é inerentemente esquisito. Esquisitos são os caras que passam de charmosos a... bom, esquisitos – fazendo insinuações sexuais ou comentários sexistas, ou forçando uma conversa quando a outra pessoa dá sinal de que não está interessada, por exemplo olhando repetidamente por cima do ombro ou dando respostas curtas. Se você está preocupado em como se orientar no limite entre "flertando" e "sendo esquisito", fique no "amigável" e deixe a outra pessoa guiar a conversa.

Se dar o primeiro passo assusta você, o seguinte truque sempre funciona. Não importa se você precisa de uma bebida ou se tem de ir ao banheiro: entre numa fila, qualquer fila. As pessoas ficam entediadas em filas. Até mesmo uma distração momentânea – como uma conversa – é bem-vinda. Tentei isso recentemente enquanto embarcava num voo de Atlanta para São Francisco. E vou lhe dizer uma coisa: *arrasei* nas minhas piadas sobre o grupo E do embarque.

II. Peça ajuda de amigos e parentes

Segundo uma pesquisa feita na Universidade Stanford, o terceiro modo mais comum de as pessoas se conhecerem, além da internet e de bares e restaurantes, é por meio de amigos.

Muitos clientes meus adorariam que os outros lhes arranjassem encontros, mas, segundo eles, isso raramente acontecia.

Para descobrir o motivo, perguntei a um grupo de pessoas solteiras e comprometidas por que elas não arranjavam mais encontros para os amigos. Elas deram muitas respostas. Algumas disseram que isso não lhes passava pela cabeça ou presumiam que, se os amigos precisassem de ajuda, pediriam. Outras disseram que respeitavam a privacidade dos amigos e não queriam interferir. Algumas se preocupavam que os amigos se sentissem insultados caso fossem apresentados a pessoas que eles não achassem suficientemente boas.

Mas existe esperança! Apesar das hesitações, todo mundo com quem falei disse que queria ajudar. Aproveite isso. Seus amigos são ótimos recursos, porque conhecem você bem e conhecem pessoas que você não conhece.

Aqui vão alguns modos de conseguir que mais pessoas marquem encontros para você:

- *Peça aos amigos que apresentem alguém a você.* Sei que parece simples, mas muitas pessoas não pedem ajuda aos amigos. Procure seus amigos e diga: "Estou pronto(a) para conhecer alguém. Pode me apresentar a algumas pessoas solteiras que você conhece?"
- *Diga o que você está procurando, tendo em mente seu(sua) companheiro(a) para a vida, e não o(a) acompanhante para o baile.* Por exemplo, "Estou a fim de pessoas intelectuais, artísticas e que se importem com a justiça social" ou "Estou procurando alguém gentil, sensível e que adore comida. Que esteja em boa forma mas não tenha obsessão de malhar". Eles podem pensar em alguém imediatamente ou ficar de olho quando conhecerem pessoas novas.
- *Mande algumas fotos para seus amigos.* Escolha fotos (realistas!) em que você esteja bem, que eles possam mandar para pessoas que combinam com você.
- *Diga sim aos encontros.* Sério. Se alguém se dá o trabalho de arranjar um encontro para você, diga sim! Provavelmente é alguém legal, e não alguém que está tentando desperdiçar seu tempo. O que você

tem a perder? Uma noite? Um pouco de dinheiro? Faça isso. Minha amiga Steph diz aos seus amigos: "Se você conhece alguém por quem eu poderia me interessar, estou disposta a sair com essa pessoa pelo menos uma vez." Devido a esse pedido, tenho mais probabilidade de arranjar um encontro para ela do que para alguns amigos meus que não fizeram nada com as pessoas a quem os apresentei. Uma vez uma amiga implorou que eu arranjasse um encontro para ela. Mandei a foto de um cara, contei a ela sobre ele e vice-versa. Os dois concordaram com o arranjo, mas, quando ele mandou uma mensagem, ela não respondeu. Sujeitou o cara a uma rejeição desnecessária. Jurei nunca mais arranjar nada para ela.

- *Comente a experiência com seu amigo ou sua amiga.* Se o encontro correr bem, mande a ele(a) uma mensagem de agradecimento. Ou, melhor ainda, flores! Se o santo de vocês não bateu, agradeça a apresentação e conte o que deu certo e o que não deu. (Escolha as palavras com cuidado, para o caso de a pessoa ser amiga íntima de quem indicou.) Esse retorno faz seus amigos entenderem melhor o que você quer; motiva-os, já que contar como foi os encoraja a arranjar mais encontros; *e* dá uma chance de eles dizerem se você está sendo seletivo ou seletiva demais. Eles podem ouvir seus motivos e encorajar você a dar outra chance àquela pessoa. Ouça o que eles têm a dizer.
- *Ofereça incentivos.* Pode parecer ridículo, mas funciona. Uma ex-colega de trabalho me disse que estava oferecendo uma boa grana a quem a apresentasse ao homem com quem ela viesse a se casar. Quando ouvi quanto ela estava disposta a pagar – muitos milhares de dólares –, fiquei impressionada. Primeiro porque aquilo me mostrou que ela sabia o valor de encontrar um companheiro para a vida. Segundo porque, ainda que eu gostasse dessa colega (ela era bem-humorada, entusiasmada, calorosa e carinhosa), eu provavelmente não teria pensado duas vezes em arranjar alguém para ela não fosse aquele incentivo. De repente, quando eu conhecia possíveis parceiros para ela, passei a me perguntar se eles combinariam. O pai de outra amiga manda um pacote generoso de castanhas para qualquer um que arranje cinco encontros para sua filha (cinco encontros com cinco caras diferentes ou vários encontros com o mesmo). No ano

passado recebi três pacotes. Há alguns meses, Scott arranjou um encontro para ela com um amigo dele, com quem achamos que ela vai se casar. Mal podemos esperar para ter nosso suprimento vitalício de castanhas.

COMO ARRANJAR ENCONTROS PARA OUTRAS PESSOAS

- *Examine seus contatos telefônicos e amigos do Facebook para se lembrar de quem está solteiro ou solteira.* E aquela garota fantástica com quem você trabalhava? Ela mostrava ser muito otimista e adorava experimentar coisas novas. Ela não terminou com a namorada esses dias?
- *Assim que você pensar em alguém que combine com algum amigo seu ou alguma amiga sua, contate aquele(a) que você ache mais seletivo(a) ou que você conheça melhor.* "Ei! Acho que tenho um amigo que seria um ótimo par para você. Aqui vai uma foto dele. Ele é sensível, inteligente e adora se divertir. Você estaria aberta para um encontro com ele?" Fique atento a duas coisas: não dê informações demais para seu amigo ou sua amiga; também não dê poucas informações, sob risco de provocar o efeito Monet. Dê informações apenas o suficiente para que seu amigo ou sua amiga fique intrigado(a).
- *Se a pessoa supostamente mais seletiva disser sim, pergunte à outra se está interessada, usando uma mensagem semelhante.*
- *Se a segunda pessoa disser não, conte isso com gentileza à primeira.* Você pode dizer algo do tipo: "Parece que ele não está querendo namorar agora. Acho que acabou de conhecer alguém." Demonstre compaixão. O mundo lá fora é duro.
- *Se as duas pessoas disserem sim, conecte-as por meio de uma mensagem ou de um e-mail em grupo.* Seja breve. Sempre tento dizer alguma coisa divertida ou boba. Às vezes até sugiro uma ideia de encontro. Aqui vão algumas mensagens que já mandei: "Adam > Molly. Me contem quando vocês dois descobrirem 10 maneiras novas de descer num tobogã." "Craig, Tara. Tara, Craig. Espero

que vocês possam se encontrar em breve. Que tal um passeio no Golden Gate Park onde vocês podem tentar fazer carinho em pelo menos cinco cachorros?" Eles não precisam seguir exatamente esse plano. Meu objetivo é falar algo besta para que eles possam se conectar com mais facilidade.

- *Dê espaço.* Permita que o casal saia sem que você administre tudo. Encoraje-os a começar a conversar fora do grupo. Assim que tiverem saído juntos, você pode perguntar como foi, para ter uma ideia melhor do que eles estão procurando. Mas, de novo, seja sensível. Eles é que devem decidir quanto querem contar.
- *Dê festas!* Minha amiga Georgina, responsável por fazer acontecer vários relacionamentos de longo prazo e dezenas de grupos de amigos, faz todo mês um brunch chamado Big Gay Brunch. Ela reduz a pressão de tentar ser uma casamenteira perfeita tornando esse evento algo amigável. As pessoas comparecem esperando conhecer gente nova, seja amorosa ou platonicamente. Ela não precisa pensar em quem vai gostar de quem; simplesmente coloca seus amigos maravilhosos no mesmo lugar na mesma hora e deixa que eles sigam a partir daí.

III. Conecte-se com pessoas que você já conhece

Às vezes a pessoa certa está bem embaixo do seu nariz. Pode ser um amigo, um amigo de um amigo, alguém da comissão da sua igreja ou do seu clube de corrida. Você só precisa enxergá-la sob uma luz diferente. Foi o que aconteceu comigo! Quando Scott e eu começamos a namorar, fazia oito anos que éramos amigos no Facebook e um ano que éramos amigos na vida real. Pude enxergá-lo com novos olhos graças à perspectiva que obtive trabalhando com uma *coach* de namoro. (É, sou prova de que essa coisa realmente funciona.)

Pessoas me contam o tempo todo como se apaixonaram por um colega que conheciam havia muitos meses ou um amigo com quem andavam havia anos. Um cliente, com quem eu trabalhava fazia alguns meses, finalmente acabou ficando com uma mulher que ele tinha conhecido anos antes. Ele procurou a ajuda dela para se preparar para uma entrevista de emprego, e a reunião de 20 minutos se estendeu numa conversa de quatro horas, que abordou desde o time do coração dos dois até a morte recente do pai dele. Ele percebeu que aquela mulher, que ele considerou uma amiga durante tanto tempo, poderia ser muito mais do que isso.

Olhe seu grupo de amigos e veja se há alguém solteiro e com quem você compartilha um bocado de "quimicamizade" – uma palavra que acabei de inventar e que significa "química de amizade". Existe alguém com quem você adora passar tempo, em quem você confia e por quem poderia sentir alguma atração? Pode falar! Em quem você acabou de pensar?

Antes de ligar para essa pessoa, saiba que os riscos são altos. Você não deve deixá-la desconfortável nem afetar negativamente a dinâmica de um grupo de amigos. A ideia de dar em cima de um amigo ou uma amiga provavelmente provoca ansiedade. Essa ansiedade quer dizer para você ter cautela.

Se você tomar essa decisão, respeite os limites da pessoa. Não estou encorajando você a se embebedar com seu amigo ou sua amiga e tomar a iniciativa. Que tal pegar umas cervejas e dizer alguma coisa menos direta, tipo: "Já pensou se a gente pudesse ser algo mais do que amigos?" ou "Pensei numa coisa maluca agora: que tipo de casal seríamos se nos casássemos?". Se a pessoa estiver interessada, ela vai entrar na onda e dizer o que você precisa saber. Ou talvez ela não enxergue você desse jeito. De qualquer modo, vale a pena puxar esse assunto. Se ela não estiver interessada, qual é a pior coisa que pode acontecer? Faça uma piada e siga em frente.

IV. Apresente-se a pessoas quando você estiver andando por aí

Imagine que você está indo sozinho ou sozinha para o trabalho num transporte público. Quando entra no trem, você tem duas opções: sentar-se num vagão silencioso ou em um onde as pessoas são *encorajadas* a conversar. Você vai escolher o vagão silencioso, certo? Quem quer ouvir um estranho falar sobre os 11 gatos que adotou ou sobre o dedo do pé que perdeu?

Os cientistas comportamentais Nicholas Epley e Juliana Schroeder observaram essa mesma preferência em seu artigo "Mistakenly Seeking Solitude" (Buscando equivocadamente a solidão).[6] Quando perguntaram a usuários de transporte público se preferiam interagir com um estranho no trem ou sentar-se sozinhos sem falar com ninguém, a maioria escolheu a segunda opção.

Então eles fizeram um experimento para ver de qual situação essas pessoas de fato gostavam mais. Aleatoriamente, pediram a usuários de trem em Chicago que falassem com a pessoa sentada ao lado, "permanecessem desconectadas ou cumprissem o trajeto do mesmo modo de sempre". Descobriram que aqueles que conversavam com algum estranho tinham a experiência mais positiva e que os que se sentavam sozinhos com seus próprios pensamentos tinham a experiência menos positiva. Eles chegaram ao mesmo resultado numa experiência conduzida nos ônibus de Chicago.

Nosso instinto de evitar conversas com estranhos é errado. Só *achamos* que queremos solidão. Subestimamos quanta alegria conectar-se socialmente pode trazer.

Abra os olhos e olhe ao redor. Diga oi a um estranho! Mas não veja isso como uma carta branca para assediar pessoas em público. Faça uma sondagem. Quando abordar uma pessoa, veja se ela está aberta a conversas, tecendo um comentário sobre alguma coisa em volta ou perguntando algo. Se a pessoa não estiver a fim, deixe-a em paz. (Por favor, não leve um jato de spray de pimenta na cara! Isso não vai fazer bem para a minha reputação.) Mas você provavelmente ficará surpreso(a) – no bom sentido – com o que acontece quando sorri para outra pessoa ou inicia uma conversa com alguém que abriu caminho até a frente do palco no mesmo show em que você está. O mundo está cheio de grandes combinações potenciais, ou de pessoas que *conhecem* grandes combinações potenciais.

Os pais de Scott se conheceram no metrô de Nova York. Sua mãe estava segurando um livro da pós-graduação em psicologia. Seu pai reconheceu o título e disse:

– Ah, você está lendo psicologia do desenvolvimento?

Esse comentário foi o pontapé inicial para um bem-sucedido casamento de 35 anos, e contando.

Quando ouvi a história de como eles se conheceram, meu primeiro pensamento foi: *Isso não aconteceria hoje, porque eles estariam usando fones de ouvido.* Que isso seja um aviso para deixar seu equipamento eletrônico no bolso quando estiver viajando pelo mundo. Nada grita "Não fale comigo!" tão alto quanto um par de fones de ouvido gigantescos cobrindo as orelhas.

Um cliente meu conheceu a namorada no saguão de um aeroporto. Os dois viajavam muito a trabalho. Ele observou que os dois tinham o mesmo tipo de mala de mão resistente. Eles logo começaram a marcar encontros em vários aeroportos espalhados pelos Estados Unidos.

Os aplicativos de namoro ainda são um bom jeito de conhecer *muita* gente. Você pode até gostar de verdade de algumas dessas pessoas! Mas não subestime a diversão de conhecer pessoas NVR.

Alicia namorou um cara do clube de leitura durante alguns meses. Depois de se recuperar do término, continuou usando a matriz de decisão sobre eventos para conhecer mais pessoas que pudessem combinar com ela. No momento ela está namorando um homem que conheceu na reunião de 10 anos de formatura na faculdade, um evento que ela disse que teria dispensado se não tivesse caído no quadrante superior direito da matriz.

TÓPICOS PARA GUARDAR

1. Ainda que os aplicativos sejam o modo mais comum de as pessoas se conhecerem hoje em dia, você pode criar estratégias para conhecer pessoas na vida real (NVR).

2. Vá a eventos. Use a matriz de decisão sobre eventos para descobrir quais são os mais promissores, baseando-se na probabilidade de você gostar da atividade e de interagir com outras pessoas.

3. Peça a amigos e parentes que arranjem encontros para você, dizendo a eles que está interessado(a) em relacionar-se com alguém, facilitando o processo para eles, dizendo sim a encontros e depois contando como foi (e agradecendo). Você pode até oferecer incentivos.

4. Conecte-se com pessoas que você já conhece. A pessoa certa pode estar bem embaixo do seu nariz. Você só precisa mudar sua perspectiva.

5. Apresente-se a pessoas quando estiver andando por aí. Aumente suas chances tirando os fones de ouvido e interagindo com o mundo ao redor. Se você estiver num evento e não souber o que dizer, entre numa fila e comece a comentar sobre filas! Pessoas em filas adoram falar sobre filas.

10

ISSO É UM ENCONTRO, NÃO UMA ENTREVISTA DE EMPREGO

Como ter encontros melhores

Jonathan progrediu bastante nos dois primeiros meses em que trabalhamos juntos. Começou a aceitar encontros com diferentes tipos de pessoas, pessoas que no passado ele teria rejeitado.

Numa tarde ele me ligou para falar sobre seu último encontro:

– Ele é ótimo. Passional, inteligente, tem os mesmos valores que eu. Tem um ótimo gosto para livros. Adora o trabalho dele. – Jonathan fez uma pausa. – Mas não vai dar certo.

– Por quê? – perguntei, confusa.

– Não senti aquela faísca.

– Ah, que pena – retruquei, decidindo não dar uma palestra sobre o perigoso mito da "faísca". (Farei isso no próximo capítulo.) – O que vocês fizeram juntos?

– Como estou ocupado com as viagens de trabalho e um milhão de reuniões, nos encontramos na cafeteria embaixo do meu escritório, antes do trabalho.

– A que horas?

– Sete da manhã.

– Por quanto tempo?

– Uns 20 minutos.

– Sei. E como você estava se sentindo na ocasião?

– Para ser honesto, eu estava estressado. Tinha marcado de me encontrar com um grande investidor às oito, por isso estava bem preocupado.

– E em geral você se sente bem de manhã?

– Não. Odeio as manhãs. Sou uma pessoa noturna. Não presto para nada até tomar meu café antes de ir trabalhar.

– Hmmm. – Respirei fundo. Queria que Jonathan enxergasse a situação pela minha perspectiva. – Então você não é do tipo matinal, só acorda depois de ingerir cafeína, estava preocupado com uma reunião de trabalho importante e mesmo assim decidiu se encontrar com ele por 20 minutos, às sete da manhã, para tomar um café?

– É, e não rolou nenhuma faísca.

Jonathan estava tentando. De verdade! Era um homem ocupado, no entanto se esforçava para ter um encontro onde e quando podia. Mas apenas arranjar tempo para ir a um encontro não é o bastante.

O AMBIENTE IMPORTA

Lembra-se da história daqueles funcionários do Google que reduziram o consumo de M&M assim que eles foram transferidos das enormes caixas transparentes para recipientes opacos?[1]

Esse exemplo demonstra uma das lições mais importantes da ciência comportamental: o ambiente onde fazemos nossas escolhas.

Jonathan saiu daquele encontro às sete da manhã achando que não houve faísca. Que não existiu potencial amoroso. Que o cara não era *o certo*. Mas e se eles tivessem somente se encontrado no contexto *errado*?

Quando vamos a um encontro, somos impactados por mais do que apenas o local físico. O *ambiente* do encontro é composto pelo momento em que nos encontramos, pelo que fazemos e pela mentalidade que levamos a ele. Quando começamos a trabalhar juntos, Jonathan tratava os encontros como se fossem apenas mais um item em sua lista de coisas a fazer, uma atividade para espremer entre a ida à academia e pegar a roupa na lavanderia. Estava levando uma mentalidade apressada, sem sensualidade, e ficava surpreso ao descobrir que não sentia atração pela outra pessoa. Ele não é o único a quem acontece isso. Muitos clientes meus, desesperados para encontrar o amor, mas também ocupados com outros compromissos, conseguiram arrancar todo flerte e diversão da experiência do namoro. Em vez disso, costumam praticar o que chamo de *encontro avaliador*.

Um encontro avaliador não é só desagradável, como um modo terrivelmente ineficaz de encontrar um parceiro ou uma parceira de longo prazo. Neste capítulo vou ensinar você a mudar sua mentalidade para o encontro, passando de avaliador para *experiencial*. De concentrar-se em qualidades superficiais e em perguntas como *Essa pessoa é suficientemente boa para mim? Nós temos coisas em comum?* para sair da sua própria cabeça e viver o momento; de perguntar-se *Como me sinto com essa pessoa?* para prestar atenção no que se desdobra quando vocês estão juntos. Para namorar com uma atitude de curiosidade. Para permitir-se ser surpreendido ou surpreendida.

Também vou explicar como criar o ambiente de encontro certo, física e mentalmente, para que você tenha a melhor chance de encontrar o amor.

ISSO É UM ENCONTRO OU UMA ENTREVISTA DE EMPREGO?

Imagine-se na seguinte situação: você entra apreensiva numa sala, preocupada com o que a recrutadora vai pensar a seu respeito. Está bem-vestida, mas de modo um tanto desconfortável. Espera não estar suando. (Maldição. Você está suando *com certeza*. Na parte de trás dos joelhos e nas axilas.)

Você vai até a mesa, coloca a bolsa no chão, aperta a mão dela e senta-se diante dela.

Gostaria de beber alguma coisa?

Você murmura alguma coisa sobre chá gelado, sem açúcar. (Isso era um teste? O que chá gelado diz sobre mim?)

O chá gelado chega.

A entrevista começa.

Onde você estudou?

O que você estudou? Por quê?

Qual é o maior risco que você já correu?

Qual é seu plano para os próximos cinco anos?
A recrutadora convida você a fazer algumas perguntas a ela.
Em 45 minutos a entrevista termina.
Você se levanta. As duas se apertam as mãos. Você dá um sorriso amigável. *Espero poder falar com você de novo!* E vai embora.

Agora diga: isso foi um encontro ou uma entrevista de emprego? Em vez de se imaginar numa sala de reuniões, e se o local fosse um bar? O cenário pode mudar, mas o astral é praticamente o mesmo. Tenho certeza de que você já esteve em encontros estéreis como esse. Ouço isso o tempo todo de clientes e amigos:

– Ir a um encontro não é mais divertido. Parece trabalho.

Olha, eu entendo, porque de certo modo um encontro *é* um trabalho. A arte do encontro requer tempo e esforço, e nem sempre é agradável. É uma droga ser rejeitado e se decepcionar de novo. Se os encontros não fossem o único modo de encontrar um parceiro ou uma parceira de longo prazo, quantos de nós já teríamos desistido? Mas só porque namorar exige trabalho não significa que você precise imitar o que *faz* no trabalho. Isso não é um encontro para fazer *networking* nem uma entrevista de emprego. Você não deveria se comportar como se comporta no trabalho.

Esse tipo de encontro sufoca qualquer sexualidade que possa entrar na equação. Pior ainda, encontros estruturados como entrevistas de emprego nos colocam no modo automático. É assim que a cientista comportamental Kristen Berman descreve o que acontece quando somos instigados a repetir reações pré-programadas, como um robô. Começamos a contar uma história que já contamos meia dúzia de vezes – provavelmente em outros encontros – e falamos como se fôssemos um currículo ambulante. Nesses momentos só estamos cuspindo informação, e não nos conectando com a outra pessoa.

Esther Perel caracteriza o estado anêmico do namoro moderno do seguinte modo: "As pessoas se sentam, verificam a própria pulsação e tentam ver se estão tendo algum tipo de reação fisiológica – uma faísca. Nessa situação fria em que os dois estão se entrevistando, eles querem sentir alguma coisa. Você pirou de vez?"[2] Se durante um encontro você fica tentando avaliar a outra pessoa *e* a sua própria reação, você não está presente. A pessoa com quem você se encontrou pode não ter uma boa noção de quem você é, e você não está suficientemente presente para experimentar o momento, quanto mais para desfrutar dele.

O objetivo do primeiro encontro não é decidir se você quer se casar com aquela pessoa ou não. É ver se você sente curiosidade em relação a ela, se existe nela alguma coisa que faz você querer passar mais tempo com ela.

DEZ PASSOS PARA TER ENCONTROS MELHORES

Você pode ter encontros melhores – encontros que não pareçam entrevistas de emprego – mudando seu estado mental e escolhendo atividades mais intencionais. Eis como tornar os encontros divertidos de novo:

I. Mude seu estado mental com um ritual pré-encontro

Seu estado mental não estabelece apenas o clima para o encontro – também pode determinar o resultado dele. Richard Wiseman, pesquisador da Universidade de Hertfordshire, no Reino Unido, queria descobrir até que ponto nosso estado mental afeta nossas experiências.[3] Ele recrutou pessoas que se consideravam particularmente sortudas ou azaradas.[4] Wiseman as reuniu e as convidou a participar de uma experiência. Entregou jornais a elas e pediu que todo mundo contasse o número de fotografias que havia neles.

Os que se descreviam como "sortudos" levaram apenas alguns segundos para contar corretamente o número de fotografias. Os "azarados" demoraram cerca de dois minutos. Por que os sortudos faziam aquilo tão depressa? Na segunda página do jornal, em letras grandes que ocupavam metade do espaço, havia uma mensagem "secreta": "Pare de contar. Esse jornal tem 43 fotos." Os sortudos viam aquela dica, anotavam a resposta correta e terminavam a tarefa. Os azarados contavam as fotos tão meticulosamente que não conseguiam ver a dica.

Wiseman não parou aí. Ele incluiu outra mensagem, no meio do jornal, dizendo: "Pare de contar. Diga ao pesquisador que você viu isso e ganhe 250 libras." Infelizmente a maioria dos azarados também passou reto por isso.

Por que os sortudos viam as pistas que os participantes azarados não percebiam? Isso tem a ver com o modo como esses dois grupos de pessoas interagem com o mundo. Pessoas sortudas esperam que coisas boas aconteçam. Estão abertas a oportunidades e as reconhecem quando aparecem. Quando examinavam o jornal, não estavam com antolhos apenas procurando as fotos; elas viam a dica na segunda página.

Pessoas que se consideravam azaradas ficavam tensas – porque esperavam o pior – e sua ansiedade as impedia de perceber oportunidades inesperadas. Um golpe de sorte estava bem na cara delas, em letras garrafais, mas não conseguiam enxergá-lo por causa de sua perspectiva negativa. O estado mental se tornava uma profecia autorrealizável.

Descobri que os "azarados" nos encontros se comportam de modo semelhante. Eles se sentem esgotados depois de anos de encontros infrutíferos e trazem essa energia negativa para cada encontro. Isso os faz perderem ótimas oportunidades. Henry Ford costumava dizer: "Quer você acredite que pode fazer alguma coisa ou não, você está certo."[5] Aqui vai a minha versão: quer você acredite que o encontro vai ser bom ou ruim, você está certo. Você está se sabotando se seu mantra pré-encontro é algo do tipo: "É óbvio que isso não vai dar certo. Não funcionou nos últimos 100 encontros." Você está com os antolhos da mentalidade negativa! Está adotando a mentalidade de um "azarado" que deixa de perceber os sinais da vida – nesse caso, os sinais de uma combinação potencial.

Felizmente podemos mudar nosso estado mental. Wiseman criou um programa chamado "Escola da Sorte", em que ensinava voluntários azarados e sortudos a pensar como uma pessoa sortuda.[6] Ele se concentrava em quatro coisas: ouvir a própria intuição; esperar ter sorte; identificar oportunidades; e se recuperar mais rapidamente de coisas ruins. As tarefas iam desde manter um diário de acontecimentos sortudos até "visualizar a sorte" e declarar verbalmente as próprias intenções: "Estou disposto a dedicar tempo e esforço para mudar minha sorte." Depois de um mês, 80% dos "formandos" da Escola da Sorte se sentiam mais felizes, mais satisfeitos com a própria vida e, mais importante, mais sortudos.

Quero que você faça sua própria versão da Escola da Sorte, mudando seu estado mental para esperar ótimos encontros. Para ajudá-lo a fazer isso, projete um *ritual pré-encontro*, uma coisa que você fará para entrar no estado mental certo.

Aqui vão alguns rituais pré-encontro dos meus clientes:

- "Sempre me planejo. Desligo minhas notificações do trabalho. Tento fazer isso pelo menos 30 minutos antes do início do encontro. Em geral ligo para um amigo íntimo, alguém que me faça me sentir confiante e amado."
- "Gosto de ouvir algo engraçado antes de um encontro. Meu podcast predileto se chama *Good One*. Em cada episódio os comediantes contam uma das suas piadas prediletas e depois a analisam com o anfitrião. Isso me faz rir e me deixa de bom humor."
- "Faço exercícios de polichinelo para acelerar o coração. Isso libera endorfinas e me deixa de bom humor."
- "Me sinto muito feio quando saio do trabalho. Um banho de banheira antes do encontro faz maravilhas. Uso uma espuma com cheiro fantástico. Descobri que perfumes são um afrodisíaco poderoso. Depois aplico loção no corpo. Isso ajuda a *desligar* meu cérebro do trabalho e a *me ligar*."

> **EXERCÍCIO:** Mude seu estado mental com um ritual pré-encontro
>
> Anote dois rituais pré-encontro que você quer experimentar em futuros encontros:
>
> 1. _____
>
> 2. _____
>
> Comprometa-se a tentar diferentes atividades pré-encontro até encontrar uma que funcione para você.

II. Escolha bem a hora e o lugar do encontro

Hora e lugar são importantes. Quando você tende a se sentir mais relaxado e dono de si? Planeje seus encontros para esses momentos. Nada de encontros às sete da manhã, por favor.

Pare de ir a encontros em cafés muito iluminados. Se você está pensando *Se esse encontro for uma droga, pelo menos ingeri um pouco de cafeína*, não faça isso. Você não quer que seus encontros pareçam uma reunião profissional. Escolha algo mais sensual, como um bar à luz de velas.

E tente sentar-se ao lado da pessoa, e não diante dela. Você já se abriu com alguém numa longa viagem de carro? Ou notou que parece mais fácil conversar com um amigo caminhando ao lado dele, quando não estão fazendo contato visual? Isso porque é mais fácil conversar quando você não está olhando a pessoa nos olhos. Os psicólogos Shogo Kajimura e Michio Nomura, da Universidade de Kyoto, no Japão, abordaram esse fenômeno num estudo de 2016.[7] Quando os participantes olhavam nos olhos de um rosto projetado numa tela (diferentemente de um que estivesse olhando para o lado), eles tinham dificuldade para completar um simples jogo de combinação de palavras. Kajimura e Nomura atribuíram essa dificuldade à biologia: o contato visual e o processamento da linguagem acontecem no mesmo circuito neural. Você pode usar isso a seu favor nos encontros. Por que não sugerir um passeio? Isso vai ajudar a pessoa a se sentir menos numa entrevista de emprego, vai proteger seu cérebro contra a sobrecarga e promover uma conexão.

III. Opte por uma atividade criativa

Procure uma atividade divertida para fazer com a pessoa. Dan Ariely e uma equipe de pesquisadores da Harvard Business School fizeram uma experiência em que mandaram casais para encontros virtuais num cenário digital projetado para parecer uma galeria de arte.[8] Eles esperavam que esse cenário provocasse conversas e acertaram. Os participantes falaram sobre as obras de arte e descobriram interesses em comum. Os quadros funcionaram como um "terceiro objeto", algo sobre o que as duas pessoas podiam comentar. Um terceiro objeto reduz a pressão. Torna o silêncio incômodo um pouco menos incômodo.

Se pinturas renascentistas da Virgem Maria ou esculturas modernas representando aranhas não são seu barato, não se preocupe. Isso não tem nada a ver com arte. Os terceiros objetos podem ser livros, jogos e até outras pessoas. Recomendo ir a encontros em que a pessoa possa interagir com os outros. Esse é um ótimo jeito de perceber aquelas qualidades difíceis de avaliar que são tão importantes, como a gentileza. Talvez seja legal fazer uma aula de preparação de coquetéis num grupo pequeno. A pessoa com quem você está se encontrando é mal-educada com o instrutor? Demonstra paciência enquanto junta os ingredientes? Ajuda a mulher que chegou tarde? Ou você pode sugerir um encontro que obrigue vocês a colaborar em alguma coisa, como montar um quebra-cabeça ou ir a uma churrascaria coreana, onde vocês precisam preparar sua própria refeição. Quem pode fazer pose quando está com molho de soja pingando do queixo? Em qualquer uma dessas situações, você estará coletando muito mais dados do que se estivesse sentado cara a cara com a pessoa num café às sete da manhã.

Você pode encontrar toda uma lista de ideias para encontros no meu site (loganury.com).

Aqui vão alguns programas fora da caixinha que meus clientes e eu imaginamos:

- Ir a uma feira e depois cozinhar o almoço.
- Andar de patins.
- Fazer uma competição de quem consegue provar mais molhos de pimenta.
- Assistir ao YouTube para aprender a coreografia de um clipe da infância de vocês.
- Cantar no karaoke.
- Assistir a um filme antigo e depois comentar sobre ele durante um passeio.
- Fazer uma aula de culinária.
- Andar de bicicleta e depois fazer um piquenique.

- Experimentar dança de salão.
- Olhar as estrelas no observatório.
- Alugar lambretas e explorar a cidade. (Levem capacetes!)
- Jogar no fliperama da cidade. (Levem moedas para as máquinas!)
- Montar cavaletes com telas no parque e fazer pinturas da mesma árvore (ou um do outro!).

Talvez você até queira roubar a seguinte ideia de uma amiga minha para um "dia do sim". Segundo ela, funciona assim: "Nós tivemos um encontro em que nos revezamos para decidir o que faríamos em seguida e a outra pessoa precisava dizer sim (a não ser que fosse algo ilegal ou contra nossos valores). Nós nos encontramos na balsa de Brooklyn Heights, onde dissemos sim para pegar a balsa e o próximo precisava dizer onde iríamos desembarcar, e a primeira precisava dizer sim. Ficamos fazendo isso, e foi um encontro incrível. Acabamos explorando juntos um bairro que não conhecíamos e comendo um único prato em vários restaurantes poloneses, além de termos uma conversa bastante profunda."

Pode admitir. Você leu essa lista e disse: "É, são ideias maneiras, mas muito disparatadas para mim. Quem tem tempo para isso?" Sei que esses programas parecem muito mais intensos do que um encontro comum para tomar um chope ou um café. Mas o objetivo aqui não é tornar as coisas confortáveis. É encontrar uma pessoa com quem você possa ter um relacionamento. Ir a encontros como esses vai ajudar você a chegar lá. Corra certo risco e sugira uma dessas atividades. Você não precisa ficar um dia inteiro brincando de esconde-esconde com a outra pessoa, só escolha uma coisa diferente! O pior que pode acontecer é a pessoa recusar sua oferta e insistir em algo mais tradicional. E tudo bem. Mas é muito mais provável que a pessoa também esteja farta desses encontros tipo "entrevista de emprego" e queira experimentar algo novo.

> **EXERCÍCIO:** Experimente alguma atividade fora da caixinha
>
> Tire um tempo para pensar em algumas atividades divertidas para um encontro. Não tenha medo de inventar coisas malucas.
>
> 1. _____
> 2. _____
> 3. _____
> 4. _____
> 5. _____

IV. Mostre seu trabalho

Uma pesquisa feita pelos professores Ryan Buell e Michael Norton, da Harvard Business School, apontou que as pessoas valorizam mais uma coisa quando *veem* o esforço que foi despendido nela.[9]

Imagine que você esteja procurando uma passagem de avião pela internet. Quanto mais rápido os resultados aparecerem, melhor, certo? Talvez não. Norton conduziu uma experiência em que pediu aos participantes que procurassem passagens num falso mecanismo de busca de viagens. Os participantes foram divididos em vários grupos. Para alguns, o programa mostrava resultados imediatos. Para outros, o software demorava para mostrar os resultados, com uma barra de progresso que aumentava com o tempo e uma mensagem dizendo que estava procurando voos numa companhia aérea, depois em outra, depois em outra. De modo surpreendente, os que pegaram a segunda situação valorizavam mais o sistema. Apesar de produzir resultados mais lentamente, eles achavam que o programa tinha trabalhado mais duro. Eles valorizavam mais o *esforço* do programa do que a *velocidade* dele.

É por isso que a Domino's Pizza permite que você acompanhe enquanto sua pizza é "montada", "está no forno" e "está sendo verificada para uma entrega perfeita". Todos sabemos como funciona o delivery de pizza. Mas quando você vê o esforço, dá mais valor.

Podemos aplicar as mesmas lições ao planejamento dos encontros. Aja mais como o segundo mecanismo de busca de passagens aéreas: conte à pessoa as coisas que você fez para tornar a experiência mais especial. Não se trata de se mostrar ou exagerar, mas de deixar seus esforços aparentes, de modo que a pessoa possa apreciá-los mais.

Um bom jeito de mostrar seu esforço é se oferecer para planejar o encontro ou escolher um lugar perto da casa ou do trabalho da pessoa. Descobri que meus clientes que vivem em cidades grandes, como Nova York e Los Angeles, costumam demorar para decidir sobre em que bairro irão se encontrar. Você pode demonstrar esforço tornando o encontro conveniente para o outro. Mande uma mensagem do tipo: "Ei, em que região você mora? Posso planejar alguma coisa aí perto." Durante o encontro, mencione quanto você pensou nos detalhes. "Escolhi esse restaurante peruano porque você escreveu no seu perfil que seu sonho era visitar Machu Picchu." As pessoas vão apreciar seu esforço e sua consideração vai fazê-lo(a) destacar-se.

V. Brinque

Pense no melhor encontro que você já teve. Talvez vocês tenham se encontrado num bar mexicano, comido *tacos* saborosos e tomado margarita atrás de margarita, sussurrando com cada vez mais desejo um no ouvido do outro, até parecer que vocês eram as únicas pessoas no lugar, e acabaram sendo? Ou foram dar um passeio tarde da noite, quando você confessou seus temores acerca do difícil relacionamento com seu irmão e depois ele enxugou suas lágrimas com beijos, e os dois acabaram se embolando, você com as costas contra sua porta?

O que fez seu melhor encontro ser tão bom? Provavelmente não o fato de que a pessoa satisfez oito dos seus 10 principais critérios para um parceiro. Vocês se divertiram! E a diversão, no entanto, raramente é algo que construímos nos encontros.

Chega de encontros robóticos. Vamos transformar nossos encontros em *brincadeiras*.

O que lhe vem à mente quando ouve a palavra "brincar"? Crianças correndo num playground? Talvez você pense que namorar é algo sério – afinal, você quer encontrar um(a) companheiro(a) *para ontem* – e não tenha tempo para brincadeiras.

Mas brincar não é apenas para crianças. E brincar não é o mesmo que jogar. Na verdade, é o contrário. Jogar implica engano e informações falsas. É perda de tempo, porque em algum ponto a pessoa vai descobrir quem você é... e aí? Brincar, por outro lado, implica ser uma versão presente, *honesta*, de quem você é – apenas um pouco mais leve.

Num artigo do *The New York Times* chamado "Taking Playtime Seriously" (Levando a brincadeira a sério),[10] Catherine Tamis-LeMonda, professora de psicologia na Universidade de Nova York, explica a coisa do seguinte modo: "Brincar não é uma atividade específica, é uma abordagem do aprendizado, um modo engajado e curioso de descobrir seu mundo." Brincar é algo espontâneo – quer dizer, algo que é um fim em si, e não um caminho para chegar a um objetivo.[11]

Digamos que vocês estejam num encontro no parque. Vocês podem brincar de olhar em volta e inventar um passado para as pessoas ao redor. Podem usar esses passados improvisados para analisar quais casais vocês acham que vão durar e quais vão romper e por quê. Ou podem sair correndo e ver em quantos cachorros vocês conseguem fazer carinho em 15 minutos.

Sei que a princípio essa abordagem pode parecer meio forçada. Em vez de fingir que é assim que você costuma se comportar, tente não se levar muito a sério: "Ei, pode parecer meio estranho, mas e se a gente tentasse fazer..." Você vai ganhar pontos pela sua criatividade mesmo que a pessoa se recuse a participar.

Divirta-se. Seja bobo(a). Faça uma piada. O humor é uma ótima ferramenta. Quando rimos, nosso cérebro libera um coquetel de hormônios felizes, fazendo nossa psicologia mudar.[12] Rir libera oxitocina[13] – o mesmo hormônio liberado durante a amamentação[14] – e faz a gente confiar mais na outra pessoa.[15] (E se é atrás de oxitocina que estamos, rir é uma atividade mais adequada para um primeiro encontro do que amamentar.) O riso baixa os níveis de cortisol, o hormônio do estresse, permitindo que a gente relaxe.[16] Além disso, injeta uma dose de dopamina nas nossas veias – ativando os centros de prazer do cérebro –, reforça nosso comportamento e faz a gente querer mais.[17] Todas as coisas boas para um primeiro encontro: mais conexão, menos estresse e uma chance maior de um segundo encontro.

VI. Pule a conversa fiada

Nós formamos conexões mais fortes com os outros quando fazemos perguntas.[18] As perguntas permitem que as pessoas revelem detalhes pessoais, o que é essencial para formar conexões. E mais: uma pesquisa da psicóloga Karen Huang mostra que perguntar faz as pessoas gostarem mais de você.[19]

O tipo de pergunta que você faz é importante. Quem se importa com qual faculdade a pessoa fez? Lembre-se: isso é um encontro, não uma entrevista. Apesar de todos os motivos para mergulhar, muitos de nós passamos os encontros na parte rasa da piscina.

Numa coluna da seção "Modern Love" (Amor moderno) do *The New York Times* que viralizou, intitulada "To Fall in Love with Anyone, Do This" (Para se apaixonar por qualquer pessoa faça o seguinte), Mandy Len Catron ressalta a importância das perguntas que fazem as pessoas pensar.[20] Num encontro, Catron e seu companheiro responderam a 36 perguntas que iam aumentando de intensidade e intimidade, partindo de "Se você pudesse escolher qualquer pessoa no mundo, com quem gostaria de jantar?" e chegando a "Se você fosse morrer esta noite, sem oportunidade de se comunicar com ninguém, o que você mais se arrependeria de não ter dito a alguém?".

Essas não eram apenas perguntas aleatórias que Catron tinha anotado num cartão enquanto ia para o encontro. (Observação: jamais leve cartões com anotações para os encontros.) Elas foram pensadas pelo psicólogo Arthur Aron e seus colegas para uma experiência em que juntavam pessoas aleatórias e pediam que elas fizessem uma série de 36 perguntas uma à outra.[21] Essas perguntas testavam o poder da "revelação pessoal contínua, crescente, recíproca e personalística". Aron e sua equipe – e mais tarde Catron, que ainda está com o cara do encontro fatídico – descobriram que essas perguntas específicas ajudam potenciais parceiros a se vincularem ao criar uma conexão e promover a vulnerabilidade.

Se você não tem vontade de fazer esse tipo de pergunta, experimente minha abordagem predileta para evitar a conversa fiada. Inicie o encontro *in media res*. Significa "no meio das coisas" em latim. É uma expressão literária que descreve uma história que inicia em algum ponto no meio da ação, e não no início. (Você pode pensar nisso como "chegar quando as coisas estão pegando fogo".) Quando chegar a um encontro, em vez de começar com um desajeitado "E aí, como foi seu dia?" ou "Onde você mora?", pule direto para "Você não imagina o que aconteceu enquanto eu vinha para cá!" ou "Acabei de falar com a minha irmã, e ela contou que está numa tremenda briga com seu senhorio por causa das lixeiras de reciclagem". Ao pular as amenidades e mergulhar direto no tipo de conversa que amigos (ou amantes!) têm, você pega um atalho para a intimidade. Claro que vocês podem acabar falando de como foi o dia, onde moram e assim por diante, mas pelo menos você terá molhado a ponta dos pés nas águas da conversa *verdadeira*.

Outra ótima abordagem é pedir conselhos. Você pode perguntar sobre alguma coisa que está acontecendo na sua vida: "Minha irmã vai se casar daqui a algumas semanas e não sei se devo fazer um discurso elogiando ou zoando a decisão dela. Você já fez algum discurso em casamento?" Ou: "Meu chefe me manda e-mails o fim de semana todo e não sei como estabelecer limites. O que você faria?"

Lembre-se: *fazer* perguntas é apenas parte da equação. Você precisa também *ouvir* as respostas. Isso lhe permitirá ver como a pessoa pensa. O conselho dela ajudou você? Ela se sente confortável compartilhando ideias? E quando você responde, sente que a pessoa está ouvindo?

VII. Seja interessado(a), não interessante

Uma vez mentoreei uma moça chamada Andrea. Era carismática, tinha cabelos ruivos compridos e um sorriso largo e lindos dentes. Ela se apresentava em shows de improvisação nos fins de semana e frequentemente me arrancava gargalhadas com suas histórias de primeiros encontros que deram errado.

– Logan, eu estou tentando – dizia ela, cruzando os braços. – Só não sinto uma conexão.

– Você está fazendo seu ritual pré-encontro?

– Estou – respondia ela, revirando os olhos.

– Está planejando encontros criativos?

– Você sabe que na semana passada fui com aquele cara fazer uma aula de pintura.

– Está conversando amenidades?

– Odeio amenidades.

Eu me esforçava para entender o que estava dando errado, por isso pedi a Andrea que saísse com um amigo meu, assim eu conseguiria mais informações. Ele me ligou logo depois.

– Como foi? – perguntei.

– Bom, ela falou por cima de mim o tempo todo e passou a maior parte do encontro contando um problema no trabalho. Ah, e ela insistiu em fazer meu pedido.

Alguns dias depois Andrea apareceu para a sessão. Contei a ela o que meu amigo tinha dito.

– Estou completamente sem graça – confessou ela. Em seguida ficou em silêncio por um minuto e depois me surpreendeu rindo, como se aquele comentário negativo a tivesse deixado feliz.

E tinha mesmo.

– Espera aí, então sou eu! – exclamou ela. – Não há nada de errado com os homens dessa cidade. Essa é uma coisa que *eu* posso mudar.

Como Andrea, muita gente acha que precisa representar num primeiro encontro, pois querem causar boa impressão e parecer interessantes. Mas os bons encontros têm a ver com se conectar com a outra pessoa, e não com se mostrar. É como esta citação de Maya Angelou: "Aprendi que as pessoas vão esquecer o que você disse, vão esquecer o que você fez, mas nunca vão se esquecer de como você as fez se sentir." Em vez de tentar *ser* interessante, faça a pessoa *se sentir* interessante.

Isso significa aprender a ouvir. Há muito mais nisso do que apenas escutar o que a pessoa está dizendo. A maioria de nós ouve o que a outra pessoa diz com o objetivo de formular nossas próprias respostas, o que coloca o foco de volta em nós. O objetivo é *entender* a outra pessoa, e não meramente esperar sua vez de falar.

Você pode aprender a conversar melhor aplicando *reações de apoio*, em vez de *reações de mudança*. O sociólogo Charles Derber define a reação de mudança como o momento em que você *muda* o foco da conversa de volta para você.[22] Uma reação de apoio, por outro lado, encoraja a pessoa a continuar a história. Por exemplo, se ela diz "Daqui a algumas semanas vou ao lago Michigan com minha família", uma reação de mudança seria: "Ah, fui lá alguns anos atrás." Ainda que, na superfície, você esteja se *engajando* com o que a pessoa disse, você acabou atraindo a atenção de volta para você. Uma reação de apoio seria algo como "Você já esteve lá?" ou "Por que sua família escolheu esse lugar?". Reações de apoio indicam que você está interessado na história do outro e quer ouvir mais. Elas fazem a pessoa se sentir apreciada e aumenta a conexão entre vocês.

EXERCÍCIO: Treine reações de apoio

Imagine que você está num encontro e a pessoa faz uma das seguintes declarações. Escreva uma reação de mudança e uma de apoio, para aprender a reconhecer a diferença:

A pessoa diz: "Meu colega de trabalho ganhou um filhote de goldendoodle."

Reação de mudança: _____

Reação de apoio: _____

A pessoa diz: "Adoro os documentários do Ken Burns, especialmente aquele sobre a Guerra do Vietnã."

Reação de mudança: _____

Reação de apoio: _____

A pessoa diz: "Estou pensando em voltar a estudar."

Reação de mudança: _____

Reação de apoio: _____

VIII. Limite o uso do celular

Por favor, pelo amor de Deus, mantenha seu celular dentro do bolso. Uma pesquisa da professora Sherry Turkle, do Instituto de Tecnologia de Massachusetts (Massachusetts Institute of Technology – MIT), descobriu dois impactos negativos de ter o celular sobre a mesa enquanto você conversa com alguém.[23] Um: isso reduz a qualidade da conversa. As pessoas tendem a discutir assuntos mais rasos, porque têm medo de que o celular vá interrompê-las. Dois: isso enfraquece a conexão empática que se forma entre os dois.

Apesar de todas as evidências de que o celular cria uma barreira para a conexão, 89% das pessoas admitiram tê-lo pegado durante sua última interação social. Não faça isso![24]

Experimente a seguinte abordagem: no início do encontro pergunte à pessoa como ela se sentiria se vocês dois se comprometessem a deixar os celulares fora de vista. Você vai demonstrar que se importa *e* aumentar suas chances de um bom encontro. (Você pode até mencionar a pesquisa de Sherry Turkle, porque nada é mais atraente do que uma citação de pesquisa.)

IX. Encerre com algo legal

Um artista plástico que eu conheço se orgulha de sempre terminar seus encontros com um final feliz. (Não, não desse tipo! Tire a mente da sarjeta e volte a este livro!) Por exemplo, perto do fim da noite ele faz uma pergunta enigmática: "Você já esteve no tobogã secreto de São Francisco?" Se a pessoa ficar curiosa, ele a leva a esse lugar romântico e desconhecido. Ele sabe que é o fim de uma experiência que importa.

Num experimento famoso, um grupo de economistas comportamentais, entre os quais Daniel Kahneman, comparou as experiências de pacientes que faziam colonoscopia. (Não se preocupe, todos os voluntários precisavam realmente fazer esse exame, não toparam só por causa da pesquisa.) Alguns pacientes suportavam 30 minutos de desconforto, enquanto outros experimentavam 30 minutos de desconforto e cinco minutos a mais de um desconforto ligeiramente menor no fim.[25] Talvez de modo contraintuitivo, as pessoas preferiam a segunda experiência, ainda que ela durasse mais. Isso acontece por causa de um fenômeno chamado *regra do pico e final*: ao avaliar uma experiência, as pessoas a julgam baseadas principalmente em como se sentiram no momento mais intenso e no fim.[26] A lembrança que elas têm não é uma média de suas experiências minuto a minuto.

Assim, peça sobremesa no fim do jantar. Faça à outra pessoa um elogio significativo antes de se separarem. Aproveite a regra do pico e final.

X. Use as oito perguntas pós-encontro e mude para o estado mental experiencial

Como muitos de nós, Jonathan tinha uma longa lista de critérios para seu parceiro potencial. Depois dos encontros, ele só conseguia enxergar como a pessoa não chegava nem perto do seu homem imaginário perfeito. Essa mentalidade de "Ele marcou pontos em todos os quesitos?" é outro exemplo de namoro avaliativo. Esses critérios não são inerentemente ruins, mas a lista da maioria das pessoas se concentra nas coisas erradas, como as qualidades superficiais do(a) pretendente. Eu projetei um tipo de lista diferente para Jonathan: uma lista que o ajudasse a mudar de um estado mental avaliativo para um estado mental experiencial. Em vez de determinar se um *match* potencial atendia a uma exigência específica, com essa lista ele pôde avaliar como se sentia em relação às pessoas com quem tinha encontros. Isso o encorajou a estar presente e a se concentrar no que realmente importava.

Incentivei Jonathan a responder a estas oito perguntas pós-encontro enquanto voltava para casa depois de ter saído com alguém:

1. Que lado meu a pessoa trouxe à tona?
2. Como meu corpo se sentiu durante o encontro? Rígido, relaxado ou algo entre os dois?
3. Me sinto mais energizado(a) ou desenergizado(a) do que antes do encontro?
4. Há alguma coisa na pessoa que atiça minha curiosidade?

5. A pessoa me fez rir?
6. Me senti escutado(a)?
7. Me senti atraente na presença da pessoa?
8. Me senti cativado(a), entediado(a) ou algo entre os dois?

Sabendo que depois precisaria responder a essas perguntas, Jonathan começou a prestar mais atenção em como se sentia durante o encontro. Começou a concordar em ter segundos encontros com caras que não eram tão impressionantes à primeira vista, mas que o faziam sentir-se otimista, atraente e relaxado. Era capaz de rejeitar mais rapidamente caras que tinham uma formação impressionante, mas que o deixavam indiferente. Ele se permitiu curtir o encontro, em vez de "entrevistar" o cara para o papel de marido.

> **EXERCÍCIO:** Responda às oito perguntas pós-encontro
>
> Tire uma foto dessas oito perguntas e se comprometa a olhá-las no fim de cada encontro, para ajudar a entender como a pessoa fez você se sentir.

TÓPICOS PARA GUARDAR

1. Estamos vendo um aumento do encontro avaliativo – interrogatórios que parecem entrevistas de emprego. Jogue fora sua lista de critérios e mude para o estado mental experiencial. Esteja presente e preste atenção em como você se sente perto da outra pessoa.

2. O estado mental importa: quer você ache que o encontro vai correr bem ou mal, você está certo. Você pode fazer um ritual pré-encontro para entrar no estado mental certo.

3. Com um pouco de planejamento você pode ter encontros melhores. Pense em onde e quando vocês vão se encontrar. Incorpore um pouco de brincadeira à situação. Escolha atividades mais criativas, resista à conversa fiada, esconda o celular e termine com algo legal. Seja um bom ouvinte: tenha reações de apoio que encorajem a pessoa a elaborar uma história, e não reações de mudança que direcionem a conversa de volta para você.

4. Em vez de avaliar a pessoa segundo determinados critérios, responda às oito perguntas pós-encontro para descobrir como a pessoa faz você se *sentir*.

11

F*DA-SE A FAÍSCA

Como rejeitar mitos sobre a química instantânea

Quando você vai a um encontro, talvez esteja procurando aquela conexão instantânea. Súbita, erótica, inebriante. É algo físico, uma pontada de empolgação nas entranhas, um sentimento de nervosismo ao olhar nos olhos da pessoa. Você não consegue desviar o olhar. Se a pessoa o toca, você sente uma corrente elétrica. Você se sente ligado e empolgado.

Você sabe do que estou falando: a "faísca".

Eu sei, a faísca é maravilhosa. Mas sabe de uma coisa? F*da-se a faísca. Esse conceito é a minha nêmesis: passei a enxergar nossa obsessão pela faísca como uma das ideias mais disseminadas e perigosas para os encontros. Ela faz com que deixemos de perceber parceiros incríveis porque não conseguimos enxergar seu verdadeiro potencial. Neste capítulo vou explodir alguns mitos sobre a tal faísca. No fim, espero que você também comece a entoar: "F*da-se a faísca!"

Mito número 1: Quando você encontrar a pessoa certa, fogos de artifício vão instantaneamente explodir no seu coração

A verdade: os fogos de artifício e a química instantânea costumam estar ausentes no início dos relacionamentos. Sexo bom e química boa podem se desenvolver com o tempo.

Amor à primeira vista é algo bastante raro. Quando a psicóloga Ayala Malach Pines perguntou a mais de 400 pessoas como elas se apaixonaram por seus companheiros, apenas 11% disseram que foi "amor à primeira vista".[1]

Já notou como as pessoas costumam namorar seus vizinhos? Como casais se formam durante o primeiro ano da faculdade entre estudantes que moram um de frente para o outro no alojamento ou frequentam as mesmas aulas? Isso porque quanto mais vemos uma pessoa, mais gostamos dela. Os psicólogos chamam isso de *efeito da mera exposição*.[2] A exposição gera familiaridade. Somos atraídos por coisas e pessoas familiares e nos sentimos mais seguros perto delas.

Uma amiga minha era recepcionista num restaurante italiano. Quando começou a trabalhar ali, um dos cozinheiros a convidou para sair. Ela não sentia atração por ele, por isso recusou. Ele respeitou a resposta dela e os dois acabaram se tornando amigos. Ele a levava de carro para casa e, em algumas noites, os dois ficavam até tarde bebendo com os colegas, depois de o restaurante fechar. Seis meses depois de ele tê-la convidado para sair, ela o beijou no carro no fim da noite. Ele ficou surpreso, mas empolgado. Naquela semana os dois marcaram um encontro. Hoje são casados e têm dois filhos.

– No início eu não sentia aquela coisa – disse ela. – Mas ele foi ficando mais atraente para mim. Essas coisas demoram para evoluir, mas agora não consigo imaginar minha vida sem ele.

Ouço histórias assim o tempo todo. Casais adoram me contar sobre seus desastrosos primeiros encontros (ou primeiros e segundos!). A mensagem é clara: a faísca pode crescer. Às vezes é uma chama minúscula, tentando a todo custo respirar. Se você apaga a chama antes que ela tenha tempo de respirar, jamais vai se aquecer com o fogo de um amor duradouro. (Deveriam me contratar para escrever cartões do Dia dos Namorados.)

Há alguns anos, os psicólogos Paul Eastwick e Lucy Hunt estudaram esse fenômeno.[3] No início do semestre, eles pediram a estudantes heterossexuais do sexo masculino que dessem notas quanto à atratividade de suas colegas de sala, e vice-versa. Quando Eastwick e Hunt analisaram as respostas, descobriram que os estudantes no geral concordavam em relação à atratividade das colegas do sexo oposto. Essa nota inicial, baseada nas primeiras impressões, é conhecida como *valor de atração*.

Três meses depois, no fim do semestre, os pesquisadores pediram que os estudantes avaliassem de novo os colegas do sexo oposto. Agora que eles se conheciam, as notas tinham uma variação muito maior. Esse novo cenário refletia o que é chamado de *valor individual*, aquilo que você pensa a respeito de uma pessoa depois de passar tempo com ela.

Eastwick e Hunt explicaram do seguinte modo essa mudança nas notas: quando conhecemos as pessoas, nós as avaliamos a partir do seu valor de atração (a atratividade geral e como elas se portam). À medida que passamos a conhecê-las e a compartilhar experiências com elas, descobrimos seu valor individual (quem elas são por dentro). Nesse estudo, a primeira resposta dos estudantes refletia o valor de atração – basicamente o que eles achavam dos colegas – e a maioria achava as mesmas pessoas atraentes. Mas no fim do semestre eles as julgavam a partir do valor individual, que dependia de quem eles tinham passado a conhecer. Em muitos casos, provavelmente por causa do efeito da mera exposição, os estudantes gostavam mais dos colegas do sexo oposto do que no primeiro dia de aula. A importância do valor de atração diminui com o tempo. O que importa é como você se sente em relação a uma pessoa à medida que a conhece.

Esse fenômeno também acontece fora da sala de aula. Quando conhecemos uma pessoa, formamos uma primeira impressão baseada principalmente na aparência dela. Mas à medida que a conhecemos melhor, frequentemente começamos a achá-la mais atraente e passamos a enxergá-la de outro modo.

Essa lição também se aplica ao sexo. O sexo bom não costuma acontecer logo na primeira vez. Como qualquer pessoa que já teve uma noite ruim pode comprovar, demora para desenvolver um ritmo e aprender sobre o corpo e as preferências do outro (e talvez sobre seu próprio corpo e suas próprias preferências!).

Mito número 2: A faísca é sempre uma coisa boa

A verdade: não é. Algumas pessoas são simplesmente boas em fazer muita gente sentir uma faísca. Talvez elas sejam extremamente bonitas. Talvez tenham aprendido muito bem a flertar. Às vezes a presença de uma faísca é mais indicação de quanto uma pessoa é charmosa – ou narcisista – e menos um sinal de conexão. Aprendi isso do modo mais difícil, com Brian. Ele fez com que eu (e muitas outras mulheres) sentisse a faísca, e tentei desesperadamente converter aquela empolgação inicial em um relacionamento.

Você também pode achar que sente a faísca quando a pessoa está brincando com você ou mandando sinais confusos. As pessoas costumam confundir ansiedade com química. (Estou falando de você, leitor com apego ansioso!) É hora de aprender a identificar corretamente esse sentimento, como fez Vivian, minha amiga da aula de malhação. Depois comece a procurar um tipo de parceiro diferente – uma pessoa segura, que não faça você duvidar dos sentimentos dela. Pare de acreditar que se uma pessoa confiável não lhe dá aquele frio na barriga é porque não deve ser amor. Ainda é amor, só que não do tipo ansioso.

Mito número 3: Se você sente a faísca, o relacionamento é viável

A verdade: mesmo se a faísca levar a um relacionamento de longo prazo, nem de longe ela basta para mantê-lo. Já conversei com casais que ficaram juntos por mais tempo do que deveriam só por causa da faísca. Muitos casais divorciados também já a sentiram.

Um amigo meu foi para a Coreia do Sul dar aulas de inglês depois de se formar na faculdade. Em três semanas ele estava com saudades de casa. Sentia falta da família. Não tinha feito nenhum amigo, e seus alunos mal pareciam prestar atenção na aula.

Até que um dia ele entrou num bar, bem na hora em que o lugar estava fechando. Viu uma loura alta sentada no canto. Ela estava sozinha. Ele ficou olhando enquanto ela tomava os últimos goles de um vinho tinto, fechava o livro e se levantava. Ela se parecia vagamente com uma amiga da faculdade, uma pessoa de quem ele sentia falta.

Apesar de tímido, ele se sentiu encorajado por aquele rosto quase familiar. Foi até ela e disse:

– Oi! Meu nome é Nathan. Você mora aqui?

Não esperando ouvir algo em inglês, ela hesitou. Depois de um momento, disse:

– Ah, sim, moro.

E estendeu a mão para se apresentar.

– Me chamo Ava.

Nathan sorriu. Ela era linda e falava inglês. Ele sentiu a faísca instantaneamente.

– Quer ir a outro bar e me contar sobre o livro que você está lendo?

Os dois namoraram durante um ano na Coreia do Sul e depois se mudaram juntos para Saint Louis, nos Estados Unidos. Casaram-se no ano seguinte.

Mas o relacionamento não ia tão bem.

– Em retrospecto, todos os sinais de alerta estavam ali desde o começo – contou Nathan. – Éramos diferentes demais. Mesmo naquele primeiro encontro, ela estava lendo um livro enquanto eu só queria ficar bêbado.

Eles mudavam de assunto sempre que alguns temas surgiam – o fato de que ele queria ter filhos e ela não ou de que ela queria voltar para a Coreia do Sul e ele se sentia pronto para fincar raízes em Saint Louis.

– Acho que simplesmente ignoramos nossas diferenças por causa daquela faísca inicial.

Depois de menos de um ano de casamento eles não conseguiam mais ignorar como estavam descontentes.

– Eu sentia que todo o nosso relacionamento era alimentado pela história de como nos conhecemos – disse ele. – Se não tivéssemos aquela história pitoresca de nos conhecermos em outro país, de nos apaixonarmos à primeira vista, não sei nem se teríamos nos casado. Toda a nossa vida era uma tentativa de estar à altura daquele encontro tão mítico.

Não continue em um relacionamento errado só porque vocês se conheceram do modo "certo".

TROCANDO A FAÍSCA PELO FOGO BAIXO

A faísca não é uma coisa ruim em si. Ela pode ser um sinal útil de que você sente atração por alguém. Muitos relacionamentos bons começam com a faísca, mas muitos ruins também. O importante é lembrar que a ausência dela não prenuncia o fracasso, tampouco a presença garante sucesso. Como um cliente matemático disse certa vez:

– A faísca não é necessária nem suficiente para a felicidade de longo prazo num relacionamento.

Pare de usar a faísca como parâmetro para o primeiro encontro. Pare de otimizar esse sentimento de empolgação e se concentre no que importa, como a lealdade, a gentileza e a forma como a outra pessoa faz você se sentir (e volte ao capítulo 7 se precisar de um lembrete).

Descarte a faísca e adote o *fogo baixo*: uma pessoa que pode não ser particularmente charmosa no primeiro encontro, mas que seria uma ótima companhia de longo prazo. Pessoas do tipo fogo baixo demoram para esquentar, mas valem a espera. No próximo capítulo vou ajudá-lo a identificar um fogo baixo promissor, perceber por que você deveria dar uma chance a uma pessoa assim e, quando não quiser mais, terminar.

Uma amiga minha, estudante de medicina, tinha pouco sucesso com os aplicativos de namoro. Ela é tímida, e nos primeiros encontros pessoas tímidas podem parecer distantes. Enquanto ia a um primeiro encontro depois do outro, começou a passar tempo com sua vizinha Suzanna. Ela contava a Suzanna sobre seus encontros desastrosos. Depois de meses de amizade, Suzanna confessou a Katrina que a amava. Pouco depois as duas começaram a namorar. Suzanna me disse que continua se apaixonando cada vez mais por Katrina. Esse é o poder do fogo baixo.

TÓPICOS PARA GUARDAR

1. F*da-se a faísca! Fogos de artifício e química instantânea costumam estar ausentes no início de um relacionamento. A química pode ser construída com o tempo.

2. O contexto importa. Você pode não sentir a faísca com uma pessoa simplesmente por causa do ambiente onde os dois se encontraram.

3. A faísca nem sempre é uma coisa boa. Esse sentimento de química pode ser apenas ansiedade, porque a pessoa não deixa claro o que sente por você. Às vezes a presença da faísca é mais uma indicação de quanto a pessoa é charmosa ou narcisista e menos um sinal de conexão.

4. Se você sente a faísca, isso não quer dizer necessariamente que o relacionamento seja viável. Mesmo que ela faça você começar um relacionamento de longo prazo, isso não basta para mantê-lo; nem é sinal de que vocês devem ficar juntos para sempre.

5. Descarte a faísca e busque o fogo baixo: uma pessoa que pode não ser particularmente charmosa, mas que seria uma excelente companhia de longo prazo.

12

VÁ AO SEGUNDO ENCONTRO

*Como decidir se você deve ver
uma pessoa de novo*

Com o tempo, Jonathan, meu cliente que vinha tendo encontros parecidos com entrevistas de emprego, mudou de abordagem. Trocou o café por um bar havaiano perto de sua casa, com drinques fantásticos e uma iluminação favorável. Um lugar com barulho apenas o suficiente para lhe dar a desculpa de sussurrar no ouvido da outra pessoa. E parou de se preocupar com a faísca.

Logo pudemos rir daquele encontro no café às sete da manhã. Jonathan dominou a arte do primeiro encontro. Mas tinha dificuldades para decidir quem gostaria de ver de novo.

– Honestamente – disse ele durante uma sessão –, estou conhecendo um monte de caras legais. Mas, depois do encontro, me pego pensando nos defeitos deles: trabalho chato, senso de humor ruim, usa colete.

Não era culpa de Jonathan se ele tendia a se concentrar no lado negativo. Nosso cérebro evoluiu para fazer isso. (E, na minha opinião, usar colete não deveria ser um critério para desclassificar alguém para um segundo encontro. Como explica o comediante Demetri Martin, os coletes têm um propósito: a gente nunca sabe quando pode enfrentar uma "frente fria que só vai atingir a região da barriga e do peito".)[1]

Felizmente podemos deixar esses impulsos para trás de modo a não perdermos ótimas combinações por motivos idiotas. Podemos treinar a mente para procurar o lado positivo e seguir a versão para namoro desta regra de ouro: *Não julgue os outros como não gostaria de ser julgado.*

O VIÉS DE NEGATIVIDADE

Na minha entrevista com Helen Fisher, uma antropóloga biológica e autora de vários livros sobre relacionamentos, ela explicou que nosso cérebro desenvolveu um *viés de negatividade*, o instinto de ruminar aquilo que deu errado.

Se você já recebeu feedback de um gerente ou de um colega de trabalho, do que se recorda com mais clareza: dos elogios ou das críticas?[2] Isso é o viés de negatividade agindo. Fisher disse que nosso cérebro evoluiu para se lembrar vividamente de experiências negativas, para que possamos evitá-las no futuro. Isso nos ajudou a perceber e evitar ameaças. Se você quase foi comido por um tigre-dentes-de-sabre, é bom lembrar qual é a aparência desse animal e onde ele vive. Hoje em dia existem menos predadores carnívoros, mas nosso cérebro ainda se agarra ao equivalente moderno: "Se você tem seis ex-namoradas e uma delas o odeia", disse Fisher, "é bom lembrar quem ela é."

Só que esse estado mental que serviu tão bem aos nossos ancestrais, e ainda tem algum valor, hoje cria desafios – especialmente para o namoro. Quer dizer que depois de um encontro provavelmente nos lembraremos dos defeitos da pessoa com mais clareza. (Por isso você se lembra da garota com quem se encontrou pela última vez como aquela cujo hálito cheirava a panquecas de cebolinha, e não como aquela que adorou sua roupa.)

O ERRO DE ATRIBUIÇÃO FUNDAMENTAL

Além do viés de negatividade, somos presas inconscientes de vieses cognitivos que não nos tornam aptos a avaliar caráter. Um desses vieses é o *erro de atribuição fundamental*, nossa tendência a acreditar que os atos de uma pessoa refletem quem ela é, e não as circunstâncias.[3] Quando alguém erra, pensamos que aquele erro revela algo essencial, e essencialmente *ruim*, sobre o caráter da pessoa.[4] Não procuramos motivos externos para explicar o comportamento dela.

Por exemplo, se uma pessoa chega atrasada a um encontro, achamos que ela é egoísta, e não que enfrentou trânsito. Ou, se ela não responde à nossa mensagem quando disse que responderia, achamos que ela não tem consideração, e não que está tendo uma semana agitada no trabalho. Tanto quanto eu, você sabe que essas generalizações não são justas. Mas no momento nosso cérebro dá naturalmente esses saltos.

PROCURE O LADO POSITIVO[5]

Não é surpresa que, graças ao viés da negatividade e ao erro de atribuição fundamental, o primeiro instinto de Jonathan fosse recusar segundos encontros. Mas se ele quisesse encontrar um parceiro de longo prazo, precisaria aprender a ultrapassar esses impulsos naturais e procurar o lado positivo. Caso contrário, ele avaliaria mal uma enorme quantidade de parceiros potenciais maravilhosos. Se ele não fosse ao segundo encontro com alguém, como alcançaria o objetivo de ir até o altar?

Enxergar as coisas positivas na vida é como um músculo, uma habilidade que você pode desenvolver. Exige prática. A pesquisa do psicólogo Shawn Achor sobre os diários de gratidão aponta que anotar, todas as noites durante três semanas, três coisas novas pelas quais você é grato, começa a mudar o modo como seu cérebro percebe o mundo. Esse exercício treina você a *notar* coisas que poderiam passar despercebidas, por exemplo, a sensação maravilhosa de pegar o ônibus logo antes de ele partir ou de rir com um colega de trabalho.

Você pode fazer a mesma coisa em relação aos encontros. Treine-se para ver o lado positivo. Procure o que os outros poderiam deixar de perceber ao falar com a mesma pessoa.[6] Como declarou o filósofo e escritor Alain de Botton: em vez de se concentrar nas características negativas de uma pessoa, use sua "imaginação" para "procurar o que é desejável e bom".

Uma vez orientei um homem muito negativo chamado Grant. Quase toda frase dele começava com "É, mas...". Ele levava a vida com os braços cruzados, pronto para questionar até notícias boas. Não foi nenhuma surpresa ver que as mensagens que ele me mandava depois dos encontros pareciam as crueldades ditas pelas adolescentes do filme *Meninas malvadas*: "Baixa demais, não riu, tem um emprego chato, talvez queira se mudar de volta para o Canadá, pronunciou errado a palavra 'concomitante'."

Na nossa sessão seguinte fiz com que ele me ouvisse.

– Grant, você não é uma compilação das suas piores qualidades ou dos seus piores hábitos, não é? Você não é seus defeitos. Você é uma pessoa inteira, com características boas e ruins, e quer ser visto e avaliado com base no pacote inteiro, e não somente nas áreas em que precisa melhorar. Não julgue os outros como não gostaria de ser julgado.

Eu o proibi de listar os defeitos da garota com quem tinha acabado de sair, fosse para outra pessoa ou para si mesmo. Em vez disso, ele deveria me mandar cinco coisas boas que tinha notado nela. Como disse Alain de Botton, *ele precisava usar a imaginação* e enxergar por baixo da superfície.

No início Grant achou esse exercício difícil. Escreveu coisas como "Não se atrasou" e "Não empregou nenhuma palavra errado". Com o tempo foi melhorando. Aqui está uma lista que ele me mandou:

1. Ela é gentil. Adoro o modo como ela trata os funcionários do restaurante.
2. Ela é atenciosa. Perguntou sobre uma reunião importante que tive no trabalho.
3. Ela é uma pessoa de família. Pareceu realmente interessada em saber sobre minha avó.
4. Ela é superinteligente.
5. Beija bem!

Apesar de ainda não ter encontrado seu par, Grant vai a um número muito maior de segundos encontros. Aprendeu a usar a imaginação e, por extensão, deu a si mesmo o tempo para explorar, entender e apreciar possíveis parceiras.

> **EXERCÍCIO:** Procure o lado positivo
>
> Procure coisas positivas nas pessoas, quer você esteja avaliando-as num aplicativo de namoro, quer elas estejam sentadas à sua frente num restaurante. Será fácil enxergar os defeitos delas – foi assim que seu cérebro evoluiu. Mas se esforce para procurar as qualidades. Depois de um encontro, mande para um amigo uma mensagem com cinco coisas de que você gostou na pessoa. Diabos, se ajudar, você pode até me mandá-las por e-mail (5goodthings@loganury.com).

Isso vai ajudar você a identificar as coisas positivas. Mas e quando a pessoa comete um equívoco e o erro de atribuição fundamental entra em cena? Você pode optar por ultrapassar esse impulso pensando numa explicação mais compassiva para o comportamento dela.

Situação: Ele chegou tarde para o primeiro encontro.
Modo de atribuição fundamental: Ele é egoísta.
Modo compassivo: Apesar de ter saído de casa uma hora antes do encontro, o trem atrasou.

Situação: Ele demorou para responder às minhas mensagens.
Modo de atribuição fundamental: Ele é mal-educado.
Modo compassivo: Essa semana ele está atolado no trabalho, mas mesmo assim está tentando arranjar um tempo para me ver.

Situação: Ela fez uma piada ruim durante o jantar.
Modo de atribuição fundamental: Ela tem um péssimo senso de humor e nós não somos compatíveis.
Modo compassivo: Ela estava nervosa e tentou me fazer rir.

Tente entrar no modo compassivo na próxima vez em que se pegar numa dessas situações, assim você não rejeita equivocadamente alguém que poderia ser uma combinação maravilhosa.

USE O PODER DOS PADRÕES

Todas as mudanças de mentalidade que estou descrevendo são difíceis. É natural se concentrar nos defeitos da pessoa e decidir que você não quer sair com ela outra vez. Mas existe um modo de tornar tudo isso muito mais fácil: use o poder dos padrões.

Um sem-número de experimentos da ciência comportamental demonstra como os *padrões* (opções preestabelecidas que não exigem nenhuma ação) têm impacto no nosso comportamento.[7] Imagine que você está criando o cardápio de uma hamburgueria e precisa escolher o acompanhamento que seu freguês receberá. O hambúrguer virá acompanhado de batata frita, que as pessoas podem trocar por salada? Ou de salada, e as pessoas poderão pedir batata frita em substituição? O que você escolher se tornará a opção padrão, aquela que a maioria das pessoas vai aceitar.

Você pode perceber o poder dos padrões olhando o seguinte gráfico:

TAXAS DE DOAÇÃO DE ÓRGÃOS NA EUROPA

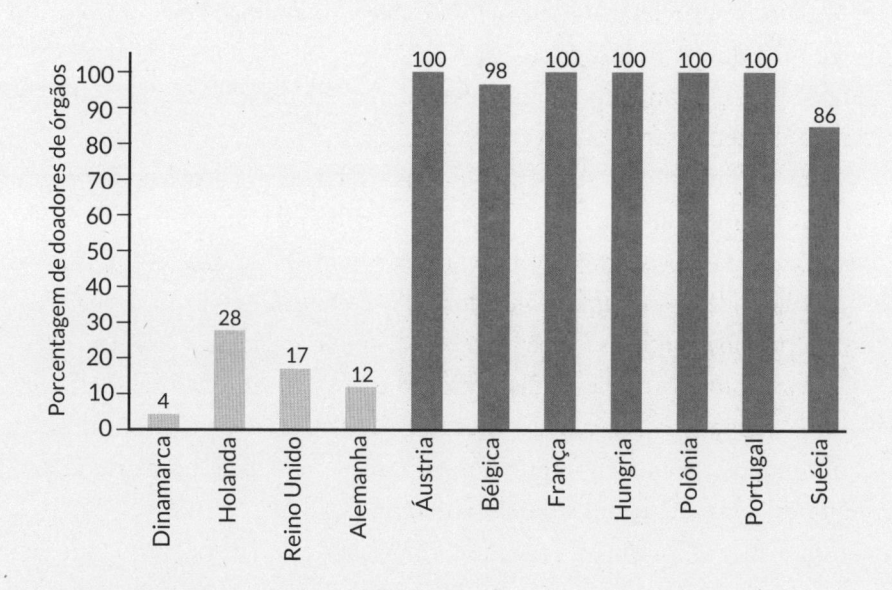

País	Porcentagem de doadores de órgãos
Dinamarca	4
Holanda	28
Reino Unido	17
Alemanha	12
Áustria	100
Bélgica	98
França	100
Hungria	100
Polônia	100
Portugal	100
Suécia	86

Como o gráfico mostra, em alguns países europeus quase todo mundo é doador de órgãos. Em outros países, praticamente ninguém é. Ainda que possamos atribuir isso a diferenças como religião ou abordagens mais ou menos comunitárias, este não é o caso. Países semelhantes (como Dinamarca e Suécia) têm taxas de doação muito diferentes.

Por que isso aconteceu? Não é por causa da religião ou da cultura, e sim por causa do padrão. As pessoas tendem a permanecer com seu padrão, em especial quando se trata de decisões emocionais difíceis como o que fazer com seu corpo quando você morrer. Em alguns países, como os primeiros quatro mostrados no gráfico, em cor mais clara, o formulário do departamento de trânsito diz: "Marque um X neste quadrado se você quiser participar." Muito poucas pessoas marcam o quadrado, e assim muito poucas pessoas se inscrevem. Em países onde o formulário diz "Marque um X neste quadrado se você não quiser participar", de novo muito poucas pessoas marcam o quadrado e com isso a maioria das pessoas é inscrita automaticamente. Essa é a causa da alta taxa de participação nos outros países do gráfico. Nos dois casos, a maioria ficou com a opção padrão e não marcou o quadrado. Essa diferença minúscula – pensada por uma pessoa do departamento de trânsito que produziu o formulário – teve um impacto gigantesco em algo tão vital quanto a doação de órgãos.

Você pode aproveitar os padrões de todas as maneiras. Por exemplo, um amigo meu queria perder peso. Ele estabeleceu um padrão para si mesmo: nada de pão. Quando alguém lhe oferece pão, ele recusa. Sem pensar duas vezes. Ele apenas segue sua regra padrão.

Agora imagine a implicação disso na sua vida amorosa. Você pode programar padrões que o ajudem a tomar decisões melhores. Por que não estabelecer um padrão de que você vai a um segundo encontro? Isso não só o(a) ajudará a evitar a tendência natural do cérebro de se concentrar no lado negativo,[8] como a procurar aquela pessoa fogo baixo, em vez de buscar a faísca.

Claro, existem exceções. Mas presuma que você sairá com alguém pela segunda vez, a não ser que aconteça algo dramático e o(a) faça desistir. (Como aquela pessoa hipotética que aparece com duas horas de atraso, cheirando a lagosta e louca de metanfetamina.)

Minha cliente Emma estava indo a muito poucos encontros quando nos conhecemos. Nós trabalhamos no seu perfil, nas suas frases de primeiro contato, na sua capacidade de ouvir, e mais. Estabelecemos o objetivo de pelo menos um encontro por semana. Como ela é uma gerente de operações com alto desempenho, impelida por métricas, passou de muito poucos encontros para vários encontros por semana.

Depois de um mês, percebi que raramente ouvia o mesmo nome duas vezes.

– Emma, você está tendo algum segundo encontro? – perguntei na sessão seguinte.

Ela pensou por um momento.

– Não, acho que não. Só primeiros encontros. Mas veja quantos eu tive!

– Isso é fantástico – comentei. – Mas não perca de vista seu objetivo principal: encontrar um companheiro de longo prazo. Quero que você experimente ir mais a segundos e terceiros encontros.

Emma concordou em transformar segundos encontros no seu padrão, e não na exceção. Uma semana depois, ela me mandou uma mensagem: "Já marquei de sair de novo com os dois caras com quem saí ontem!"

Pode parecer óbvio, mas essa mudança simples – concentrar-se em segundos encontros, e não nos primeiros – fez uma diferença significativa na abordagem dela. Um mês depois ela se pegou tendo um segundo encontro, depois um terceiro e mais tarde um décimo encontro com um cara ótimo que estava superando um término difícil.

– Ele estava com medo de se machucar de novo, mas continuamos saindo mesmo assim. A coisa foi ficando cada vez mais profunda, até criarmos uma conexão intensa.

Eles ainda estão namorando e pensam em se mudar para Austin.

No fim, foi a regra padrão do segundo encontro que levou Jonathan a conhecer seu atual companheiro. Ele disse que, antes de trabalharmos juntos, provavelmente nem teria saído com esse cara, porque ele é mais baixo do que a altura mínima que Jonathan exigia antes. Ou, se tivessem saído, Jonathan teria recusado um segundo encontro porque o primeiro tinha sido "legalzinho". Por sorte ele deu outra chance ao cara.

– Meu namorado é ambicioso e bem-sucedido, mas não do jeito que eu esperava. Nós nos divertimos demais juntos. Ele é um ouvinte e um comunicador fenomenal. Temos uma química incrível. Além disso, ele presta muita atenção nas minhas necessidades. No passado eu achava que queria um cara tipo CEO, mas agora vejo que isso não me deixa realizado. Abrir mão daquela lista de exigências defeituosa foi um divisor de águas; permitiu que eu me concentrasse nas experiências que temos juntos.

Os riscos aqui são bastante baixos. Quando você vai a um primeiro encontro, não está querendo preencher o cargo de companheiro(a) para a vida, mas decidir se vai querer um segundo ou não. Só isso. É melhor ir a um segundo e a um terceiro encontros com uma pessoa e descobrir que ela não combina muito com você do que descartar possíveis *matches* por causa de uma primeira impressão que é vulnerável a todo tipo de viés cognitivo.

> **EXERCÍCIO:** Faça com que o segundo encontro seja seu padrão
>
> "Eu, _____, me comprometo a ter mais segundos encontros."
> Assinatura: _____
> Data: _____

PEQUENAS IMPLICÂNCIAS PERMISSÍVEIS (PIPS)

O padrão do segundo encontro vai ajudar você a dar chance a mais pessoas. Assim como esta minha dica: pare de confundir pequenas implicâncias com empecilhos. Os verdadeiros empecilhos são incompatibilidades fundamentais que condenam um relacionamento potencial. Por exemplo: se você e a pessoa com quem está saindo têm religiões diferentes e os dois querem que os filhos sejam criados apenas na sua fé. Qualquer coisa menos que isso é algo legal de ter, mas não uma exigência.

Há alguns anos fui a um *happy hour*. Uma mulher de 30 e poucos anos se aproximou e disse que queria falar sobre sua vida amorosa. Seu nome era Mariah.

– Estou aberta para conhecer alguém – começou ela –, desde que ele não respire pela boca.

Na nossa conversa, descobri que um dos motivos para Mariah estar sozinha por tantos anos era que ela fazia coisas como separar todos os homens em duas categorias: os que respiravam pela boca e os que não respiravam pela boca.

É, respirar pela boca é mesmo irritante. Assim como falar de boca cheia, interromper os outros ou deixar as roupas espalhadas pela casa até o chão ficar todo coberto. (Eu faço todas essas coisas.) Mas não existe absolutamente nenhuma pesquisa que correlacione não respirar pela boca com relacionamentos de longo prazo bem-sucedidos.

Priorize o que importa a longo prazo. Não saia dos trilhos por causa de pequenas distrações. Você pode estar usando essas distrações como um mecanismo de defesa – um modo de permanecer sozinho ou sozinha enquanto ainda aparenta namorar, para evitar, por algum motivo, entrar em um relacionamento.

Era isso que estava acontecendo com Mariah. Ela estava confundindo uma pequena implicância permissível (PIP) com um empecilho. Vamos nos certificar de que as definições estejam claras:

Pequena implicância: uma coisa pequena que uma pessoa acha particularmente irritante, talvez mais do que as outras.

Pequena implicância permissível (*PIP*): uma preferência que parece um empecilho, mas na verdade é apenas uma pequena implicância.

Empecilho: um motivo genuíno para não namorar alguém.

Pense no seu grande empecilho. Existe algum jeito de você se imaginar num relacionamento de longo prazo com alguém que possui essa característica? Se a resposta for sim, então isso não é um empecilho. Por exemplo, suponha que você seja uma mulher hétero e um dos empecilhos para seu parceiro potencial seja "ter menos de 1,80 metro de altura". Agora imagine que você conheceu um homem lindo, charmoso, gentil, bom ouvinte, com amigos incríveis que a fazem rir... mas então ele se levantou e você viu que ele media 1,65 metro. Você ainda ia querer namorá-lo? Quase certeza de que sim. Altura não é um empecilho.

Mas digamos que você tenha certeza de que não quer ter filhos. E você vai a um primeiro encontro ótimo que termina com a pessoa falando sem parar sobre os sobrinhos dela e como ela mal pode esperar para ser mãe. Não importa quanto ela é linda e quanto você adorou passar um tempo com ela: vocês dois têm planos diferentes para o futuro. Isso é um empecilho.

Entre outros exemplos de empecilho estão: um de vocês quer um relacionamento monogâmico, o outro não acredita na monogamia; um de vocês tem ideias muito antiquadas sobre os papéis de gênero em um relacionamento, o outro acredita num equilíbrio diferente; você fuma e não está disposto a parar, o outro tem um tipo sério de asma.

Esforce-se para fazer duas listas diferentes: que coisas são *empecilhos fundamentais* para você? E que coisas são apenas preferências e algo legal de se ter? Esse exercício realmente ajudou Jonathan. Foi assim que ele determinou que altura era muito menos importante do que imaginava. Bem como a exigência de que seu parceiro fosse um executivo. Mas ele sabia que jamais poderia namorar alguém que não tivesse senso de humor.

EXERCÍCIO: Identifique empecilhos verdadeiros

Usando nossas novas definições, escreva o que realmente importa para você.

Empecilhos verdadeiros:

1. _____

2. _____

3. _____

Pequenas implicâncias permissíveis que não vou confundir com empecilhos:

1. _____

2. _____

3. _____

> Coisas legais de se ter que não vou confundir com empecilhos:
>
> 1. _____
>
> 2. _____
>
> 3. _____

A QUANTOS ENCONTROS PRECISO IR ANTES DE PARAR?

Se seu padrão for ter segundos encontros, a próxima pergunta é: por quanto tempo eu devo me encontrar com essa pessoa? Terceiros encontros deveriam ser meu novo padrão?

Não posso lhe garantir que bastam dois ou três encontros para saber se uma pessoa é uma boa companhia de longo prazo. Não existem dados para determinar esse número. Preste atenção no que acontece quando vocês se veem: você gosta de passar tempo com essa pessoa? Ela faz você feliz? Você gosta de quem você é quando está com ela? Sente vontade de beijá-la? Seu interesse por ela está crescendo, diminuindo ou apenas se arrastando? Se a pessoa é grosseira ou desrespeitosa – com você ou com qualquer outro indivíduo –, não a veja de novo. Tampouco se o encontro deixou você desconfortável, ansioso ou triste.

Olhe-se com honestidade. Quantos anos você tem? Há quanto tempo você tem ido a encontros e reclamado que não existe faísca? Talvez seja hora de mudar e dar uma chance a alguém. Veja de novo o problema do secretário que descrevi no capítulo 4.[9] Perceba que você provavelmente já conheceu alguém que seria um ótimo parceiro ou uma ótima parceira de longo prazo.

Veja só: não estou dizendo para você sair e colocar uma aliança no dedo dessa pessoa logo de cara. Depois do segundo encontro, terá bastante tempo para refletir. Não quero que você se case por causa de um padrão! Em vez disso, concentre-se na seguinte pergunta: você quer ver essa pessoa de novo? Se a resposta for sim, diga a ela!

COMPROMISSO DOS CAÇA-FANTASMAS:
NÃO OUSE FAZER *GHOSTING*

Inevitavelmente chegará o momento em que você decidirá não continuar com uma pessoa. O que fazer? Sumir sem dizer nada? Não! Claro que não. Este livro serve para nos ajudar a tomar decisões intencionais em relação ao namoro. E isso inclui como você opta por terminar um relacionamento.

Defino *ghosting* do seguinte modo: uma comunicação em que uma pessoa tem a expectativa de receber uma resposta da outra e não recebe. Por exemplo: se duas pessoas tiveram um encontro e depois ninguém mandou uma mensagem, chamo isso de recusa mútua, e não de *ghosting*. Mas se elas saíram e uma das pessoas mandou a mensagem "Ei, foi divertido. Posso ver você de novo?", mas a outra nunca mais respondeu, é *ghosting*.

Por que as pessoas fazem *ghosting*? Já entrevistei dezenas de pessoas sobre seu hábito de sumir. Eis o que ouvi.

"Eu não respondo mais porque não sei como explicar que não quero ver a pessoa de novo."

"Faço isso porque é desconfortável rejeitar as pessoas."

"Sumo porque dói menos fazer isso do que rejeitar alguém explicitamente."

Com frequência as pessoas fazem *ghosting* porque acham que estão evitando uma situação incômoda e protegendo o sentimento da outra.

Mas não é verdade. *Ghosting* é uma coisa incômoda. É doloroso e deixa a outra pessoa num limbo. Além desses motivos óbvios para não fazer isso, aqui vai outro: o *ghosting* deixa a pessoa que o pratica pior do que se tivesse sido sincera em relação aos seus sentimentos.

Dois vieses cognitivos ajudam a explicar por que isso acontece: primeiro, nossa incapacidade de fazer *previsões afetivas*. Em outras palavras, somos péssimos em prever como situações futuras farão a gente se sentir, por exemplo, como vamos nos sentir depois de termos feito *ghosting* com alguém. Segundo, a visão que temos de nós mesmos muda com o tempo, dependendo de como nos comportamos. Conforme a *teoria da autopercepção*, do psicólogo Daryl Bem, isso acontece porque não temos acesso aos nossos pensamentos e sentimentos.[10] Procuramos nossas ações para dizer quem somos. Isso ajuda a explicar por que pesquisas mostram que o trabalho voluntário é uma das melhores formas de aumentar a felicidade.[11] Os voluntários têm níveis mais altos de felicidade e autoestima do que os não voluntários porque, quando terminam, olham para as suas ações e pensam: *Estou ajudando pessoas. Devo ser bem generoso, afinal de contas!*

As pessoas fazem *ghosting* para não se sentirem sem graça. Mas, segundo a teoria da autopercepção, depois de fazer *ghosting*, elas olham para suas ações e pensam: *Acho que fiz uma coisa ruim. Talvez eu seja sacana*. E depois se sentem péssimas em relação a si mesmas.

Fiz um pequeno experimento para provar que o *ghosting* faz as pessoas se sentirem pior, e não melhor. Recrutei participantes pelo Facebook e pelo Reddit. Eram pessoas que se descreviam como *ghosters* e diziam fazer *ghosting* pelo menos uma vez por mês. Perguntei quanto elas *previam* que se sentiriam felizes, numa escala de 1 a 5 (1 sendo nem um pouco feliz e 5 muito feliz) depois de A) nunca mais responder alguém; ou B) mandar para alguém uma mensagem mais direta, dizendo que não estavam interessadas.

De modo pouco surpreendente, a maioria daqueles *ghosters* previu que iria se sentir "indiferente" ou "feliz" depois de fazer *ghosting* com alguém e que se sentiriam "um tanto infelizes" e "nem um pouco felizes" depois de mandar a mensagem de rejeição.

Pedi que metade do grupo medisse sua felicidade naquela mesma escala de 1 a 5 na próxima vez em que fizessem *ghosting*. E pedi à outra metade que não fizessem *ghosting*. Se conhecessem alguém que não quisessem ver de novo, instruí que mandassem esta mensagem: "Ei, (inserir o nome). Gostei muito de conversar sobre (inserir o assunto da conversa). Acho que a gente não combina em termos amorosos, mas gostei de conhecer você." Pedi a essas pessoas que me enviassem *prints* do que mandaram e das respostas que receberam (se houvesse).

O que você acha que aconteceu? A maioria dos *ghosters* que *não* mandaram uma mensagem disse ter se sentido indiferente ou não muito feliz com o próprio comportamento. Em entrevistas posteriores, eles revelaram que se sentiam culpados e que, quando a pessoa mandou várias mensagens depois do primeiro encontro para ver se eles queriam sair de novo, isso lhes deu vontade de não olhar mais seu celular.

Os que mandaram a mensagem direta esclarecendo que não estavam interessados receberam reações positivas da outra pessoa em quase dois terços das vezes. Nos outros casos a pessoa não escreveu nada de volta. Só houve um incidente em que a pessoa escreveu de volta e pediu mais informações sobre o que tinha acontecido, o que acabou se tornando uma briga.

Quando as pessoas fazem *ghosting*, acham que estão tomando o caminho mais fácil para si mesmas. Mas elas estão erradas. Se em vez disso escolhêssemos o caminho gentil, direto e educado, receberíamos reações positivas. A pessoa provavelmente vai responder algo do tipo: "Obrigado pela sinceridade. Boa sorte por aí." Ouviu esse som? É um suspiro de alívio. Nós nos sentimos melhor porque a pessoa acabou de afirmar que somos uma pessoa boa.

Espero ter convencido você do *motivo* por que não fazer *ghosting*. Sei que às vezes é difícil redigir a tal mensagem de rejeição. Pegue leve com você. Abra o aplicativo de notas do seu celular e salve uma cópia da mensagem de adeus que mostrei aqui. Comprometa-se a mandá-la assim que você perceber que não sente interesse pela pessoa.

O que fazer e o que não fazer com a rejeição

O que fazer:
1. Ser educado(a).
2. Ser claro(a). Você pode dizer algo como "Acho que não combinamos em termos amorosos" ou "Acho que não somos o *match* certo".
3. Escrever uma mensagem curta e gentil. Você está escrevendo um bilhete educado, e não um manifesto sobre os perigos do namoro moderno. (Esse trabalho é meu, não seu!)

O que não fazer:
1. Dizer que quer ser amigo da pessoa, se isso não for verdade. Alguém pode acreditar, e se você não estiver sendo sincero(a), isso vai doer mais.
2. Criticar a pessoa ou dar feedback. Ela não lhe pediu que fizesse isso e não cabe a você julgar.
3. Trocar uma longa série de mensagens se a pessoa quiser mais detalhes. Seja claro(a), você não deve satisfações.

Vamos firmar um compromisso dos caça-fantasmas, em que todos nos comprometemos a ser diretos e honestos em relação aos nossos sentimentos. Pare de fazer *ghosting*. Isso machuca você.

TÓPICOS PARA GUARDAR

1. O viés de negatividade é nossa tendência natural de ficar pensando no que deu errado. Você pode superar isso buscando as melhores qualidades da pessoa com quem saiu. Lembre-se da versão para namoro da regra de ouro: não julgue os outros como não gostaria de ser julgado(a).

2. Temos a tendência de cometer o erro de atribuição fundamental, ou seja, de acreditar que as ações de uma pessoa refletem quem ela é, e não as circunstâncias. Por exemplo, se a pessoa chega tarde a um encontro, tendemos a achar que ela é egoísta. Podemos superar esse erro buscando um motivo mais compassivo para o comportamento dela. Talvez o chefe dela tenha parado junto à mesa para uma conversa de última hora justamente quando ela estava se preparando para sair do trabalho.

3. Não somos bons em avaliar o caráter das pessoas, e frequentemente a atração demora para surgir. Portanto, nosso padrão deveria ser ir ao segundo encontro.

4. Diferencie pequenas implicâncias permissíveis de empecilhos. Não descarte uma pessoa por causa de uma bobagem que não importa a longo prazo.

5. Não ouse fazer *ghosting*!

PARTE TRÊS

FICANDO SÉRIO

13

DECIDA, NÃO ESCORREGUE

*Como se orientar conscientemente
no relacionamento*

Você já devorou um balde inteiro de pipocas de cinema sem perceber quanto estava comendo até sua mão raspar no fundo? Se você se parece comigo, provavelmente sim. E uma caixa inteira de saquinhos de pipoca pequenos? Provavelmente não. Isso porque chegar ao fundo de um recipiente – seja ele grande ou pequeno – cria um *ponto de decisão*: um momento que interrompe nosso comportamento automático e nos dá a oportunidade de fazer uma escolha consciente.[1] Neste caso: "Eu quero continuar comendo pipoca?"

Uma pesquisa feita pelos cientistas comportamentais Amar Cheema e Dilip Soman demonstrou o poder dos pontos de decisão num estudo inteligente (e, imagino, delicioso). Eles deram a cada participante um pacote com 20 biscoitos para beliscar enquanto realizavam uma série de tarefas. Embalaram os biscoitos de três modos: todos os 20 empilhados numa coluna; divididos em seções menores com papel-manteiga branco; e divididos com pedaços de papel-manteiga colorido.

As tarefas em si não importavam. Os pesquisadores só queriam saber se o modo de embalar afetava quantos biscoitos os participantes comiam e com que rapidez o faziam. Descobriram que os participantes cujos biscoitos eram separados pelo papel-manteiga colorido comiam menos biscoitos e demoravam mais para consumi-los. Isso porque o papel-manteiga colorido criava pontos de decisão mais óbvios, chances de passar do pensamento inconsciente (neste caso, comer) para uma tomada de decisão deliberada. Os biscoitos empilhados sem nada entre eles não ofereciam nenhum ponto de decisão, assim como era fácil ignorar o papel-manteiga branco. Mas o papel-manteiga colorido fazia as pessoas pararem de comer distraidamente e as obrigava a pensar: "Devo continuar comendo esses biscoitos?"

Todas as áreas da vida apresentam pontos de decisão, não somente quando comemos. Relacionamentos, em particular, são cheios de pontos de decisão. Muitos deles nos deixam tão estressados que não conseguimos dormir à noite. Mas enxergo os pontos de decisão como presentes: oportunidades de parar, respirar fundo e refletir sobre o que estamos fazendo. Podemos avaliar nossa vida e criar estratégias para o que fazer em seguida. Isso nos permite tomar decisões melhores e mais bem pensadas.

Só que os pontos de decisão de relacionamentos nunca são tão óbvios quanto pedaços de papel-manteiga colorido. Pode ser fácil deixá-los passar despercebidos, em especial quando estamos sendo levados pelo ímpeto da vida.

Os psicólogos descrevem dois modos pelos quais os casais passam para o próximo estágio de um relacionamento: *decidindo* ou *escorregando*.[2] Decidir significa fazer escolhas intencionais a respeito das transições no relacionamento, como tornarem-se exclusivos ou ter filhos. Escorregar implica passar para o próximo estágio sem pensar muito. E essa diferença importa. O Projeção Nacional de Casamentos, um relatório anual realizado por pesquisadores da Universidade da Virgínia, nos Estados Unidos, apontou que casais que tomavam uma decisão consciente de avançar para o estágio seguinte do relacionamento tinham casamentos melhores do que os que apenas escorregavam.[3] Além disso, pesquisadores da Universidade de Louisville e da Universidade de Denver descobriram que os casais que tendem a "escorregar" são menos dedicados ao(à) companheiro(a) e têm mais casos extraconjugais.[4] Essas descobertas sugerem que escorregar pelos pontos de decisão pode colocar o relacionamento em risco. Os relacionamentos apresentam muitos pontos de decisão cruciais, mas neste capítulo vou ajudar você a abordar dois: definir seu relacionamento e morar juntos.

DEFININDO O RELACIONAMENTO

Lembra-se da minha cliente Jing? Ela era a hesitante que começou a namorar aos 31 anos. Depois de alguns romances curtos ela começou a sair com um cara chamado James. Jing adorava os amigos dele. Eram gentis, receptivos e engraçadíssimos. Mas, acima de tudo, ela adorava a rapidez com que James a apresentara a eles. Pouco depois ela conheceu a família dele, num barulhento jantar de domingo com a mãe, o pai, as irmãs e os sobrinhos de James. Jing sentiu-se aceita. Finalmente havia encontrado o relacionamento que tanto procurava, pensou ela.

– Exatamente quatro meses depois do dia em que nos conhecemos, fomos viajar juntos num fim de semana – contou Jing na nossa primeira sessão. Ele dirigia, e ela olhava o GPS. – Quando a bateria do meu celular acabou, perguntei se podia usar o celular dele.

Segundo ela, James hesitou.

– Ele falou alguma coisa sobre o celular precisar ficar perto dele, para o caso de o gerente dele mandar uma mensagem.

Jing percebeu que alguma coisa não estava certa e pegou o celular dele. Mesmo sem destravá-lo, pôde ver as notificações de aplicativos de namoro: *Você tem um novo* match*!* Seu coração acelerou enquanto ela deslizava a tela, lendo o nome de cada mulher com quem ele dera *match* e trocara mensagens.

– O que é isso? – perguntou ela.

– Desculpe. Nunca dissemos que éramos exclusivos.

Aquela foi a última vez que saíram.

Jing me contou que se sentiu humilhada com essa experiência. Na sua cabeça, conhecer a família e os amigos de James e viajar juntos significava que estavam num relacionamento exclusivo. Ela havia deletado os aplicativos do seu celular e dito à mãe que tinha um namorado. Mas a perspectiva de James era outra: os dois não eram exclusivos até que tivessem *a conversa*. Aquela conversa em que duas pessoas chegam a um consenso do que estão fazendo juntas, chamada de "definir o relacionamento", ou "o que está acontecendo entre a gente?".

– Me senti totalmente patética – confessou ela.

Jing não estava sozinha. E não estava lidando com expectativas desalinhadas só porque era relativamente nova no assunto namoro. O tempo todo vejo pessoas fazendo suposições diferentes sobre o que acontece em sua vida amorosa. Elas evitam definir o relacionamento porque parece esquisito ou porque sentem medo de arruinar as coisas.

Mas definir o relacionamento é um ponto de decisão essencial. É uma chance de discutir em que pé você e a outra pessoa estão e para onde vão. Se ela não leva você a sério como um(a) parceiro(a) potencial, você não preferiria saber disso quanto antes? Para fazer a escolha certa, você precisa definir o relacionamento. Isso também é importante se considerarmos nossa saúde sexual. Se algum de vocês está dormindo com outra pessoa, o outro merece saber.

Não existe um momento perfeito para definir o relacionamento. Puxe o papo quando achar que está em condições de parar de procurar outros pretendentes e se sentir confortável em chamar a pessoa de namorado ou namorada. Esse processo acontece de forma diferente para cada um. Se você é do tipo que costuma se apressar, verifique com alguns amigos se a hora é mesmo aquela. (Definir o relacionamento com pressa é algo comum entre pessoas com apego ansioso. Reveja o capítulo 6 para lembrar.)

Certifique-se de conversar pessoalmente. Pense em como iniciará. Um truque é começar dizendo que você está sem graça. Isso alerta a pessoa para o fato de que você se sente vulnerável, o que ajuda a provocar uma resposta mais empática. Tente algo do tipo: "Fico meio sem jeito de puxar esse assunto, mas…" ou "É sempre difícil perguntar isso, mas…".

É claro que você pode simplesmente perguntar: "A gente está namorando?" Se parecer direto demais, diga que você está em dúvida em relação a como se referir à pessoa na presença dos outros. Por exemplo: "Meus amigos estão perguntando o que a gente é. O que devo dizer?" ou "Como devo apresentar você hoje à noite, quando encontrarmos meus colegas de trabalho?".

Seja claro em relação àquilo que você quer saber. Você quer rotular o relacionamento de vocês? Quer saber se são sexualmente exclusivos? Quer completar o ritual romântico definitivo dos tempos modernos: deletar os aplicativos de namoro?

Talvez você não receba a resposta que espera. Lembre-se: isso é uma conversa, não uma negociação. Respeite o que a outra pessoa diz. Ouça. Isso tem a ver com descobrir como o outro se sente, e não convencê-lo a dar o que você quer.

Mesmo que não receba a resposta que esperava, pelo menos você terá mais informações. Obter mais dados é sempre melhor nessas situações. Agora você pode decidir se quer ficar ou ir embora.

Foi o que aconteceu com Jing. Muitos meses depois do fiasco com James, ela conheceu uma pessoa, um amigo de uma amiga chamado Cal. Ela não queria repetir o que havia acontecido com James, por isso, algumas semanas depois de começarem a se encontrar, ela puxou o assunto de definir o relacionamento.

Cal declarou que estava se esforçando para superar sua ex e, naquele momento, não estava pronto para se comprometer. Queria continuar a ver Jing mas não estava preparado para rótulos ou exclusividade. Jing decidiu que, para ela, aquilo estava bom: sentia-se confortável em continuar se encontrando com Cal, mesmo ainda não tendo oficializado o relacionamento. Ela me explicou:

– Na verdade, me sinto bem assim. Percebi que por enquanto não preciso que ele se comprometa. O que importa é que ele está sendo honesto comigo.

Tenha em mente: o modo como você aborda a definição do relacionamento terá um impacto sobre o relacionamento em si, quer vocês decidam ou não oficializá-lo naquele momento. Se você quer namorar e descobre que a outra pessoa também quer, vai se sentir feliz e aliviado. Mas e se não receber a resposta que está esperando? Nesse caso, agradeça ao outro por compartilhar a verdade, mesmo que você se desaponte.

Receba as palavras da pessoa com compaixão e curiosidade, para mostrar que ela é livre para dizer o que está pensando, mesmo que não seja o que você quer ouvir.

> **EXERCÍCIO:** Prepare-se para definir o relacionamento
>
> Sente-se e, em um caderno, responda às seguintes perguntas, que vão ajudá-lo(a) a se preparar para a conversa:
>
> 1. Como você quer iniciar a conversa?
> 2. Qual é seu objetivo com a conversa?
> 3. Como você vai reagir se a pessoa desconversar ou não estiver pronta para definir o relacionamento?
>
> Verifique o documento de planejamento de conversa crítica, no Apêndice, para mais informações sobre como se preparar para essa discussão.

MORANDO JUNTOS

Um dos pontos de decisão mais importantes num relacionamento é o casamento. (Você sabe, aquela coisa toda de se ajoelhar, oferecer o anel e postar no Instagram.) Mas, para muitos casais modernos, a decisão de morar juntos vem primeiro.

Enquanto a população dos Estados Unidos cresceu em 80% desde 1960, o número de casais que moram juntos e não são casados oficialmente aumentou em 1.500% (de cerca de 450 mil em 1960 para 7,5 milhões hoje); hoje, 50% a 60% dos casais moram juntos antes de se casar.[5]

Mas muitas pessoas não levam esse ponto de decisão tão a sério quanto deveriam. Elas pensam que morar juntas é o jeito ideal de testar o relacionamento. O Pew Research Center ouviu uma amostra representativa de adultos selecionados aleatoriamente.[6] Dois terços das pessoas que responderam e que tinham entre 18 e 29 anos concordaram que casais que começam a morar juntos antes do casamento têm mais probabilidade de que seja mais bem-sucedido. Mas a pesquisa sobre morar juntos antes do casamento conta uma história diferente: casais que moraram juntos antes de se casar costumam ser menos felizes e têm mais probabilidade de se divorciar do que aqueles que vão morar juntos apenas depois do casamento.[7] Essa associação é conhecida como *efeito de coabitação*.

Quando os pesquisadores investigaram pela primeira vez o efeito de coabitação, deduziram que apenas um determinado tipo de casal começava a morar junto antes do casamento.[8] Chegaram à conclusão de que esses casais tinham uma visão mais frouxa do casamento, por isso estavam mais abertos à ideia do divórcio. Mas, à medida que mais e mais pessoas escolhem morar juntas antes do casamento, é muito mais difícil dizer que apenas um tipo específico de casal escolhe esse caminho.

Hoje, os pesquisadores têm uma nova teoria. Eles culpam o *próprio fato* de morar juntos.

Pense em dois casais hipotéticos: Ethan e Jamie, Adam e Emily. Ethan e Jamie vão morar juntos porque o contrato de aluguel de Jamie terminou. Adam e Emily falam sobre morar juntos, mas decidem que ainda não estão prontos para isso.

Os dois relacionamentos deterioram com o tempo. Adam e Emily terminam, mas Ethan e Jamie não. Isso porque agora eles compartilham um cachorro, uma *Ficus elastica* e um tapete oriental de segunda mão. O processo de separar suas coisas, encontrar um lugar para morar e bolar um calendário para compartilhar a guarda do cachorro é caro e irritante. Em vez disso, eles acabam se casando e, alguns anos depois, se divorciam. Qual é a moral da história de Ethan e Jamie? Primeiro, a coabitação pode levar a casamentos (e subsequentes divórcios) que não teriam acontecido se o casal não tivesse ido morar junto. Segundo, jamais compre um tapete de segunda mão.

Morar juntos torna mais difícil sermos honestos com nós mesmos em relação à qualidade do relacionamento porque o custo da separação aumenta significativamente. E de novo encontramos o viés do *status quo*: a tendência a deixar as coisas como estão.[9] Quando você se separa de alguém com quem está morando, não apenas muda o *status* do relacionamento, como vira de cabeça para baixo sua condição de moradia e seu dia a dia. Isso torna o viés do *status quo* mais difícil de ser superado. Se vão morar juntos e as coisas não estão boas, vocês têm mais probabilidade de permanecer no relacionamento do que se cada um tivesse seu próprio espaço.

Uma vez que morar juntos aumenta as chances de casamento, honre este momento como o marco – e o ponto de decisão – que ele é. Quarenta e dois por cento dos casais que *decidiram* morar juntos desfrutaram de um casamento feliz, comparado com 28% dos que *escorregaram*.[10] (Esses números parecem baixos, mas é a triste realidade da satisfação conjugal de longo prazo para a maioria dos casais. Mas existem maneiras de mudar essa tendência. Falarei mais sobre isso no último capítulo.)

As coisas práticas da vida – como querer poupar dinheiro – são bons motivos para você e seu parceiro ou sua parceira começarem a conversar sobre morar juntos. Mas certifique-se de que a conversa aborde mais do que apenas logística. Por exemplo, como dividir o aluguel e quem vai se encarregar da decoração. Discutir sobre qual dos dois sofás vocês vão dar ou em que bairro vão morar não é planejar um futuro juntos. Faça com que esse momento seja intencional. Confirme que você e seu companheiro ou sua companheira concordam em relação a em que pé o relacionamento está e para onde ele vai. *Decida, não escorregue.*

Às vezes, morar juntos significa uma coisa para uma pessoa e outra completamente diferente para a outra. Só que sem esse tipo de conversa o casal pode não descobrir que está desalinhado até ser tarde demais e eles já terem assinado o contrato de aluguel.

Quando Priya e Kathryn tiveram essa conversa, não aconteceu como as duas esperavam.

– Falamos sobre isso pela primeira vez depois de um ano – disse Priya. – Kathryn encontrou um lugar fantástico perto do meu escritório e queria que a gente alugasse. Ela se sentia preparada.

– Nós nos amávamos, o lugar era perfeito e não estávamos ficando mais jovens – acrescentou Kathryn.

Durante a conversa elas descobriram que não estavam alinhadas. Para Kathryn, morar juntas era o próximo passo lógico no relacionamento, mas não um sinal claro de que iriam se casar. Para Priya, morar juntas trazia a expectativa de que elas iriam se casar.

– Na minha cabeça, se eu vou morar com você, estou planejando me casar com você – afirmou ela. – Talvez isso não aconteça, mas a intenção é essa. – Priya se preocupava com a possibilidade de que, assim que ela e Kathryn fossem morar juntas, ficassem juntas só por conveniência. Priya via o ponto de decisão de morar juntas como algo ligado ao ponto de decisão de se casarem.

– Eu disse a Kathryn: "Respeito sua posição e só preciso de um pouquinho mais de tempo antes de sentir que é o momento certo."

Para alguns casais, decidir não morar juntos pode sinalizar o fim do relacionamento. Não para Priya e Kathryn; elas continuaram namorando. Alguns meses depois tiveram a conversa de novo.

– Dessa vez foi completamente diferente. Nós duas sentíamos que podíamos falar: "É, esse é um passo em direção ao casamento" – contou Priya.

Elas foram morar juntas e ficaram noivas no ano seguinte. O casamento foi um enorme evento em família, cheio de velhos amigos, primos bebês e tios e tias barulhentos.

– Agora decidimos tudo assim – disse Priya. – De que adianta se apressar se não estamos indo na mesma direção?

Além de discutir o que morar juntos significa para vocês, recomendo falar sobre qualquer medo ou hesitação que tenham em relação a essa grande mudança. A conversa pode fazer vocês verem com mais clareza mais coisas do que apenas a questão imediata. Mentoreei uma mulher chamada Laura, que planejava morar com o namorado. Ele era caloroso e amoroso. Fazia com que ela – uma pessoa naturalmente ansiosa – se sentisse contente e calma. Era o primeiro relacionamento de longo prazo dela em seis anos, e ela tinha medo de arruinar as coisas ao decidir morar com o namorado antes da hora. Ela me disse que costumava ser a "comandante do relacionamento". Gostava de estar no controle. Mas se preocupava achando que compartilhar uma casa exacerbaria essa tendência e a transformaria numa chata. Tinha visto isso acontecer no relacionamento dos seus pais e acreditava que era isso que havia afastado o pai da mãe.

– O trabalho do meu namorado é *home office* e eu sou advogada corporativa – contou Laura. – Ele é um sujeito supercompetente, mas nem sempre faz o que diz que vai fazer ou pelo menos não no tempo em que eu quero. Sei que isso parece horrível, mas fico achando que vou ter que lembrá-lo o tempo todo de passear com os cachorros e fazer as compras.

Eu a orientei para uma conversa com o namorado. Dei meus conselhos sobre como começar a conversa (com muito tato), como dividir as tarefas domésticas (de modo igualitário) e como se alinharem (com frequência).

E Laura fez isso, apesar de ser uma coisa embaraçosa e ela ter se arriscado a receber uma resposta que não desejava. Uma noite, enquanto comiam hambúrguer, Laura disse a ele como se sentia quando precisava lembrá-lo das responsabilidades compartilhadas. Expressou o medo de se transformar em alguém que só sabe criticar. Ele a ouviu com atenção e depois confessou ter medo de que ela ficasse ressentida porque ele só pagava uma parte pequena do aluguel. Os dois ficaram conversando até tarde sobre o que estava realmente acontecendo com eles.

Naquele fim de semana, eles se sentaram e desenvolveram um sistema para administrar as tarefas domésticas. Manteriam uma agenda no computador para colocar lembretes e compromissos. Assim ela poderia colocar um lembrete ali sem sentir que estava pegando no pé dele. E prometeu jamais usar a questão do aluguel contra ele. Hoje os dois moram juntos em paz. Laura me contou que os cachorros passeiam um bocado.

> **EXERCÍCIO:** Alinhem-se antes de assinar o contrato de aluguel
>
> Antes de morar juntos, separem um fim de semana para responder às seguintes perguntas:
>
> 1. Por que vamos morar juntos?
> 2. O que morar juntos significa para você?
> 3. Que futuro você imagina para o nosso relacionamento?
> 4. O casamento é uma coisa que estamos considerando? Nesse caso, quando você imagina que vamos nos casar?
> 5. Quais são seus temores em relação a morarmos juntos?

PARA ONDE VAMOS AGORA?

Quando chega a pontos de decisão como definir o relacionamento, morar juntos ou outros marcos importantes, você pode se perguntar se deveria avançar no relacionamento. Você pode acordar no meio da noite com uma pergunta na cabeça: *Essa é a pessoa certa para mim?* Caso sinta incômodo em respondê-la, os próximos capítulos vão ensiná-lo(a) a determinar sua resposta. Eles vão ajudá-lo(a) a decidir se você quer encerrar a relação; vão guiar você através de uma conversa compassiva para o rompimento e ajudar a superar a dor do término.

Se você decidir que *não* quer romper, pode se ver diante de outra pergunta séria, capaz de mudar sua vida: *Será que devemos nos casar?* No capítulo 17 vou ensinar a você exercícios específicos para guiá-lo(a) até uma escolha bem informada – e explicar por que é crucial fazer o dever de casa antes de se casar.

TÓPICOS PARA GUARDAR

1. Um ponto de decisão é um momento em que você decide se quer continuar o que está fazendo ou se quer seguir outro caminho. Isso muda seu cérebro do pensamento inconsciente para as tomadas de decisão deliberadas. Relacionamentos são cheios de pontos de decisão. Eles são uma oportunidade de parar, respirar e refletir.

2. Os psicólogos descrevem dois modos pelos quais os casais passam para o próximo estágio de um relacionamento: decidindo ou escorregando. Decidir significa fazer escolhas intencionais a respeito das transições no relacionamento. As pessoas que escorregam caem no estágio seguinte sem pensar muito. Casais que decidem tendem a desfrutar de relacionamentos mais saudáveis.

3. Quando você começar a sair com alguém, não faça suposições sobre se você está num relacionamento. Os dois precisam definir o relacionamento para garantir que estão no mesmo pé, tanto em relação a onde vocês estão quanto para onde vão.

4. Morar juntos aumenta a probabilidade de vocês escorregarem para o casamento, portanto é importante dar esse passo com seriedade e conversar sobre o que ele significa para o futuro de vocês.

14

PARE DE AGARRAR E DE LARGAR

*Como decidir se você deve romper
o relacionamento*

Meu celular tocou às 23 horas numa sexta-feira. Era um número que não reconheci. Eu estava escovando os dentes e me preparando para dormir.
– Alô? – perguntei, hesitante, com a boca cheia de espuma sabor hortelã.
A pessoa no outro lado caiu no choro.
Cuspi na pia.
– Quem é? O que aconteceu?
Depois de algumas fungadelas e alguns assoados, a pessoa falou:
– Aqui é a Sydney. Consegui seu número com nossa amiga, Hannah. É sobre o meu namorado.
Afrouxei minha mão ao redor da escova de dentes. Com aquilo eu podia lidar.
– O que aconteceu? – repeti. Podia adivinhar para onde a conversa iria. Ele tinha acabado de romper com ela e ela precisava de apoio.
Sydney respirou fundo, se recompôs e disse:
– Ele quer me pedir em casamento!
Um pedido de casamento. Não era nem um pouco o que eu esperava.
– E por que isso é ruim?
– Acho que preciso terminar com ele.
Recebo ligações assim o tempo todo – certo, em geral não às 11 da

noite nem em meio a lágrimas – de pessoas de todas as idades, gêneros e orientações sexuais. Meu trabalho como *coach* de namoro não é apenas ajudar as pessoas a ter relacionamentos, mas também ajudá-las a sair de relacionamentos ruins.

Cada passo de um relacionamento exige uma decisão consciente, desde com quem sair até quando começar a morar juntos e se casar ou não. Em algum momento, você pode se pegar exatamente na situação de Sydney, pensando numa das decisões mais fundamentais que existem: ficar no relacionamento ou terminar.

Eu gostaria de poder lhe dar um questionário ou um fluxograma que revelaria magicamente o que fazer. Mas não posso. Não existe uma resposta fácil, e cada situação é única. Não conheço todos os fatores em jogo – como você *acha* que se sente, como *realmente* se sente, o que mais pode estar causando seu descontentamento –, e você provavelmente também não. Mas *conheço* as forças cognitivas que estão em jogo e tornam essa decisão mais difícil. Entendê-las ajudará você a decidir o que fazer em seguida.

Em geral as pessoas que me pedem orientações sobre rompimentos estão separadas em duas categorias. Aquelas que costumam se agarrar a relacionamentos que não estão funcionando eu chamo de *agarradoras*. O outro grupo é formado de pessoas que costumam abandonar os relacionamentos cedo demais, sem dar a eles a chance de crescer – são as *largadoras*. Claro, você pode se encaixar em algum lugar no meio do espectro de mau comportamento no rompimento (esta não é uma escala científica oficial, mas deveria ser). Essas tendências aumentam ou diminuem dependendo de com quem estamos, do que está acontecendo na nossa vida e de muitos outros fatores.

LARGAR

Antes de contar o que aconteceu com Sydney, quero apresentar você a Mike. Mike tem 36 anos e mora em Albuquerque, Novo México. Quando entrou em contato comigo, ele explicou que estava saindo com a namorada havia cerca de três meses. Ela o fazia feliz. Cortava o papo furado dele. Ajudou-o a descobrir o que ele queria fazer depois de ter sido demitido.

– Ela é muito gentil – disse ele. – Talvez seja a pessoa mais gentil que já conheci.

Infelizmente, nas semanas anteriores, ele sentira um impulso familiar: queria romper com ela.

– Sempre faço isso – explicou. – Conheço alguém incrível, mas depois de três meses começo a me fixar nos defeitos da pessoa. E aí, bum! Termino com ela.

– O que está incomodando você na sua namorada atual? – perguntei.

– Sei que parece esnobe, mas é o modo como ela fala. Ela usa e pronuncia mal as palavras. Comete pequenos erros que me incomodam. Acho que é como eles falam no lugar onde ela mora.

Soube na hora que aquela era uma pequena implicância permissível.

– Obrigada por me contar essas hesitações – falei, certificando-me de pronunciar as palavras com cuidado. – Quais são seus objetivos de longo prazo?

– Quero casar e ter filhos.

Naquele ritmo, parecia improvável que Mike fosse alcançar seus objetivos, devido à sua tendência para encerrar relacionamentos em três meses, mas dava para ver que ele estava tentando. Ele admitiu que geralmente punha um pé para fora do relacionamento logo no início. Costumava ir embora antes de dar à parceira uma chance justa (o que sem dúvida afetava o modo como ele se comportava). Abandonava os namoros cedo porque sempre se perguntava se havia alguém melhor lá fora. E sim, se isso parece familiar, é porque Mike era definitivamente um maximizador.

APAIXONAR-SE *VERSUS* AMAR

Alguns largadores são motivados por suas tendências maximizadoras. Eles abandonam os relacionamentos cedo demais porque acreditam que podem encontrar coisa melhor.

Outros abandonam por causa de uma tendência romantizadora. Esperam que os relacionamentos sempre ofereçam a paixão empolgante que abunda nos primeiros estágios: o coração palpitando, a palma da mão suando, a mente disparando. Encerram os relacionamentos cedo demais por causa de um erro cognitivo chamado *regra de transição*.[1]

Como os cientistas comportamentais Daniel Kahneman e Amos Tversky explicam, quando avaliamos como alguma coisa será no futuro, costumamos nos concentrar no impacto *inicial*. Por exemplo, você pode imaginar que ganhadores da loteria são extremamente felizes, mas isso não é verdade: como mencionei antes, um ano depois de receber o prêmio os ganhadores da loteria são praticamente tão felizes (ou infelizes) quanto as pessoas que não ganharam na loteria.[2]

Ao imaginar um ganhador da loteria, nos concentramos na *transição*: a mudança de uma pessoa comum para um *grande ganhador*. Bom, essa é uma mudança gigantesca. Mas, na realidade, assim que você enriquece acaba se adaptando às novas circunstâncias, e cedo ou tarde o dinheiro parece não conter tanta emoção. Você volta a se sentir como se sentia antes do grande acontecimento. (Isso também ocorre em situações desafiadoras: pesquisas mostram que ficar paraplégico tem um impacto menor na felicidade de longo prazo do que poderíamos esperar.)

Largadores cometem o mesmo erro em relação ao amor. Graças à regra de transição, eles confundem *apaixonar-se* com *amar*, e esperam que todo o relacionamento ofereça aquela empolgação inicial. Mas as pessoas se adaptam. Amar é menos intenso do que se apaixonar. O que, por sinal, parece ser uma coisa boa! Como poderíamos fazer alguma coisa se todo mundo andasse por aí agindo como o clássico personagem de desenho animado Pepe Le Gambá – apaixonado e falando um francês fajuto?

Os largadores acreditam que a paixão durará para sempre. Quando a *paixão* muda para *amor*, eles interpretam isso como um sinal de que o relacionamento está prestes a acabar. Entram em pânico e vão embora, procurando o barato de um novo romance.

O QUE HÁ DE ERRADO EM LARGAR?

Esse comportamento causa problemas, e não somente à pessoa que leva o fora. Os largadores subestimam o custo de oportunidade de largar e jamais aprendem a ser um bom parceiro ou uma boa parceira de longo prazo.

Digamos que você tenha 100 primeiros encontros. Você pode desenvolver excelentes habilidades de primeiro encontro. Descobre o bar perfeito e mais aconchegante. Ou aperfeiçoa a história de quando se perdeu fazendo um mochilão pelo Nepal. Mas o que acontece entre o quinto e o sétimo encontros? E no 25º encontro? Ou no 55º? Você não sabe, porque não chegou lá. E se continua namorando por três meses e rompendo, jamais conseguirá fazer as repetições. Não terá a experiência de realmente conhecer alguém, de ver o rosto da pessoa amada iluminado por velas de aniversário ou riscado de lágrimas por causa da doença de um dos pais. E continuará a ter falsas expectativas de como são os relacionamentos no decorrer do tempo. Não aprenderá que o modo como você se sente no primeiro dia é diferente de como se sente no milésimo dia.

O QUE OS LARGADORES PODEM FAZER, ENTÃO?

Naquele dia, pelo celular, pedi a Mike que fechasse os olhos.
– Imagine que você está diante de uma bifurcação da estrada – falei. – Tem dois caminhos à sua frente. Agora imagine que você está pisando no primeiro. Você vai romper com sua namorada atual, encontrar outra, romper com ela também, e assim por diante. Esse caminho é cheio de primeiros encontros e primeiros beijos. Ele continua e continua até você ficar mais e mais velho. Nele estão noites em Las Vegas e restaurantes chiques, mas nada de esposa ou filhos.
"O outro caminho é diferente. Você se compromete com sua namorada. Faz o máximo para o relacionamento dar certo. À medida que caminha, você vê jantares de dias festivos com as famílias dos dois. Olhe mais adiante. Você verá brigas e sexo de reconciliação, depois casamento, viagens românticas e um bebê, e em seguida você limpando cocô da testa do seu filho, você apagando de tanta exaustão, depois outro bebê e mais cocô na testa, depois ele se formando na faculdade, e assim por diante."
Quando terminei o exercício, Mike estava quieto.
– E então? – perguntei.
– Preciso pensar sobre isso.
Duas semanas se passaram. Na sessão seguinte, Mike foi o primeiro a falar:
– Sinto que na última vez você me mostrou que estou numa bifurcação entre o Mike Papai e o Mike Triste. O Mike Triste continua a namorar

outras mulheres, a romper com elas e fica repetindo esse ciclo. Ele nunca aprende a estar num relacionamento e nunca tem a chance de começar uma família. Quando fechei os olhos, eu o vi sozinho, morando num apartamento de solteiro, com um futon servindo de cama.

– E então, o que você quer fazer em relação a isso?

– Estou pronto para pegar um caminho diferente.

Mike decidiu dar uma chance ao relacionamento. Enquanto trabalhávamos juntos no ano seguinte, ele mudou o comportamento e se comprometeu com a namorada. Desenvolvemos técnicas para ajudá-lo a se lembrar dos pontos positivos dela. Todo domingo de manhã ele me mandava uma mensagem com cinco coisas que tinha apreciado na namorada durante a semana anterior. (Não esqueça que estou esperando seu e-mail com a lista de cinco coisas das quais você gostou no seu encontro: 5goodthings@loganury.com.)

Se você quiser um relacionamento de longo prazo, uma hora precisará se comprometer com alguém e fazer uma tentativa. Quando Mike sente vontade de experimentar algo novo, garanto a ele que isso é normal. Ele escolheu o caminho do Mike Papai e não há nada de *triste* nisso.

AGARRADORES

Enquanto os largadores não conseguem descobrir como permanecer em um relacionamento, os agarradores têm dificuldade para deixá-lo. Sydney, chorando ao celular às 11 da noite, era uma clássica agarradora.

– Tenho 26 anos – disse ela. Fazia 10 que ela estava com Mateo, seu namorado. – Somos de Ohio, de cidades muito pequenas, e começamos a namorar aos 16.

Sydney sentia que aquele relacionamento não era mais para ela:

– Nós dois gostamos muito um do outro, mas ele não é mais a pessoa a quem eu quero contar como foi meu dia. Não temos nada para conversar. Ele desperta meu lado mais impaciente e brigão.

– Há quanto tempo você se sente assim? – perguntei.

– Há uns três anos, e a coisa só piora. Sei que num relacionamento longo a gente passa por períodos de altos e baixos. Só que sinto isso faz algum tempo, e parece ser uma mudança grande que precisa ser encarada. – Ela se perguntou em voz alta: – Será que devo escutar essa voz que fica me dizendo para terminar com ele? Será que vou perder uma coisa boa? Quase chego a desejar que aconteça alguma coisa dramática, como o lugar em que trabalho me transferir para outro país, para onde Mateo não pudesse me acompanhar, de modo que a gente fosse obrigado a reavaliar tudo.

Eu sabia que era hora do *teste do guarda-roupa*.

Esse teste é uma técnica que desenvolvi enquanto realizava uma pesquisa sobre términos. De todas as perguntas de sondagem que faço, essa é a que mais parece ajudar.

Vou lhe dizer qual é a pergunta, mas primeiro quero que você prometa que, se estiver pensando em terminar, vai responder a essa pergunta com o máximo de honestidade (e rapidez) possível. Quero uma reação instintiva.

> **EXERCÍCIO:** Faça o teste do guarda-roupa
>
> Se o seu companheiro ou a sua companheira fosse uma peça de roupa sua – algo que está no seu armário –, qual ele ou ela seria?
>
> _____

A abstração e o absurdo dessa pergunta permitem que as pessoas revelem seus próprios sentimentos. Algumas dizem que o(a) companheiro(a) é um casaco quentinho ou um suéter gostoso. Para mim isso sugere que elas veem o(a) parceiro(a) como alguém que as apoia. Uma mulher respondeu que seu namorado era seu vestidinho preto – algo com o qual ela se sentia sexy e confiante. Um homem afirmou que sua namorada era como sua calça espalhafatosa predileta, que ele usa em festivais de música e é presente dela. Uma peça que ele adora mas que jamais teria escolhido para si mesmo.

Por meio dessa pergunta, outras pessoas revelam a frustração que sentem com seu relacionamento. Um cara comentou que o namorado dele era um suéter de lã, algo que mantém a gente aquecido mas coça quando é usado tempo demais.

Fiz a pergunta a Sydney.

– Mateo é como aquele moletom velho e puído que você ama, mas não usaria numa reunião importante – declarou ela. – Quando você o veste, diz: "Ah, que delícia. Estou em casa." Mas ao mesmo tempo: "Não vou a lugar nenhum assim."

Eca. Um moletom velho e puído? Isso é que é uma resposta reveladora. Parecia que ela havia superado o relacionamento. Não era mais uma coisa da qual ela se orgulhava e na qual investia. Não era mais o relacionamento certo para ela... nem para Mateo.

Era hora de tirar aquele moletom e sair do relacionamento.

POR QUE OS AGARRADORES FICAM PRESOS

Existem muitos vieses cognitivos que ajudam a explicar por que os agarradores permanecem tempo demais nos relacionamentos.

Imagine a seguinte situação: você compra um ingresso para um show amador de improvisação por 22 dólares. Senta-se e em 10 minutos percebe que aquilo não é para você. Aquela improvisação é *realmente* amadora. Estou falando: é ruim de verdade.

Você pode dizer a si mesmo: *Eu deveria ficar. Paguei 22 dólares.* Nessa situação, você fica até o fim do show e gasta 90 minutos fazendo uma coisa da qual não gosta. Ou pode ir embora. E dar uma volta ou encontrar um amigo que mora perto do teatro.

Nas duas situações você gastou 22 dólares com o ingresso. O dinheiro já era. Mas, se você for embora, pelo menos recupera o tempo. O economista comportamental Amos Tversky costumava ir ao cinema, e se não gostasse dos primeiros cinco minutos do filme, ia embora.

– Eles já pegaram meu dinheiro – explicou ele. – Eu deveria dar meu tempo também?

Tversky entendia – e portanto tentava evitar – a *falácia do custo irrecuperável*.[3] É o sentimento de que, assim que você investe numa coisa, deve ir até o fim. Ela explica por que a maioria das pessoas se obriga a ficar até o final de um show de improvisação ruim.

Ou de um relacionamento ruim. A falácia do custo irrecuperável mantém os agarradores no relacionamento. Uma vez um homem me ligou e disse:

– Estou há três anos com minha namorada. Os primeiros seis meses foram ótimos, os últimos dois anos e meio foram terríveis.

Quando perguntei por que ele ainda estava com ela, sentindo-se obviamente infeliz, ele respondeu:

– Investi um tempo enorme nela. Seria idiotice largar agora.

Expliquei a falácia do custo irrecuperável em termos que imaginei que ele apreciaria:

– Os primeiros seis meses do seu relacionamento foram como a primeira temporada de *True Detective*: maravilhosos. A segunda e a terceira temporada foram fraquinhas. Você ainda vai esperar para ver como será a quarta? Ou é hora de começar uma série nova?

Independentemente de qualquer coisa, ele já a havia namorado por três anos. Precisava decidir: queria namorá-la por mais três ou estava pronto para descobrir uma garota nova?

Os agarradores também sofrem o impacto da *aversão à perda*. Os economistas comportamentais Amos Tversky e Daniel Kahneman identificaram esse fenômeno num artigo seminal.[4] Eles explicaram que "as perdas parecem maiores do que os ganhos".

Digamos que você entra numa loja para comprar um celular que custa 500 dólares. O vendedor lhe entrega um cupom de 100 dólares de desconto por sua compra. Você fica bem empolgado, certo? Agora imagine outra situação, em que você entra na loja e o vendedor diz que eles *estavam* com uma promoção de 100 dólares de desconto, mas que ela terminou no dia anterior. Você sente uma dor diante dessa perda.

Numa situação você está ganhando 100 dólares, porque o celular custa 400 dólares, e não 500. Na outra, você está *perdendo* 100 dólares, porque sabe que deixou de ganhar aquele cupom. As duas envolvem 100 dólares, portanto você pode experimentar uma quantidade igual de prazer e dor. Mas não é assim. Lembre-se: as perdas parecem maiores do que os ganhos. Por causa da aversão à perda, sentimos o dobro de *dor* psicológica ao perder 100 dólares, comparado ao *prazer* de ganhar 100 dólares. Em outras palavras, para sentir a intensidade da perda de 100 dólares você precisaria ganhar 200.

Aprendemos a adaptar nosso comportamento a esse viés cognitivo: fazemos o possível para evitar as perdas. Com relação às roupas, isso significa guardar camisetas velhas que jamais compraríamos se as encontrássemos hoje numa loja. No namoro, significa agarrar-se a um relacionamento ruim. Ficamos mais aterrorizados com a possível *perda* do nosso parceiro do que intrigados com o possível *ganho* da pessoa que poderíamos namorar no futuro.

O PROBLEMA DE AGARRAR

Terminar um relacionamento é uma decisão importante e com grandes consequências, uma decisão que você pode se sentir tentado(a) a adiar. Mas o que você não percebe é que, ao permanecer no relacionamento, *você já está tomando uma decisão*.

Um rompimento não é uma rampa de saída – é uma bifurcação. À esquerda está o ponto do rompimento; à direita, a montanha do ficar juntos. Não importa qual direção tome, você está fazendo uma escolha.

Como os largadores, os agarradores subestimam o custo da oportunidade. Mas os agarradores deixam de encontrar um novo relacionamento. Para continuar minha metáfora, quanto mais você fica parado num cruzamento, mais demora para chegar ao destino. (Além disso, está desperdiçando gasolina, o que é igualmente inadequado. A crise é real, rapaziada!)

Eis aqui o pior: você não está sozinho no carro. Seu companheiro ou sua companheira está junto. Se você planeja encerrar o relacionamento, a cada dia que espera está desperdiçando o tempo *da pessoa* também. Você deve ser especialmente sensível se estiver namorando uma mulher que quer ter filhos. Está subestimando o custo de oportunidade *dela* de estar com você. Quanto mais você adia o rompimento, menos tempo ela tem para encontrar um novo parceiro e formar uma família. A coisa mais gentil que você pode fazer é dar uma resposta clara a ela, de modo que ela possa seguir em frente e encontrar outra pessoa.

DEVO FICAR OU DEVO IR?

Espero que agora você tenha uma boa ideia de se é mais largador ou agarrador. Mas você ainda pode estar com dificuldade para decidir o que fazer com seu relacionamento. A seguir está uma série de perguntas que ajudarão você a decidir se deve encerrá-lo ou consertá-lo. Arranje algum tempo, prepare um chá e sente-se com um caderno para responder a essas perguntas.

1. Faça o teste do guarda-roupa: se o seu companheiro ou a sua companheira fosse uma peça de roupa sua – alguma coisa que está no seu armário –, qual seria?

Como interpretar sua resposta: use essa resposta para entender como você enxerga seu parceiro ou sua parceira no relacionamento. Como mencionei, a natureza abstrata dessa pergunta ajuda a revelar algumas verdades subjacentes sobre nosso relacionamento. A interpretação da resposta vai exigir que você analise sua própria psique. Em termos gerais é um bom sinal para o relacionamento se a resposta for uma peça de agasalho, como um suéter ou um casaco que mantenha você aquecido; sua camisa, sua calça ou seu par de sapatos predileto. É preocupante se a peça for algo gasto, que causa coceira ou desconforto, ou algo com o qual você não quer ser visto em público, como uma sunga puída.

2. Existem circunstâncias atenuantes acontecendo na vida do seu companheiro ou da sua companheira neste momento – como um emprego novo ou um dos pais doente – que o(a) impede de estar presente para você como você gostaria? É possível que as coisas voltem ao normal quando essa situação for resolvida?

Como interpretar sua resposta: digamos que exista uma situação externa – como uma tarefa exigente no trabalho – que esteja deixando seu parceiro distraído, menos presente, menos paciente ou menos solícito. Sim, é útil saber como a pessoa reage ao estresse, mas isso não significa que você deva interpretar esse comportamento como um sinal de quem a pessoa é ou de como ela vai agir durante todo o relacionamento. Esse comportamento pode ser temporário. Lembre-se de quem seu parceiro era antes de isso acontecer. Você pode esperar mais um pouco para ver se ele volta ao normal quando a situação for resolvida?

3. Você tentou resolver as coisas e deu feedback?

Como interpretar sua resposta: imagine que você foi demitido antes de saber que estava correndo risco disso. Seria uma bosta, não é? Por isso muitas empresas realizam regularmente avaliações de desempenho. Elas dão às pessoas a oportunidade de melhorar. Ainda que seu ou sua ex não possa processar você por ter rompido com ele ou ela sem aviso prévio, não recomendo esse comportamento. Dê à pessoa a chance de falar sobre o que está acontecendo. Em vez de terminar, enfrente o desafio de conversar e explicar as mudanças que você gostaria de ver no relacionamento. (No próximo capítulo falarei mais sobre como se orientar em conversas assim.)

4. Quais são suas expectativas para um relacionamento de longo prazo? São realistas?

Como interpretar sua resposta: primeiro entenda que ninguém é perfeito, nem você, então pare de ser tão exigente em relação a minúsculas falhas de caráter! Elas são implicâncias pequenas, e não empecilhos. Não seja como o Jerry de *Seinfeld*, o eterno solteirão que rompe com suas namoradas porque elas têm "mãos de homem",[5] pedem que ele cale a boca, comem uma ervilha de cada vez[6] ou curtem um comercial de calças cáqui de que ele não gosta.[7]

Se você é um romantizador (leia novamente o capítulo 3 se precisar lembrar), reavalie essas expectativas. Romantizadores tendem a esperar um "felizes para sempre" e depois têm dificuldade quando problemas inevitáveis começam a surgir. Eles pensam: *Se essa pessoa fosse mesmo minha alma gêmea, isso não seria tão difícil.* Mas todos os relacionamentos passam por altos e baixos, e você estará mais bem preparado(a) para enfrentar os pontos baixos se souber que eles virão.

Um ponto baixo pode ser o momento em que aquela paixão inicial começa a diminuir. Nosso cérebro fica viciado na droga do amor nos primeiros anos de um relacionamento. A fase seguinte é mais familiar, menos intensa. Mais do tipo "Você precisa de alguma coisa do supermercado?" e menos do tipo "Vamos transar no chão da cozinha". Essa mudança pode parecer decepcionante; algumas pessoas tentam recapturar o fascínio começando de novo com outra pessoa. Mas se seu objetivo é ter um relacionamento de longo prazo com um parceiro ou uma parceira comprometido(a), saiba que essa mudança é mais ou menos inevitável. Você pode continuar procurando o barato dos novos relacionamentos, mas, com o tempo, a dinâmica sempre vai mudar.

5. Finalmente, é hora de olhar para quem você tem sido no relacionamento. Você é metade da dinâmica. Está levando para seu relacionamento o que há de melhor em você? Está fazendo tudo que pode, do seu lado, para que a coisa funcione? Consegue ser uma pessoa mais generosa, mais presente?

Como interpretar sua resposta: não se concentre apenas nos defeitos do seu parceiro ou da sua parceira. Olhe para você também. Se houver mais coisas que você possa fazer para que o relacionamento funcione, talvez sendo mais gentil, tente antes de puxar a tomada. Se você está levando o que há de melhor em você para os outros (trabalho, amigos e família) e deixando seu parceiro ou sua parceira com as migalhas, veja como fica seu relacionamento quando você investe primeiro nele. Consulte o capítulo 18 para dicas de como fazer um relacionamento de longo prazo dar certo.

PERGUNTE A UM AMIGO DE CONFIANÇA OU A UM FAMILIAR

Se você continua com dificuldade para decidir se deve ou não permanecer num relacionamento, talvez seja hora de ligar para um amigo. Talvez você precise pedir uma opinião imediatamente. A etiqueta determina que fiquemos de boca fechada em relação ao relacionamento dos outros, mesmo quando notamos algo de errado, de modo que a maioria das pessoas não dará esse tipo de opinião sem que lhe seja solicitado. Como diz meu pai: "Sou parte do comitê de boas-vindas, e não do comitê de contratação." Mas nossos amigos e familiares podem enxergar coisas para as quais somos cegos. Isso porque, nos dois ou três primeiros anos, estamos apaixonados pelo nosso parceiro, o que nos transforma em maus juízes do nosso próprio relacionamento.[8]

Uma amiga minha cancelou o casamento algumas semanas antes do grande dia. Naquele momento várias pessoas confessaram que desconfiavam do ex-noivo, mas não queriam dar conselhos não solicitados.

Não deixe isso acontecer com você. Pergunte a um amigo de confiança ou a um familiar o que ele acha do seu relacionamento. Escolha seu conselheiro com sabedoria. Deve ser alguém que conheça bem você e seu parceiro ou sua parceira, que queira seu bem e que seja capaz de ajudá-lo(a) a tomar decisões. Evite pessoas que projetem seus próprios problemas na sua situação (aquelas que tenham problemas de confiança depois de terem sido traídas), que queiram você solteiro(a) ou em um relacionamento somente porque isso afeta a vida delas (aquelas que querem que você as acompanhe em encontros duplos ou que segure vela) ou que estejam apaixonadas por você e, portanto, não possam dar uma opinião imparcial!

Diga à pessoa que você se sente mal colocando-a numa situação incômoda, mas que precisa mesmo de uma opinião honesta. Uma conhecida minha, chamada Meredith, tem um combinado com sua melhor amiga de que, se alguma das duas estiver namorando alguém que a outra não considere uma boa escolha, elas vão falar, não importa quanto a conversa seja difícil.

Honre seu compromisso de não usar o conselho contra a pessoa que o deu, mesmo se você decidir não segui-lo. Por favor, não castigue uma pessoa por ter dado uma opinião honesta e *solicitada*! E se a pessoa resistir a ter a conversa, não force.

No fim, a decisão continua sendo sua. Mas o que você descobriu discutindo-a com alguém de confiança? A pessoa confirmou seus temores? Aconselhou você a aguentar firme? É bom prestar atenção na sua *reação* diante do conselho tanto quanto no conselho em si. O que você *sentiu* quando a pessoa disse o que pensava? Alívio? Pânico? Use essa experiência para perceber seus próprios sentimentos quanto ao que fazer em seguida.

O QUE FAZER EM SEGUIDA

Se você é um largador ou uma largadora que deu uma chance ao parceiro ou à parceira e o relacionamento não avançou: saia do relacionamento. Talvez essa não seja a pessoa certa para você, e tudo bem.

Mas você ainda não se livrou do anzol. É importante ter em mente sua tendência largadora. Na próxima vez em que tiver um relacionamento e sentir essa ânsia familiar de ir embora, quero que reveja as perguntas anteriores e tenha certeza de que está dando tchau pelos motivos certos.

Se você é uma pessoa largadora ou agarradora que não deu uma chance verdadeira ao relacionamento (por exemplo, você não levou seu melhor eu para a relação): continue com o relacionamento e veja o que acontece quando você é paciente e dedicado(a). É normal que relacionamentos passem por altos e baixos com o tempo. Quanto mais longo, mais provável que existam períodos – talvez até alguns anos – em que a satisfação com o relacionamento diminui. É importante saber que, com frequência, um ponto baixo não é um ponto de ruptura.

Em seu livro *The All-or-Nothing Marriage* (O casamento tudo ou nada), o professor Eli Finkel, da Universidade Northwestern, sugere que os casais aprendam a *recalibrar* suas expectativas durante uma queda na qualidade do relacionamento.[9] Essas quedas podem acontecer por vários motivos: demandas de filhos pequenos, de pais idosos ou de um trabalho estressante. Ainda que alguns especialistas em casamento lhe digam que, quando as coisas ficam difíceis, você precisa investir *mais* tempo e energia para que ele dê certo, isso com frequência não condiz com a realidade. Quando você está exausto, resta pouca coisa para dar. Em vez disso, peça menos do seu relacionamento – por um tempo – enquanto resolve as outras partes da sua vida.

Concentre-se primeiro em você. Podemos amar melhor quando *nós* nos sentimos completos. Quanto mais confiantes e confortáveis com nós mesmos, mais fácil é dar e compartilhar. Se você puder ser feliz primeiro, em vez de esperar que outra pessoa o(a) faça feliz, seus relacionamentos serão mais fáceis.

Mesmo que a terapia de casal pareça assustadora, talvez seja bom considerá-la, mesmo se vocês não estiverem casados. Existe a concepção errada de que, se um relacionamento precisa de terapia, é tarde demais para salvá-lo. Não! Dê uma chance. Segundo o cientista de relacionamento John Gottman, apesar de quase um milhão de casais se divorciarem por ano nos Estados Unidos, menos de 10% deles se aconselham com um profissional.[10] A terapia de casal vem sendo estudada e validada nas últimas décadas. Quem sabe quantos daqueles casais poderiam salvar seu relacionamento se tivessem recebido apoio profissional?

Dou esse conselho por causa da minha própria experiência de ter optado por ficar.

Há alguns anos fui com Scott a um restaurante chique em Nova York. Um garçom se aproximou oferecendo um cesto cheio de pãezinhos recém-saídos do forno. Peguei um e passei nele um monte de manteiga cultivada, salpicada com sal marinho.

– O que você tem feito no trabalho? – perguntei a Scott.

Na época fazia três anos que namorávamos e um que morávamos juntos em São Francisco. Eu tinha me mudado temporariamente para Nova York, para participar dos quatro meses da TED Residency. Aquele jantar era uma surpresa que ele planejara para comemorar o fim do programa. Foi um gesto grandioso, do qual gostei, porque não estávamos indo bem.

Nosso relacionamento andava abalado desde janeiro, de cabeça para baixo devido a muitas grandes mudanças na minha vida. Depois de quase uma década no mundo corporativo, eu tinha largado o trabalho para seguir minha paixão. Passara de um bom salário na área de tecnologia para salário nenhum e de trabalhar num escritório com milhares de pessoas para trabalhar sozinha numa cidade diferente.

Tivéramos várias conversas longas e difíceis. Falei das áreas da nossa vida que, para mim, não estavam sendo atendidas (comunidade, amigos, viagens) e pedi que ele se esforçasse mais nelas. Chegamos a ir a um terapeuta horrível que citava suas próprias postagens chinfrins do Facebook e sugerira que nós, judeus neuróticos, deveríamos começar a fazer esportes radicais para nos reconectarmos. Ironicamente, nós nos unimos na aversão que sentimos por ele.

Durante uma dessas conversas desafiadoras, Scott mencionou que eu nunca parecia prestar atenção quando ele falava do trabalho.

– Você acha que o que faço é chato – dissera ele. – Não é. Estamos tentando aprimorar os exames de câncer de mama para salvar a vida de mulheres.

Ele estava certo. Eu nunca tinha entendido de verdade o que ele fazia. Mesmo trabalhando no ramo tecnológico, eu não era uma pessoa particularmente técnica; mal conseguia usar minha câmera digital. Quando as pessoas me perguntavam sobre o trabalho de Scott em inteligência artificial no Google, em geral eu respondia com uma mistura das expressões "aprendizagem de máquina", "visão computacional" e "diagnósticos por imagem" até as pessoas assentirem com simpatia e a conversa seguir em frente.

Por fim os quatro meses de distância haviam terminado. Scott tinha atravessado os Estados Unidos de avião para assistir à minha TED Talk, que se concentrou nos relacionamentos amorosos. Não deixei de perceber a ironia: eu estava tentando ajudar os outros a ter um amor duradouro enquanto meu próprio relacionamento vacilava.

Ele tinha me levado àquele restaurante chique para comemorar. Naquele momento decidi finalmente descobrir o que ele fazia no trabalho.

Scott falou sobre os aspectos básicos: o que ele fazia e como aquilo tinha o potencial de fazer avançar a prática da radiologia. Fiquei sentada, ouvindo-o explicar as complexidades do seu papel na equipe de mamografia, e senti orgulho. Por que nunca tinha me importado em perguntar sobre o trabalho dele?

Antes daquele jantar eu passara muitas horas sozinha e com amigos imaginando se deveríamos terminar. Realizei todos os exercícios e atravessei todas as angústias que descrevi.

Mas naquela noite, quando realmente refleti sobre meu comportamento, percebi quanto tinha pedido que ele mudasse em prol do nosso relacionamento, sem que eu mesma estivesse disposta a me dedicar a esse trabalho.

O trabalho: prestar atenção, fazer perguntas, ouvir. Antes daquele jantar eu era o objeto de crítica daquele velho ditado: "Casa de ferreiro, espeto de pau." Buscando ajudar o relacionamento dos outros, tinha deixado o meu próprio de lado.

Vejo aquele jantar como o ponto de virada na nossa parceria, o momento em que percebi que não estava dando o devido valor a Scott e priorizando meu trabalho, meus e-mails e meus clientes de *coaching*.

Ainda que não tenha sido fácil, as coisas melhoraram. Dediquei-me mais ao nosso relacionamento e prestei mais atenção em Scott. E Scott se comprometeu a conhecer melhor meus amigos, investir mais na nossa comunidade e ser mais proativo em relação a viagens. Tornamos nosso relacionamento uma prioridade. Cuidamos dele. Em vez de desistir, nós o consertamos.

Se você é um agarrador ou uma agarradora que deu uma chance e o relacionamento não está dando certo: desista dele. Vai ser doloroso para vocês dois, mas é hora de seguir em frente.

Por que passar mais semanas, meses ou mesmo anos da sua vida num relacionamento que não está dando certo? Acredito que existe um ótimo esperando por você em algum lugar, mas você precisa dizer adeus a esse para poder dar boas-vindas ao outro.

Foi isso que Sydney decidiu que precisava fazer. Alguns meses depois daquela ligação perguntei se poderíamos nos encontrar em São Francisco.

Marcamos num restaurante mexicano vegano. Cheguei cedo, empolgada para conhecê-la pessoalmente. Logo uma loura com uma capa de chuva amarela brilhante se aproximou. Enquanto eu estendia a mão, ela me puxou para um grande abraço.

– Obrigada – sussurrou ela.

Mais tarde, enquanto comíamos *nachos* com molho, ela me colocou a par da sua vida amorosa.

– Um dia depois de nos falarmos, não consegui deixar de pensar que tinha comparado Mateo a um moletom velho e puído. Naquele momento eu soube que precisava terminar com ele.

Algumas semanas depois ela fez aquilo.

– Terminar foi como tirar um casaco, ou melhor, um moletom velho e puído, pesado demais.

Assenti. Fiquei feliz de ouvir que ela havia tomado uma decisão e se mantido firme.

Muitos meses depois, Sydney conheceu outro cara quando estava em Nova York. Ele era o oposto de Mateo. Ambicioso, experiente – e a desafiava constantemente. Ele logo se mudou para São Francisco para ficar com ela. Mais tarde naquele ano, ela me atualizou com um e-mail: "Estou num relacionamento lindo e saudável com uma pessoa que eu amo. E você me ajudou a reunir coragem para fazer isso acontecer."

A decisão de ficar ou ir embora, terminar ou consertar, é um desafio. Mas se você tem certeza de que deseja terminar, é vital levar em consideração os sentimentos da outra pessoa. Leia o próximo capítulo para aprender a como encerrar um relacionamento com compaixão.

TÓPICOS PARA GUARDAR

1. Quando as pessoas estão decidindo se devem terminar ou consertar um relacionamento, costumam estar em duas categorias: largadoras ou agarradoras.

2. Os largadores abandonam os relacionamentos depressa demais, sem dar uma chance de ele se desenvolver. Confundem *apaixonar-se* com *amar* e esperam que aquela empolgação inicial nunca morra. Eles subestimam o custo de oportunidade de aprender a fazer os relacionamentos darem certo.

3. Os agarradores permanecem tempo demais nos relacionamentos. São afetados por vieses cognitivos como a falácia do custo irrecuperável (continuar a investir numa coisa porque você já se dedicou muito a ela) e a aversão à perda (nossa tendência de tentar evitar as perdas porque para nós elas são particularmente dolorosas). Os agarradores deixam passar a oportunidade de encontrar um relacionamento mais satisfatório.

4. Para descobrir se deve ficar ou se deve partir, pense nas suas tendências e determine se você deu uma chance justa ao relacionamento. Peça ajuda a uma pessoa de confiança para ajudá-lo(a) nessa decisão. Faça o teste do guarda-roupa: se o meu parceiro ou a minha parceira fosse uma peça de roupa minha, qual ele(a) seria?

15

FAÇA UM PLANO DE ROMPIMENTO

Como terminar com alguém

Quando decidi ajudar as pessoas a encontrar o amor e a construir relacionamentos duradouros, jamais imaginei que esse trabalho incluiria "consultoria de rompimento". Sei que a ideia de trabalhar com alguém num plano de rompimento parece estranha, mas passei a enxergar isso como uma das partes mais importantes do meu trabalho. Para ter o relacionamento dos sonhos, primeiro as pessoas precisam sair de um relacionamento mediano ou ruim. E eu as ajudo a fazer isso.

Frequentemente as pessoas têm dificuldade de encerrar um relacionamento, mesmo depois de decidir que querem fazer isso. Sentem medo de conversar sobre isso, de magoar o companheiro ou a companheira e de ficar sozinhas. O objetivo delas é terminar, mas passam meses ou mesmo anos hesitando. Pesquisadores dedicaram um tempo enorme a explorar as melhores técnicas para ajudá-las a realizar seus objetivos. Por isso – por mais esquisito que pareça – é útil aplicar aqui uma pesquisa sobre estabelecimento de objetivos.

Quando as pessoas não executam seus objetivos, em geral é porque não têm um plano. A economista Annamaria Lusardi e sua equipe estudaram como uma empresa poderia fazer com que um número maior de empregados estabelecesse e mantivesse um plano de poupança patrocinado pelo empregador.[1] Eles deram um manual de planejamento aos recém-contratados.

Esse manual sugeria que os novos empregados separassem um horário específico para se inscrever no plano de poupança, descrevia o passo a passo da inscrição, fornecia estimativas de quanto tempo demoraria cada etapa e oferecia conselhos sobre o que fazer se a pessoa ficasse empacada. Esse manual aumentou as taxas de inscrição no plano em 12 pontos percentuais, chegando a 21%.

Considere que este é o manual para seu plano de rompimento. Vou explicar quais passos você deve seguir, e as pesquisas que os sustentam. Preste atenção: este plano é para pessoas que estão num relacionamento, mas não são casadas nem têm filhos juntos. Para as pessoas nessa situação, o rompimento implica muito mais logística – por exemplo, como administrar o divórcio e a guarda. Este plano não aborda todas essas complexidades. E se você só teve alguns encontros, os passos delineados a seguir seriam um exagero. Em vez disso, mande uma mensagem curta agradecendo à pessoa, deixando claro que você não está interessado(a), ou ligue e dê a notícia. (Para dicas do que dizer, consulte o texto sobre *ghosting* no capítulo 12.)

Passo 1: Anote seus motivos para desejar o rompimento

A motivação não é algo constante. Experimentamos o que B. J. Fogg, cientista comportamental e professor da Universidade Stanford, chama de "ondas de motivação" – nossa motivação vai e vem.[2] Em momentos de pico de motivação somos capazes de fazer coisas realmente difíceis que não realizaríamos de outro modo. O truque é agir no momento. Por exemplo, se houver um aviso de furacão na sua cidade, isso pode motivá-lo a colocar janelas contra tempestade na sua casa.

Se você se sente pronto ou pronta para romper com alguém, provavelmente está tendo um pico de motivação. Isso vai ajudá-lo(a) a concluir a primeira parte – romper –, mas sua motivação provavelmente vai declinar mais tarde, quando você poderá se perguntar se cometeu um enorme erro. Tendo isso em mente, quero que capture seus sentimentos durante esse pico para se manter firme mais tarde, quando a motivação baixar.

Escreva uma carta para si mesmo(a), dizendo por que optou por encerrar o relacionamento. Dentro de algumas semanas, quando estiver com tesão ou se sentindo solitário (ou, em casos extremos, as duas coisas) ou quando quiser que alguém cuide do seu coelho durante uma viagem, você vai se lembrar exatamente de por que tomou essa difícil decisão.

Aqui vai uma carta que uma cliente minha escreveu:

Quando estou deitada na cama ao lado dele sinto que estou mentindo para mim mesma. Ele não é legal comigo. Eu o trato como prioridade, e ele me trata como opção. Ele me desaponta e não gosta dos meus amigos. Eu sinto atração por ele e nós nos divertimos juntos, mas isso não basta. Não posso continuar fingindo que estou bem, sendo a quinta na lista de prioridades dele: depois do trabalho, da academia, da natação e da bicicleta. Quero um relacionamento em que os dois contribuam. Vou sentir falta dele e do sexo fantástico, mas estou fazendo isso porque acredito que mereço algo mais do que ele pode me dar hoje.

Agora é a sua vez.

> **EXERCÍCIO:** Anote seus motivos para o rompimento
>
> Num caderno, escreva uma carta para você, explicando por que está tomando essa decisão.

Passo 2: Faça um plano

Uma pesquisa da professora de psicologia Gail Matthews mostrou que os participantes que anotavam seus objetivos, definiam um plano de ação e atualizavam semanalmente um amigo sobre seu progresso tinham 33% mais chances de alcançar seus objetivos do que os que não faziam essas coisas.[3]

Você já anotou os motivos por que quer romper, por mais doloroso e amedrontador que isso seja. É hora de arrancar o curativo. Assim que tiver se decidido, pare de adiar. Durante todo este livro discuti a força dos prazos,[4] especialmente dos curtos prazos.[5] Esse conselho serve para os rompimentos. Estabeleça um prazo e o respeite. Recomendo a meus clientes que seja dentro das próximas duas semanas. É tempo suficiente para se preparar e para surfar a onda da motivação, e insuficiente para se acovardar e desistir.

> **EXERCÍCIO:** Estabeleça um prazo claro
>
> Eu me comprometo a ter essa conversa até: _____

Assim que tiver estabelecido o prazo, é hora de traçar um plano mais específico para quando vocês terão a conversa do rompimento. Uma pesquisa de David Nickerson, da Universidade de Notre Dame, e Todd Rogers, da Ideas42, uma organização sem fins lucrativos dedicada a pesquisas de ciências sociais, demonstra a força de estabelecer um plano para onde e quando vamos agir.[6] Eles procuraram pessoas em casas com apenas um eleitor e fizeram a elas perguntas específicas sobre seu plano para o dia da votação. Por exemplo: "Mais ou menos a que horas você espera ir ao local de votação na terça-feira?" e "O que você acha que estará fazendo antes de ir para o local de votação?". No fim, as pessoas que moravam em casas com apenas um eleitor a quem essas perguntas foram feitas tiveram 9% mais chances de ir votar do que aquelas a quem as perguntas não foram feitas. Só instigar as pessoas a traçar um plano já fez diferença!

Ter um plano específico não somente lhe dá mais probabilidade de *ir em frente* com a conversa sobre o rompimento, como também é um modo de garantir que você será o mais compassivo possível com seu parceiro ou sua parceira nesse momento difícil.

Escolha um local calmo, de preferência sua casa ou a do seu parceiro ou da sua parceira. Não termine com alguém em público. Considero isso uma tentativa rasteira de garantir que a pessoa não fará uma cena. Sabe de uma coisa? Talvez ela faça! Você tem o direito de romper com ela, e *ela* tem o direito de ter uma reação emocional.

Faça isso num momento apropriado. Você está prestes a detonar uma bomba na vida de outra pessoa. Você sabe que isso vai acontecer; ela não. Não rompa com uma pessoa um dia antes de uma prova importante, uma apresentação ou uma entrevista para um emprego novo. Um cliente meu planejou romper com a namorada num sábado às seis da tarde. Os dois tinham se comprometido a ir ao recital da sobrinha dela às sete horas daquela mesma noite. Isso não é justo. O rompimento provavelmente estragará a noite, o fim de semana e mais, portanto escolha o momento com cuidado.

Outra cliente viu que sua namorada ia fazer uma apresentação importante na segunda-feira, por isso decidiu *não* romper com ela naquele fim de semana. As duas tiveram a conversa na sexta-feira seguinte. Isso lhe deu o fim de semana inteiro para começar o processo de recuperação. (Pule para o próximo capítulo para dicas de como superar um rompimento – isso pode ajudar você a considerar as necessidades do seu futuro ex ou da sua futura ex.)

Adie somente se houver motivo. Não procrastine a conversa durante meses se a pessoa tem um trabalho hiperestressante e uma reunião importante depois da outra, só não seja sacana.

> **EXERCÍCIO:** Comprometa-se com um momento específico e sensato para a conversa
>
> Vou fazer isso na _____ porque
> _____
> _____
>
> (Por exemplo: *Vou fazer isso na sexta-feira que vem, depois da apresentação importante dele(a), porque isso lhe dará o fim de semana para se recuperar.*)

Assim que decidir quando e onde vai iniciar o rompimento, é bom planejar o que vai dizer. Como você quer começar? Sugiro enfatizar que você pensou muito nessa decisão e quer terminar o relacionamento. Seja compassivo(a), mas direto(a).

Você pode dizer algo do tipo: "Gosto muito de você e não quero machucá-lo(a), mas acho que precisamos terminar. Sabemos há um tempo que esse relacionamento não está funcionando. Tentamos melhorar, mas a essa altura acho que não podemos fazer as mudanças necessárias. Quero que nós dois encontremos o amor e sejamos felizes, e não creio que esse relacionamento vai nos dar isso."

Outro exemplo: "Preciso falar com você. Eu te amo, e amo muitos aspectos do nosso relacionamento, e não sei de você, mas eu não estou mais feliz. É muito difícil para mim dizer isso, porque não quero machucá-lo(a). Sou muito grato(a) pelo tempo que passei ao seu lado, mas pensei bastante e acho que não devemos mais ficar juntos."

Obviamente a pessoa ficará magoada. É inevitável. Faça o máximo para que ela se sinta melhor. Se ela perguntar "O que há de errado comigo?", não responda. Eis o motivo: ela é a pessoa errada *para você*, mas não existe nada de inerentemente "errado" *com* ela. E, mesmo se houver, você não está em posição de dizer isso. Nesse momento você é uma fonte tendenciosa demais. Você acabou de se convencer a largar essa pessoa. Pode dizer quais são os motivos para não querer que vocês dois fiquem juntos – por exemplo, um deixa o outro ansioso, vocês brigam o tempo todo ou pedem repetidamente um ao outro, em vão, que trabalhem em determinados problemas do relacionamento –, mas você não é a autoridade máxima que define o que há de "bom" ou "ruim" na pessoa. O mesmo conselho vale se ela perguntar o que fez de errado. Isso é um *rompimento*, não um *feedback*. Como mencionei no capítulo anterior, é sua responsabilidade levantar qualquer problema e tentar resolvê-lo *antes* de decidir romper.

Isso ajuda a proteger a pessoa de uma dor desnecessária durante o período de recuperação. Qualquer coisa que você disser provavelmente será a coisa em que a pessoa vai se fixar depois do rompimento, por causa de algo chamado *falácia de narrativa*.[7] Nosso cérebro tenta criar uma história de causa e efeito para explicar os eventos que testemunhamos e experimentamos, mesmo que essa história seja falsa. Todo rompimento é uma reação a várias situações e dinâmicas, mas, quando você termina com alguém e dá um motivo específico, a pessoa ficará obcecada por esse motivo. Não plante essa semente inútil na mente dela.

Tive uma cliente cujo namorado rompeu o relacionamento porque "não gostava do cheiro dela". É, os feromônios são reais, e, sim, os cientistas demonstraram que as pessoas costumam preferir os feromônios de alguém que seja geneticamente diferente delas. O que é um benefício evolutivo, porque dá à prole futura um sistema imunológico mais geneticamente diversificado e uma chance maior de sobrevivência. Mas quando a minha cliente ouviu essa crítica sobre como cheirava, não pensou em sua prole. Diabos, só fazia seis meses que eles estavam namorando. Em vez disso, ela pirou de vez, achando que fedia! Mudou de desodorante. E de loção corporal. Fez um papanicolau. Mandou examinar até as bactérias do intestino! Tentei lhe dizer que ela não cheirava mal. Mas, como ela havia colocado na cabeça que o ex havia rompido por causa do cheiro, não conseguia parar de pensar que aquele era *o* motivo.

Se você se pegar na berlinda, diga que respeita a pessoa e acha que o relacionamento não funcionará a longo prazo, por isso não quer desperdiçar o tempo dela.

É tentador querer ficar e oferecer apoio à pessoa. Ou achar que é sua responsabilidade responder a absolutamente todas as perguntas. Mas essas longas discussões detalhando tudo que vocês dois sentiram de errado no relacionamento não são úteis. Não deixe que essa conversa leve você a dizer alguma coisa que magoe. Por isso quero que estabeleça um limite de tempo para a conversa. Falem por uma hora, uma hora e meia, e encerre aí. Bom, não recomendo dizer ao seu futuro ex ou à sua futura ex: "Temos uma hora para falar, e só." E de jeito nenhum use um cronômetro para marcar o tempo. Mas não deixe a conversa se arrastar eternamente. Diga à pessoa que vocês podem continuar no dia seguinte, se for necessário. Se faz muito tempo que vocês estão namorando ou se existem assuntos complicados a tratar, essa conversa pode se desdobrar por dias.

Para ajudar você a se expressar do modo mais claro e compassivo possível, planeje a conversa com meu documento para planejar uma conversa crítica. A seguir você verá como meus clientes o usaram antes de um rompimento. Incluí um em branco no Apêndice. Ele é útil nos preparativos para todo tipo de conversa difícil, não somente rompimentos.

EXERCÍCIO: Documento para planejar
uma conversa crítica

1. Qual é seu objetivo para essa conversa? (Em outras palavras, qual é sua ideia de sucesso?)

   Nós dois conseguirmos expressar como estamos nos sentindo, ele(a) se sentir ouvido(a) e ficar claro que estamos rompendo.

2. Qual é a principal mensagem que você quer comunicar?

   Pensei um bocado nisso e gosto muito de você como pessoa, mas acho que esse relacionamento não é certo para mim.

3. Que tom você quer usar? Que tom quer evitar?

   Calmo, compassivo, atencioso. Não quero parecer insensível ou ficar na defensiva.

4. Como você quer abrir a conversa?

   "Acho que isso não vai ser uma surpresa para você, porque nos últimos meses nós dois dissemos que não estávamos felizes. Pensei um bocado nisso e, apesar de gostar muito de você, acho que este não é o relacionamento certo para mim, por isso é melhor a gente terminar."

5. O que precisa ser dito?

   - *"Obrigado por me apoiar durante minha transição profissional, por ser tão gentil com minha família e por me ensinar tanto sobre o mundo."*
   - *"Faz um tempo que não tenho certeza se quero isso. Pensei muito e acho que este relacionamento não é certo para mim."*
   - *"Temos brigado muito ultimamente e não gosto desse meu lado que o relacionamento desperta."*
   - *"Tentamos salvar esse relacionamento, e acredito que vai ser melhor para nós dois se terminarmos."*

6. Quais são suas preocupações sobre como a pessoa vai reagir?

   Ela perguntar o que fez de errado ou me ofender.

7. O que você vai fazer se isso acontecer?

   - *Se a pessoa perguntar o que fez de errado: "Isso não tem a ver com nada que você fez ou com quem você é. Acho que esse relacionamento não desperta o que há de melhor em mim. Você não fez nada errado, e não quero que se culpe."*
   - *Se a pessoa me ofender: "Sei que você está chateada e que magoei você, de modo que agora você quer me magoar. Você tem todo o direito de estar chateada, mas não quero que isso seja mais doloroso para nós do que precisa ser. Por favor, não me ataque."*

8. Como você quer encerrar a conversa?

   Vou repetir alguns dos meus argumentos, agradecer o tempo que tivemos juntos e me oferecer para mandar uma mensagem ao irmão dela, pedindo que ele venha verificar como ela está quando eu for embora. Nada de sexo!

Você também pode pedir a um amigo ou uma amiga para ajudar a ensaiar o que você vai dizer. (Eu e meus clientes sempre fazemos esse teatrinho, ainda que eles achem esquisito me "rejeitar".) Isso lhe dá a chance de afinar sua mensagem. Também ajuda a garantir que você está sendo o mais gentil e empático possível. A prática, nesse caso, pode não levar à perfeição, mas esse ensaio ajudará você a escolher as palavras certas para o momento.

Passo 3: Crie um sistema de responsabilização com um amigo ou uma amiga

Você tem um prazo específico em mente e já sabe o quê, quando e onde vai dizer. Como garantir que você vá até o fim? Aumente suas chances de cumprir o prometido estabelecendo um *sistema de responsabilização*.[8]

Com essa técnica você pede que outras pessoas cobrem sua responsabilidade pelo objetivo que estabeleceu.

A responsabilização funciona bem porque muitos de nós somos o que a escritora best-seller Gretchen Rubin chama de "obsequiadores".[9] Conseguimos facilmente atender às expectativas estabelecidas pelos outros, mas temos dificuldade de atender às nossas. Por isso você deixa frequentemente de cumprir objetivos que estabeleceu para si mesmo(a) (como se exercitar mais), mas não falha com os compromissos assumidos com outra pessoa (como pegar o filho de um amigo na escola). Se você envolver um amigo ou uma amiga, esse objetivo será transformado num compromisso com outra pessoa, e não somente com você.

Encontre alguém de confiança (uma pessoa que não goste do seu companheiro ou da sua companheira atual pode ficar especialmente entusiasmada para ajudar). Comprometa-se a fazer contato com ela depois do rompimento. Se você quiser levar seu sistema de responsabilização ao próximo nível, incorpore incentivos. Cientistas comportamentais adoram usar incentivos positivos ou negativos para mudar o modo como as pessoas agem. Um cliente meu, por exemplo, preencheu um cheque de 10 mil dólares para a campanha presidencial de um candidato ao qual se opunha ferrenhamente. Ele deu a um amigo a permissão de mandar o cheque pelo correio se perdesse o prazo para romper com a namorada.

Ele rompeu com ela mais tarde no mesmo dia.

EXERCÍCIO: Programe seu sistema de responsabilização

Meu parceiro ou minha parceira de responsabilização é: _____
_____

Eu prometo _____
_____ se não cumprir o prazo.

(Por exemplo: *Meu parceiro de responsabilização é Seth. Prometo postar minhas últimas três buscas de sites pornográficos para todo mundo ver se não cumprir o prazo.*)

Passo 4: Converse, mas não faça sexo!

Chegamos à parte mais difícil: romper. Lembre-se de toda a sua preparação e de todo o seu planejamento, e não se esqueça de limitar o tempo da conversa no primeiro dia e continuá-la mais tarde, se for necessário.

Durante toda a conversa, verifique se você e o(a) parceiro(a) não estão em processo de "inundação". Esse é um estado físico e mental em que o nível de cortisol – o hormônio do estresse – aumenta e o corpo entra no modo de luta ou fuga.[10] Isso ajudou nossos ancestrais quando eles corriam risco de ser mortos por um tigre, mas definitivamente não é o melhor estado mental para uma conversa crucial. Quando estamos "inundados", não conseguimos escutar de verdade nem absorver informações novas. Se algum de vocês sentir que está começando a inundar, pare por uns 20 minutos e se acalme. Volte à conversa tendo em mente o objetivo original. Seja gentil mas firme. O objetivo é que, no fim da conversa, esteja claro que vocês terminaram.

Depois do rompimento, por favor, *por favor*, não façam sexo! Talvez você ache desnecessário eu dizer isso. Mas, acredite, já ouvi muitas histórias de rompimento. O sexo pós-término é divertido, mas não vale a pena. Ele introduz um monte de sentimentos confusos. Isso é especialmente verdadeiro se vocês não fazem sexo há algum tempo, e as emoções intensas do rompimento empurram os dois para a cama. Além disso, dormir com alguém torna mais difícil manter a decisão de terminar, por isso você pode acabar retirando o que disse. Isso só complica o processo.

Para evitar esse erro, estabeleça um *contrato de Odisseu* ou um *dispositivo pré-compromisso*. Na narrativa épica da *Odisseia*, de Homero, Odisseu sabe que sua tripulação vai navegar por perto das sereias sedutoras.[11] Ele ouviu falar da música cativante que elas cantavam, que levava os marinheiros a mudar o curso do navio e naufragar no litoral. Em vez de contar apenas com a força de vontade, Odisseu elabora um plano. Orienta a tripulação a amarrá-lo ao mastro do navio de modo que não possa cair em tentação. Em seguida manda os marinheiros colocarem cera nos ouvidos para não escutar a música. Ele se protege de si mesmo traçando um plano.

Cientistas comportamentais também fazem contratos de Odisseu como um modo de ajudar as pessoas a evitar a tentação. A economista Nava Ashraf e sua equipe testaram essa abordagem num estudo realizado num banco das

Filipinas.[12] Alguns clientes optaram *voluntariamente* por um programa que restringia a possibilidade de fazer saques da poupança até determinada data ou até alcançarem determinado valor. Eles mesmos estabeleceram as datas e os valores. Aos outros clientes não foi oferecido esse programa, eles podiam sacar o dinheiro quando quisessem. Depois de 12 meses, os que haviam se comprometido com o programa tinham saldos 81% maiores.

Depois do rompimento você fica vulnerável à tentação. As sereias metafóricas podem chamar você para se deitar com seu ex-parceiro ou sua ex-parceira. Faça um contrato de Odisseu: elabore um plano para o momento imediatamente posterior à conversa de rompimento e crie um sistema de responsabilização para cumprir o contrato. Um dos meus clientes estava preocupado com a possibilidade de dormir com a futura ex-namorada. Garantiu que não faria isso prometendo pegar um amigo no aeroporto logo depois da conversa. Aquela era uma coisa que ele tinha que fazer de qualquer jeito, e fez.

Passo 5: Faça um plano imediato de pós-rompimento para você

Mesmo se não sentir a tentação de dormir com seu ex ou sua ex, você provavelmente vai experimentar sentimentos muito intensos depois do rompimento. Pode sentir alívio. E tristeza. De qualquer modo, é bom fazer um plano pós-rompimento, para não tomar decisões das quais acabaria se arrependendo.

Pense antecipadamente no que fará depois do rompimento, inclusive para onde vai. Não se comprometa com nenhum plano exigente. Talvez você possa ir à casa de algum amigo, pedir sua comida predileta e maratonar *Os Sopranos* de novo. Em termos ideais, alguém que distraia você ou o ajude a processar seus sentimentos. Não recomendo ficar sozinho nessas primeiras noites. Sentir-se sozinho e inseguro deixa você mais vulnerável a escorregar de volta para o relacionamento.

Observação: se você e seu ou sua ex moravam juntos, esse plano pós-rompimento é ainda mais importante. Pergunte a um amigo ou uma amiga se você pode ficar com ele ou ela por pelo menos alguns dias.

> **EXERCÍCIO:** Planeje os primeiros dias
>
> Logo depois do rompimento eu vou para:
>
> _____
>
> Nos primeiros dias vou fazer as seguintes atividades:
>
> _____
>
> (Por exemplo: *Logo depois do rompimento vou para a casa da minha irmã. Nos primeiros dias vou fazer as seguintes atividades: maratonar* The Office, *fazer ioga restaurativa e preparar muitos milk-shakes.*)

Passo 6: Crie um contrato de rompimento com seu ex ou sua ex

Depois da conversa inicial do rompimento, seu ex ou sua ex pode querer conversar de novo. Tudo bem, mas lembre-se dos passos 1 a 3.

É importante você traçar um plano para si. Mas também é necessário um plano com o(a) ex. Pesquisas mostram que, se uma pessoa *escolhe ativamente* fazer uma coisa, sente-se mais envolvida no processo e mais interessada no resultado. Os cientistas sociais Delia Cioffi e Randy Garner demonstraram esse efeito pedindo a estudantes universitários uma ajuda em um projeto de conscientização sobre aids em escolas próximas.[13] À metade dos estudantes disseram que, se quisessem ser voluntários, deveriam preencher um formulário declarando seu interesse. À outra metade pediram que deixassem o formulário em branco se quisessem ser voluntários. Eles eram instruídos a preenchê-lo somente se *não* estivessem interessados. Os dois grupos se ofereceram como voluntários mais ou menos na mesma proporção. Mas os pesquisadores viram uma diferença significativa em quem realmente comparecia ao trabalho. Dos que estavam na condição passiva – que se inscreveram não preenchendo o formulário – apenas 17% compareceram. Dos que estavam na condição ativa, que precisaram preencher o formulário, 49% cumpriram o compromisso: praticamente o triplo do outro grupo. Quando você concorda ativamente em fazer alguma coisa, sente que a decisão é sua e a vê como reflexo de seus próprios ideais. Isso não acontece quando você se compromete passivamente. É por isso que fazer um plano com seu ou sua ex vai ajudar os dois a sentirem-se um pouco melhor em relação a um processo que, de outro modo, seria doloroso. Para ajudar, criei um contrato de rompimento.

Epa. "Contrato"?

Isso mesmo. Sei que parece meio exagerado, mas há alguns anos fiquei impressionada com a pesquisa de Cioffi e Garner e com o poder do compromisso ativo. Escrevi esse contrato para ajudar amigos a se orientar durante um rompimento complicado. Desde então, centenas de casais em todo o mundo acessaram a versão on-line do meu contrato, e eu recebi dezenas de e-mails falando de como ele os ajudou a administrar o fim de um relacionamento. (Como mencionei no início deste capítulo, os rompimentos são muito mais complicados se vocês são casados e/ou têm filhos juntos. O contrato de rompimento é projetado para relacionamentos pré-matrimônio e sem filhos.)

Apresente a ideia dizendo algo do tipo: "Sei que parece ridículo, mas acho que poderia ajudar se estivéssemos no mesmo pé em relação a para onde queremos ir. Você se dispõe a examinar isso comigo?"

Vocês não precisam concordar em todos os pontos, e provavelmente não concordarão. Mas o contrato é um ótimo jeito de ter uma conversa difícil enquanto pensam no que ajudaria os dois a seguir em frente. Você pode encontrar um contrato de rompimento em branco no meu site: loganury.com.

Passo 7: Mude seus hábitos para evitar o escorregão de volta

O rompimento provavelmente deixará vários buracos na sua vida. Vamos trabalhar para tapá-los. O fundo de tela do seu celular é uma foto de vocês dois no parque com o cachorro dele? Troque por uma de você com seus melhores amigos – aquela foto glamorosa do último Ano-Novo, quando você estava feliz e bronzeada. Era com ele que você assistia ao seu programa de TV predileto? Recrute algum amigo para acompanhar você no sofá ou para assistir juntos pelo celular. Ele era seu parceiro de corridas e a ajudava a preparar *dim sum*? Veja se sua mãe está a fim de correr um pouco... até um restaurante que sirva *shumai* de porco.

Talvez um dos aspectos mais desafiadores dos rompimentos modernos seja não poder mandar uma mensagem para seu parceiro ou sua parceira quando alguma coisa empolgante acontece no trabalho ou quando você precisa pôr para fora alguma coisa sobre sua família. Uma pesquisa feita por Charles Duhigg, autor de *O poder do hábito,* mostra que uma estratégia poderosa para abandonar um hábito é substituí-lo por uma nova atividade.[14]

Para ajudar meus clientes a abandonar o hábito de mandar mensagens e evitar escorregar de volta para o relacionamento, peço que eles façam uma lista de momentos específicos que poderiam ser difíceis e anotem as pessoas que eles iriam contatar, em vez do ex ou da ex. Chamo isso de apoio de mensagem.

Preencha sua própria planilha de apoio de mensagem. Dei algumas sugestões, mas sinta-se livre para acrescentar as suas embaixo.

MINHA LISTA DE APOIO DE MENSAGEM NO ROMPIMENTO	
SITUAÇÃO	QUEM VOU CONTATAR
Quero contar novidades boas do trabalho	
Quero contar novidades ruins do trabalho	
Quero marcar de sair numa noite no meio da semana	
Quero marcar de sair num fim de semana	
Quero discutir política	
Quero contar uma história engraçada	
Quero assistir à "nossa série" (a série que eu via com meu ou minha ex)	

Passo 8: Não seja a "pessoa legal do rompimento"

O pós-rompimento, mesmo se for um rompimento que você desejava, não é fácil. Você pode ter alguns momentos de dúvida, medo ou incerteza. Só porque tomou a iniciativa do rompimento não significa que não esteja sentindo dor. No próximo capítulo falarei mais sobre como superar essa dor, mas aqui vão alguns conselhos especificamente para a pessoa que pediu o rompimento.

Durante um tempo, você pode passar por uma montanha-russa de emoções, desde alívio extremo até arrependimento extremo: "Por que fiz isso?" ou "Será que vou morrer sozinha?". Se isso acontecer, volte ao sistema de responsabilização que você criou no início do processo. Releia a carta que escreveu sobre o motivo de ter feito isso. Peça ao amigo ou à amiga que o ajudou a ensaiar a conversa que lembre você do motivo do término.

Além do mais, você pode estar sentindo culpa por ter magoado uma pessoa de quem gosta. Mesmo se isso acontecer, resista ao desejo de falar demais como seu ou sua ex, em especial nas primeiras semanas depois do rompimento. Quando conversei com o escritor e filósofo Alain de Botton, ele deu o mesmo conselho: "Existe um fenômeno terrível, a *pessoa legal do rompimento*. Ouvimos falar muito sobre a pessoa horrível no rompimento, mas não ouvimos tanto sobre a boazinha que fica sempre por perto do ex, que liga no aniversário dele, etc."[15]

Não seja a pessoa legal do rompimento. Na verdade, você não está sendo legal quando faz isso. Em muitos casos seu comportamento tem mais a ver com ajudar você mesmo do que a outra pessoa.

– Tenha coragem de assumir a responsabilidade pelo dano que causou na vida da pessoa, sem tentar fazer com que tudo fique melhor – disse Botton. – Ela pode enxergar você como o diabo durante um tempo. Aceite isso. Vejo muita gente querendo sempre ser a pessoa legal, mesmo quando faz alguma coisa que vai ser realmente difícil para a outra pessoa.

Não seja "legal" só para se sentir melhor. Dê espaço para a outra pessoa poder seguir em frente.

TÓPICOS PARA GUARDAR

1. Quando você decidir que quer romper com alguém, é hora de fazer um plano. Pense no quê, quando e onde vai dizer. Seja gentil mas firme.

2. Use um sistema de responsabilização e incentivos para garantir que vá em frente com o plano.

3. Faça um plano pós-rompimento com a pessoa, para levar as necessidades dela em consideração. E não faça sexo com ela depois de romper!

4. Faça um plano pós-rompimento para *você*, especificando quem você vai procurar quando sentir vontade de mandar uma mensagem para seu ou sua ex.

5. Depois do rompimento dê espaço à pessoa. Não tente ser a pessoa legal do rompimento. Isso pode fazer você se sentir melhor, mas torna mais difícil para a outra pessoa seguir em frente.

16

SEU ROMPIMENTO É UM GANHO, NÃO UMA PERDA

Como superar o sofrimento

Imagine que você é um oncologista. Você tem um paciente com câncer no pulmão e precisa decidir como vai tratá-lo. Cirurgia ou radioterapia? A cirurgia dá ao paciente uma chance maior de viver a longo prazo, mas também é mais arriscada no curto – ele pode morrer na mesa de cirurgia.

Você consulta suas pesquisas e vê as taxas de sobrevivência a curto prazo: 90% para a cirurgia e 100% para a radioterapia. O que você escolheria? E se, em vez disso, você lesse sobre as taxas de mortalidade a curto prazo: 10% para a cirurgia e 0% para a radioterapia?

Num estudo que ficou famoso, a pesquisadora de saúde Barbara McNeil pediu que médicos fizessem essa escolha hipotética.[1] A um grupo pediu que escolhesse com base nas taxas de sobrevivência; ao outro, com base nas taxas de mortalidade.

Talvez de modo alarmante, a mesma informação, apresentada de duas maneiras diferentes, resultou em decisões muito diferentes. Quando ela descrevia a opção cirúrgica em termos da chance de sobrevivência, 84% dos médicos escolhiam essa opção. Quando discutia a cirurgia em termos da chance de o paciente morrer, apenas metade optava por esse tratamento.

Por que isso acontecia? Os médicos reagiram ao modo como a situação era *enquadrada*.² O efeito de enquadramento é a nossa tendência de avaliar as coisas de modo diferente baseados em como elas são apresentadas – seja um cirurgião avaliando um risco ou uma pessoa de coração partido decidindo como seguir em frente depois do fim de um relacionamento.

Acredito que o enquadramento é a chave para superar os rompimentos. De fato, você pode acelerar seu processo de recuperação mudando o enquadramento. Por exemplo, você pode pensar em todas as atividades que adorava fazer mas que parou porque seu parceiro ou sua parceira não era fã delas. Falarei mais sobre isso adiante. O ponto é que, em vez de enxergar a experiência como uma perda devastadora, você pode vê-la como um ganho, algo que lhe dá o poder de melhorar sua vida a longo prazo.

Portanto, pare de maratonar *Bridget Jones*, ponha uns óculos de lente cor-de-rosa e vamos transformar esses lamentos em alegria. Neste capítulo vou lhe dar quatro reenquadramentos para seu rompimento e ajudá-lo(a) à ver que consertar o coração partido tem tudo a ver com perspectiva.

O QUE ESTÁ ACONTECENDO NO SEU CORPO E NO SEU CÉREBRO

Antes de passarmos aos reenquadramentos, quero contar o que acontece no cérebro e no corpo quando você passa por um rompimento. Cientistas do relacionamento como Claudia Brumbaugh e R. Chris Fraley identificam o rompimento (ou, como eles chamam, "dissolução do relacionamento") como "um dos acontecimentos mais perturbadores pelo qual um indivíduo pode passar na vida".³

Como já mencionei, a antropóloga biológica Helen Fisher estuda o cérebro durante o amor. Uma das suas técnicas de pesquisa prediletas é usar exames de ressonância magnética funcional (RMF) para espiar dentro da nossa cabeça. Ela coloca na máquina de escaneamento cerebral pessoas em diferentes estágios de relacionamento: casais recentes, pessoas que dizem amar profundamente seu parceiro ou sua parceira depois de décadas e pessoas que estão passando por um rompimento.

Fisher e sua equipe descobriram que uma região do cérebro chamada núcleo *accumbens* se ilumina quando vemos uma foto da pessoa por quem estamos apaixonados.[4] É a mesma parte do cérebro ativada quando um dependente químico pensa em se drogar. Também é a região do cérebro afetada durante o rompimento. O cérebro passa pela mesma experiência durante o rompimento e a abstinência. Não é de espantar que desejemos continuar tendo um barato com a droga do ou da ex. É melhor encarar: você se viciou no amor.[5]

Os rompimentos danificam o corpo, os sentimentos e o comportamento. Acrescente a isso um pouco de solidão e uma colher de chá de sofrimento, e você terá o coquetel mortal do rompimento. Segundo Fisher, rompimentos aumentam os níveis de cortisol (o hormônio do estresse), que, por sua vez, suprime o sistema imunológico e enfraquece os mecanismos de enfrentamento.[6] As pessoas podem ter insônia, pensamentos intrusivos, depressão, raiva e ansiedade debilitadora.[7] O surpreendente é que elas também podem tirar notas mais baixas em testes de QI e têm um desempenho pior em tarefas complexas que exigem habilidades de raciocínio ou lógica.[8] Diabos, já foi descoberto que pessoas que passam por rompimentos usam mais drogas e cometem mais crimes.[9] Isso é verdadeiro mesmo quando a pessoa em questão é aquela que pediu o rompimento (que os pesquisadores chamam de "iniciadora").[10]

Já orientei muitas pessoas durante rompimentos. Um dos motivos pelos quais um rompimento é tão doloroso é que o cérebro é hipersensível à perda.[11] E um rompimento é uma perda dramática. É a morte do futuro que vocês imaginavam juntos. Você está sofrendo a perda do que era, do que não é mais e do que jamais será. Não causa espanto, graças à aversão à perda, que façamos tanto para ficar longe dele.

Mas aqui vai a boa notícia: os psicólogos Eli Finkel e Paul Eastwick descobriram que "um rompimento não é nem de longe tão ruim quanto as pessoas imaginam",[12] e que não importa quanto um casal era feliz, quando eles terminam, a dor raramente é tão intensa quanto eles esperavam.[13]

Segundo Gary Lewandowski, professor e ex-catedrático do departamento de psicologia da Universidade Monmouth, somos mais resilientes do que imaginamos.[14] Ele estudou um grupo que você poderia considerar o mais triste depois de um rompimento: pessoas que estavam num relacionamento de longo prazo por pelo menos alguns anos, tinham rompido nos últimos meses *e* não arranjaram um novo parceiro ou uma nova parceira. Nosso instinto seria pensar que a maioria delas enxergasse o rompimento como uma experiência terrível. Mas quando Lewandowski e seus colegas conversaram com esse grupo, viram que apenas um terço enxergava o rompimento como algo negativo. Cerca de 25% o viam como uma coisa neutra, e 41% como uma positiva.

Portanto me permita o seguinte clichê: isso também vai passar. O que você está sentindo é temporário. Suas estranhas reações físicas (adeus, sistema imunológico; adeus, sono!) vão chegar ao fim, a dor vai se esvair e você vai superar esse momento horrível.

Reenquadramento número 1: Concentre-se nos aspectos positivos do rompimento

Ainda que não consiga afastar a dor apenas com sua *vontade*, você pode se utilizar da *escrita* para percorrer um caminho menos doloroso. Lembre-se: seu cérebro é seu amigo e é realmente bom em ajudá-lo a racionalizar e a superar. É hora de alimentar a fera! Você pode acelerar o processo de cura dando ao cérebro o que ele deseja: motivos pelos quais o rompimento foi para o seu bem.

Lewandowski realizou uma experiência em que pediu aos participantes que escrevessem sobre os aspectos positivos do rompimento (por que foi bom romper) ou os negativos (por que foi ruim romper) ou algo superficial e não relacionado ao rompimento.[15] Eles fizeram essa tarefa de escrita durante 15 a 30 minutos por dia ao longo de três dias. As pessoas que escreveram sobre os aspectos *positivos* do rompimento disseram sentir-se mais felizes, mais sábias, mais agradecidas, mais confiantes, mais confortáveis, mais empoderadas, mais energizadas, mais otimistas, mais aliviadas e mais satisfeitas do que no início do estudo.

Quando meus clientes passam por algum rompimento, peço que façam essa mesma tarefa. Aqui vai uma lista que Jing, aquela cliente que namorou pela primeira vez aos 31 anos, me mandou por e-mail depois do seu rompimento:

Os pontos positivos do meu rompimento:

1. Não preciso me preocupar em me mudar para Montana, para ficar perto da família do meu ex
2. Sem brigas por causa de puxar a coberta
3. Mais tempo com meus amigos que meu ex jamais priorizava
4. Percurso mais curto para o trabalho, já que não vou mais ficar no apartamento dele
5. Parei de ir ao trabalho com pelos de cachorro na roupa
6. Não preciso ir àquele casamento chique no feriado do Dia do Trabalho
7. Mais tempo para passar trabalhando com música
8. Não preciso mais justificar o tempo que passo com meu irmão, que meu ex odiava
9. Não preciso mais fingir que gosto de *The Bachelor*
10. Agora tenho chance de encontrar um relacionamento feliz/saudável

> **EXERCÍCIO:** Escreva sobre os pontos positivos e negativos do rompimento
>
> Canalize sua angústia em um manifesto. Vai ser como aquelas canções *emo* que você compunha na adolescência, só que sem forçar 80 pessoas a ouvi-las no festival da escola.
>
> Vá a um café ou sente-se num banco de parque. Leve um caderno em branco. Marque 30 minutos no seu celular. Sem parar e sem olhar para ele, escreva sobre todos os aspectos positivos do rompimento. Se você sentir certo bloqueio e tiver dificuldade para começar, tente fazer uma lista.

Dez aspectos positivos do meu rompimento:

1. _____
2. _____
3. _____
4. _____
5. _____
6. _____
7. _____
8. _____
9. _____
10. _____

Reenquadramento número 2: Concentre-se nos aspectos negativos do relacionamento

Certo, certo. Talvez você não esteja preparado(a) para "pensar positivo" por enquanto. Há outro caminho. Num estudo semelhante ao que descrevi anteriormente, as psicólogas clínicas Sandra Langeslag e Michelle Sanchez pediram aos participantes que estivessem passando por um rompimento que fizessem uma destas três coisas: pensar negativamente no relacionamento encerrado; ler declarações de que é normal experimentar sentimentos fortes depois de um rompimento; ou fazer algo totalmente diferente – comer, por exemplo.[16] Elas descobriram que aqueles a quem era pedido para pensar nos elementos negativos do relacionamento acabavam se sentindo menos apaixonados pelo ex ou pela ex do que as pessoas nos outros dois grupos.

> **EXERCÍCIO:** Escreva sobre os aspectos negativos do relacionamento
>
> Concentre-se no escuro para encontrar a luz. Faça um diário sobre os aspectos negativos do seu antigo relacionamento. Aquela vez em que ele deixou você sem graça na frente dos seus amigos porque você achou que "sopa do dia" era um tipo específico de sopa. Ou o momento em que ele deixou você na mão, sem ter como ir para o aeroporto. Desde aquela sensação horrível que você teve à mesa do jantar quando tentou fazer com que ele perguntasse sobre sua ligação para sua irmã mas ele não captou a deixa até a vez em que ele ficou bêbado demais, vomitou e disse que a ex dele era mais divertida que você. Uau, estou exausta só de lembrar tudo isso, e as experiências são *suas*.
>
> Passe três noites consecutivas escrevendo durante 30 minutos sobre os elementos negativos do antigo relacionamento de vocês. O que seu parceiro fez que irritou você, por que vocês eram um casal disfuncional ou de qual lado seu você precisou abrir mão por causa do relacionamento.

Reenquadramento número 3: Redescubra-se

Em pesquisas adicionais sobre o rompimento, Finkel e seus colegas descobriram que os rompimentos podem causar um pouco de crise de identidade, porque boa parte de quem somos está ligada a esse relacionamento.[17] Talvez você esteja em dúvida em relação a quem era: metade de uma dupla dinâmica, o casal perfeito. Essa perspectiva, ainda que totalmente compreensível, é orientada pela *perda*. Em vez disso, vamos nos concentrar no que você pode *ganhar* com o rompimento: quem você pode ser de novo agora que está sozinho(a).

Pesquisadores de relacionamentos descobriram que esse reenquadramento é especialmente eficaz. Numa experiência, Lewandowski dividiu pessoas que estavam passando por um rompimento em dois grupos.[18] Instruiu um grupo a sair e passar duas semanas realizando *atividades de rotina* – coisas que os participantes já gostavam de fazer, como ir ao cinema, à academia ou encontrar amigos. O outro grupo foi orientado a fazer *atividades de redescobrimento* – coisas que tinham deixado de fazer porque o ex ou a ex não gostava – como aulas de spinning ou ir a bares de jazz.

Lewandowski descobriu que as duas intervenções funcionavam. As atividades de rotina ajudavam as pessoas a não ficar em casa olhando fotos do ou da ex no celular ou se afogando em panelas de macarrão com queijo (meu medicamento preferido). Mas aquelas que participavam das atividades de redescoberta alcançavam resultados ainda melhores. Elas recuperavam uma parte da própria identidade que fora perdida no relacionamento. Lewandowski explicou que "para essas pessoas, era como o alvorecer de um novo dia". Elas se sentiam mais felizes e menos solitárias e se aceitavam mais.

EXERCÍCIO: Redescubra-se

Pense bem: de que atividades você abriu mão porque seu ou sua ex não se interessava? Ela odiava praia e fazia careta sempre que você mencionava música ao vivo? (Quem é esse monstro?) Bom, agora você pode fazer essas coisas sozinho, como atividades de redescoberta.

Saia! Desenterre aquelas luvas de boxe, compre aquarelas novas, ligue para aquela velha amiga da faculdade que seu ex achava irritante. Vá explorar quem você era e quem você pode ser de novo. Se você gosta de falar sobre espiritualidade, recomendo o livro *O caminho do artista*, de Julia Cameron, mesmo que você não se considere artista. É cheio de ideias para você se reconectar com seu eu (e com seu espírito criativo interno).

Cite três atividades de redescobrimento pessoal que você vai explorar este mês:

1. _____

2. _____

3. _____

CONTINUE PESCANDO

Às vezes as pessoas piscam para mim e dizem: "Então é verdade que o melhor jeito de superar alguém é ficando embaixo de outra pessoa?" Primeiro, não pisque para mim. Segundo, depende.

Nem todo mundo que sai de um relacionamento precisa de meses para se curar. Especialmente se foi você que tomou a iniciativa do rompimento. Diane Vaughan, socióloga e professora da Universidade Columbia, realizou uma pesquisa ampla sobre os rompimentos em seu livro *Uncoupling* (Terminando)[19] e descobriu que ficamos de luto por um relacionamento durante determinado período. As pessoas que tomaram a iniciativa de romper podem ter tido sentimentos negativos acerca do relacionamento enquanto ainda estavam neles, talvez por um ano ou mais. Assim, quando o relacionamento termina, elas não precisam de tanto tempo para se curar. Se você não ficar tão perturbado(a) quanto esperava depois do fim de um relacionamento, não se alarme. Você não é um demônio sem coração. Você sofreu o luto enquanto ainda fazia parte dele, e agora está pronto ou pronta para seguir em frente.

Se romperam com você, seu período de cura provavelmente começou só depois do fim, de modo que faz sentido demorar mais para se curar.

E começar outro relacionamento logo depois? Os psicólogos Claudia Brumbaugh e R. Chris Fraley descobriram que "pessoas que começam rapidamente um novo relacionamento não são necessariamente piores do que as que esperam mais tempo para se envolver. Na verdade, elas parecem estar funcionando melhor em algumas áreas".[20] Os autores explicam que as pessoas que esperam mais tempo para entrar em outro relacionamento costumam sofrer de baixa autoestima, e as que começam a namorar logo depois são poupadas desse golpe na autoconfiança. Passar de um relacionamento para o próximo as faz ficar menos tempo sozinhas, questionando seu próprio valor.

Como você sabe se está pronto ou pronta para começar a namorar? O único jeito de saber é indo a um encontro. Se você volta para

> casa desse encontro e chora, provavelmente precisa de um pouco mais de tempo. Mas se você se diverte, mesmo que só um pouco, tome isso como sinal de que pode continuar seguindo em frente, um passo de cada vez.

Reenquadramento número 4: Enxergue isso como uma chance de aprender com o passado e de tomar decisões melhores no futuro

Por mais desafiador que pareça, tente enxergar o rompimento como uma oportunidade para aprender.[21] Os psicólogos Ty Tashiro e Patricia Frazier descobriram que as pessoas costumam não aproveitar o potencial de crescimento pessoal que um rompimento oferece. Muitos indivíduos dão uma de "Tarzan" (balançam-se de um relacionamento para outro), não pensam no que aprenderam com o último parceiro e em como isso deveria orientar quem escolher para namorar em seguida. Não cometa esse erro.

Isso é ainda mais importante se você estiver preso ou presa num padrão de escolher parceiros que não dão certo com você pelo mesmo motivo. Já tive vários clientes que namoravam sempre o mesmo tipo de pessoa.

Por exemplo, trabalhei com uma cliente que sempre procurava homens mais novos. Homens legais, divertidos e atraentes que, em última instância, recusavam qualquer compromisso. Ela estava procurando um acompanhante para o baile, não um companheiro para a vida. Seu último rompimento aconteceu durante a pandemia da covid-19. Isso lhe deu o tempo necessário para fazer uma pausa e refletir sobre os próprios hábitos. Durante nossas sessões semanais a distância, ela aprendeu a reconhecer seu padrão. Chegou à conclusão de que suas atitudes a impediam de encontrar o amor. Apesar de ter conhecido um monte de parceiros ótimos no decorrer dos anos, ela se sabotava; ia atrás dos caras mais novos emocionalmente indisponíveis para não ter um relacionamento real e não se machucar. Ela se comprometeu a fazer mudanças para romper esse hábito. Estabeleceu prioridades diferentes, começou a namorar e abriu os olhos para os alertas vermelhos dos acompanhantes para o baile. Deu chance a caras da sua idade ou mais velhos. Conversou por vídeo com vários pretendentes. Então foi dar um passeio com o cara de quem mais gostou. Depois de mais alguns encontros, sempre respeitando o distanciamento social, os dois decidiram fazer quarentena juntos. Ir morar com alguém que ela mal conhecia era algo totalmente fora da sua zona de conforto. Mas o mundo estava tão de cabeça para baixo que ela decidiu tentar algo novo. Eles ainda estão morando juntos, felizes, e planejam uma viagem de carro para visitar a família dos dois.

> **EXERCÍCIO:** Pense no que você quer fazer diferente nos relacionamentos futuros
>
> Uma parte fundamental de ir em frente é ter clareza em relação às escolhas que você fez no último relacionamento e às mudanças que fará no próximo. Num diário ou com um amigo, tire um tempo para responder às seguintes perguntas:
>
> 1. Quem você era no seu último relacionamento? (Por exemplo, era você quem estabelecia o ritmo, puxando seu parceiro ou sua parceira para junto de si? Ou era o vagão traseiro, aquele que é puxado? O mentor ou o pupilo? A pessoa que se comprometia facilmente ou a que tinha dificuldade para criar raízes?)
> 2. Quem você quer ser no seu próximo relacionamento?
> 3. O que você aprendeu sobre o que realmente importa num relacionamento de longo prazo?
> 4. O que você vai procurar num parceiro ou numa parceira que não priorizou antes?

A chave para esse reenquadramento é reconhecer que existe ganho até na perda. Psicólogos se referem à "criação de significado", o processo por meio do qual as pessoas passam a entender um acontecimento da vida, um relacionamento ou elas próprias. Em seu importante livro *Em busca de sentido*, Viktor Frankl, um neurologista e psiquiatra austríaco que sobreviveu ao Holocausto, explicou que a criação de significado nos permite ir do sofrimento para o crescimento: "Em certo sentido, o sofrimento deixa de ser sofrimento no instante em que encontra um significado."[22]

Tente não enxergar o rompimento como um fracasso, e sim como uma chance de tomar decisões melhores no futuro. Atualize seu pensamento, passando de "O tempo cura todas as feridas" para "O significado cura todas as feridas".

> **EXERCÍCIO:** Explore o significado mais profundo
>
> Tire um tempo para responder às seguintes perguntas:
>
> 1. O que você aprendeu com esse relacionamento?
> 2. O que você aprendeu com o rompimento?
> 3. Qual é a diferença entre quem você era antes e quem você é depois desse relacionamento?
> 4. Que mudanças você fará na sua vida depois que passou por essa experiência?

Em vez de desmoronar, abra-se. Talvez você até acabe sendo uma pessoa mais forte, mais bela. Em sua palestra, Gary Lewandowski explicou o conceito de *kintsugi*.[23] O *kintsugi* é uma forma de arte japonesa em que cerâmicas quebradas são reconstruídas usando como cola metais preciosos como ouro e prata. A cerâmica em que essa técnica é aplicada costuma ficar mais bonita do que se estivesse intacta.

Lewandowski nos encoraja a ver o coração partido como uma obra de arte partida: "O *kintsugi* também é uma filosofia que trata o dano e seu conserto como uma oportunidade – algo que devemos aproveitar, e não esconder. Isso pode acontecer no seu relacionamento. Claro, seu relacionamento pode deixar algumas rachaduras, mas essas rachaduras, essas imperfeições, são fontes de força e beleza, porque os rompimentos não precisam quebrá-lo(a), porque você é mais forte do que imagina."

Você pode não ter escolhido o destino do seu relacionamento, mas pode escolher (em parte) como ele faz você se sentir – e o que fazer em seguida.

TÓPICOS PARA GUARDAR

1. Somos afetados pela tendência de avaliar as coisas de modo diferente baseados em como elas são apresentadas. Você pode acelerar seu processo de recuperação depois de um rompimento reenquadrando essa experiência, transformando a perda em uma oportunidade de crescimento e aprendizagem.

2. Os rompimentos prejudicam sua saúde física e emocional. Mas somos mais resilientes do que imaginamos. O que você sente durante um rompimento é apenas temporário.

3. Manter um diário ajuda. Escreva sobre os aspectos positivos do rompimento e sobre os aspectos negativos do relacionamento, para conseguir seguir em frente.

4. Você pode recuperar sua identidade, que frequentemente é despedaçada por um rompimento, participando de atividades de "autorredescobrimento" – coisas que você gostava de fazer antes mas das quais desistiu durante o relacionamento.

5. Essa experiência pode fazê-lo crescer se você se concentrar no que aprendeu e no que fará de modo diferente no futuro. Passe de "O tempo cura todas as feridas" para "O significado cura todas as feridas".

17

ANTES DE SE AMARRAR, FAÇA ISTO

Como decidir se você deve se casar

– Por favor, termine essas planilhas antes da quarta-feira – falei.

E não, eu não estava falando com um cliente.

Entreguei a Scott vários papéis cheios de perguntas sobre a vida e a família dele e o nosso relacionamento. Ele soltou um suspiro. Não o culpei.

Bem-vindo à vida como meu namorado. Fazia quatro anos que estávamos juntos, por isso ele estava acostumado a ser minha cobaia, testando minhas atividades de relacionamento antes de eu recomendá-las aos meus clientes.

Aquele dever de casa específico iria nos ajudar a discutir sobre casamento, algo em que vínhamos pensando durante um tempo. Tínhamos passado por grandes pontos de decisão no relacionamento: *Estamos namorando? Devemos morar juntos? Devemos terminar?* Mas naquele momento estávamos diante de um novo conjunto de perguntas intimidantes: *Queremos passar a vida juntos? Como seria essa vida?* Eu estava apaixonada por ele, mas também sabia o suficiente sobre ciência do relacionamento para entender os desafios que enfrentávamos. Um número bem alto de casamentos não dura.

Aquela parecia a maior decisão da nossa vida até então. E, no fim, estávamos certos de tomá-la com cuidado. O casamento importa, em mais sentidos do que você talvez perceba.[1] Em seu livro *The Case for Marriage* (Por que casar), a jornalista Maggie Gallagher e a socióloga Linda Waite descobriram que a felicidade e a satisfação no casamento têm um tremendo impacto na felicidade, na saúde física e mental, na expectativa de vida, na condição financeira e no bem-estar dos filhos.

Eu achava que Scott e eu precisávamos de um curso intensivo pré-nupcial, por isso criei um. Chama-se "Está na hora: passado, presente e futuro". (Observação: o título provisório era "Está na hora: ponha logo uma aliança nesse dedo, p*rra".) Ele vai ajudá-lo a pensar em onde esteve, onde está e para onde vai. Por sorte, Scott topou participar. Esse processo nos ajudou, por isso passei a compartilhá-lo com meus clientes e amigos. E agora estou compartilhando com você.

Você pode estar pensando: *Não gosto de casamento. É uma instituição idiota. Não preciso que o governo e a igreja me digam como viver.* Tudo bem. Mas presumo que, se está lendo este livro, você quer encontrar um companheiro ou uma companheira de longo prazo. Neste capítulo me refiro ao "casamento", mas se você não planeja se casar pode substituí-lo pela expressão "relacionamento de longo prazo" (ou substituir a tradição da troca de alianças por fazer uma tatuagem do rosto da outra pessoa no seu próprio rosto, e vice-versa).

ESTAMOS APAIXONADOS: ISSO NÃO BASTA?

Lembre-se: o amor é uma droga. Eis o que o escritor George Bernard Shaw escreveu em sua peça *Getting Married* (No casamento): "Quando duas pessoas estão sob a influência da paixão mais violenta, mais insana, mais ilusória, mais passageira, é pedido que elas jurem que permanecerão nesse estado agitado, anormal e exaustivo até que a morte as separe."[2] Nos primeiros anos de namoro, quando o cérebro experimenta os efeitos dessa droga, é quase impossível avaliar racionalmente esse relacionamento.[3]

Os casais que namoram por mais tempo antes de se casar têm chances maiores de permanecer juntos, em parte porque o período de lua de mel já está se esvaindo quando eles resolvem trocar alianças. Seus olhos estão mais abertos quando dizem "sim". Casais que esperam de um a dois anos para casar têm 20% menos chances de se divorciar do que os que esperam menos de um ano.[4] Casais que esperam pelo menos três anos têm 39% menos chances de se divorciar do que os que ficam noivos em menos de um.[5]

Isso não tem a ver apenas com esperar até você estar com a pessoa durante mais tempo. Também pode ser bom se casar quando você já é um pouco mais velho. Pesquisadores como o sociólogo Philip Cohen atribuem parte do declínio no número de divórcios a partir da década de 1980 ao fato de os casais se casarem mais tarde.[6] Talvez você devesse seguir a regra que minha excêntrica tia Nancy passa aos filhos: "Nada de casamento antes dos 30 anos!"

Mesmo se você esperar alguns anos, o amor ainda pode obscurecer suas prioridades. Quando entrevistei advogados especializados em divórcios (um passatempo meio estranho de explicar para Scott), vários disseram que os casais costumam cometer o mesmo grande erro ao pensar em casamento. Eles gostam tanto um do outro que presumem que a outra pessoa quer as mesmas coisas que eles; por isso não separam um tempo para conversar explicitamente sobre grandes decisões de vida, como onde morar ou se querem ter filhos.

De fato, a jornalista Naomi Schaefer Riley, autora de *'Til Faith Do Us Part* (Até que a fé nos separe) descobriu em sua pesquisa que "menos de metade dos casais com religiões diferentes disse ter discutido, antes do casamento, em que religião planejava criar os filhos".[7] Quando os casais descobrem sua incompatibilidade em relação a valores fundamentais, já estão casados. Daí entra em cena o advogado especializado em divórcios.

A presunção otimista de que você e seu companheiro ou sua companheira querem a mesma coisa faz sentido. Somos tirados dos trilhos pelo *efeito do falso consenso*: a tendência de achar que a maioria das outras pessoas concorda com nossos valores, nossas crenças e nosso comportamento.[8] Por exemplo, imagine uma pessoa que se preocupa com o meio ambiente e tenta limitar o próprio consumo de carne, o uso de combustíveis fósseis e o consumo de plásticos. Se um plebiscito local pedisse aos eleitores que votassem uma lei que proibisse sacolas plásticas, essa pessoa ia esperar que a lei fosse aprovada com facilidade, porque presumiria que os outros enxergam o mundo com os mesmos óculos de lente verde. Num relacionamento, consideramos uma certeza que nosso(a) companheiro(a) enxerga o mundo como nós – e que portanto deseja as mesmas coisas, seja quantos filhos ter, onde morar ou se deve gastar ou poupar dinheiro. A droga da paixão, combinada com o efeito do falso consenso, leva muitos casais a deixar de lado conversas pré-nupciais importantíssimas. De modo que não: estar apaixonado não basta. É hora de pensar de modo crítico sobre se vocês devem se casar.

PARTE UM: TUDO SOBRE MIM

EXERCÍCIO: Responda às perguntas "Tudo sobre mim"

Antes de pensar em você como parte de um casal, considere seus desejos e suas necessidades individuais. Separe um tempo para ficar sozinho(a). Recomendo ir a um café sábado ou domingo de manhã com um caderno e responder a estas perguntas:

1. Meu parceiro ou minha parceira está mais para um acompanhante para o baile ou para um companheiro para a vida? Em outras palavras, é uma pessoa que estará do meu lado a longo prazo ou uma diversão passageira?
2. O teste do guarda-roupa: se meu parceiro ou minha parceira fosse uma peça de roupa, qual seria?
3. É uma pessoa com quem posso crescer?
4. Admiro essa pessoa?
5. Que lado meu essa pessoa desperta?
6. Essa é a pessoa com quem quero compartilhar o que acontece de bom comigo?
7. Quando tenho um dia difícil no trabalho, quero falar sobre isso com meu parceiro ou minha parceira?
8. Valorizo os conselhos do meu parceiro ou da minha parceira?
9. Estou ansioso(a) para criar um futuro com essa pessoa? Posso nos ver alcançando conquistas importantes juntos, como comprar uma casa ou ter filhos?
10. Essa é uma pessoa com quem posso tomar decisões? Quando imagino situações ruins – como perder o emprego ou um filho –, essa é a pessoa que eu desejaria ter ao lado para pensar em perguntas como "Devemos nos mudar?" ou "Como podemos passar pelo luto ao mesmo tempo que cuidamos dos nossos outros filhos?"
11. Nós nos comunicamos bem e brigamos de modo produtivo?

Leia suas respostas. Mas em vez de revisá-las como você mesmo, finja que está lendo o que sua melhor amiga escreveu sobre o relacionamento *dela*. O objetivo aqui é ser o mais honesto(a) possível com você mesmo(a). Tomar algum distanciamento – imaginando que está ajudando uma amiga – pode lhe dar uma perspectiva melhor.

Se as respostas fossem de uma amiga sua, de quem você gosta profundamente e para quem só deseja o bem, como você a aconselharia? Você seria a favor do casamento dela? Teria alguma preocupação? Que perguntas não respondidas eles deveriam abordar antes de ir em frente?

Examine o que você sentiu enquanto revisava as repostas. Este é o momento para decidir se pisa no acelerador ou no freio. Só vá para a segunda parte se você decidir que esse é o relacionamento *certo* para você *nesse momento*. Se não tem certeza, talvez seja bom voltar ao capítulo 14 e ver se é hora de encerrá-lo ou consertá-lo. E se não se sente pronto ou pronta para casar, talvez você só precise investir mais tempo no relacionamento antes de ir para o próximo estágio. Não adianta se apressar numa decisão tão importante. Lembre-se: casais que esperam pelo menos três anos têm 39% menos chances de se divorciar do que aqueles que se comprometem depois de menos de um ano.

PARTE DOIS: TUDO SOBRE NÓS

Se a primeira parte correu bem e você decidiu continuar, é hora de conversar com seu parceiro ou sua parceira. Essa é uma conversa pesada. Separe três noites no decorrer de um mês. Não tente fazer tudo numa única noite!

Seu objetivo nessas conversas é manter a curiosidade. Descubra o que a outra pessoa deseja e veja se isso está alinhado com o que você deseja. Lembre-se: você está tentando evitar o efeito do falso consenso.

EXERCÍCIO: Responda às perguntas "Tudo sobre nós"

Separe uma noite para cada conversa. Recomendo primeiro fazer alguma atividade juntos, assim vocês dois se conectam. A psicoterapeuta Esther Perel observa que um dos momentos em que nos sentimos mais atraídos pelo nosso parceiro é quando admiramos seus talentos individuais.[9] Invistam nessa atração ensinando uma nova habilidade um ao outro. Se um dos dois cozinha bem, por que não ensinar uma receita ao outro?

Faça a experiência ser romântica. Quero dizer, vocês estão falando sobre a possibilidade de se casar – o que poderia ser mais romântico do que isso? Monte o cenário. Arrume-se. (Não use aquela horrorosa calça de moletom vermelha que você ganhou há 10 anos e se recusa a jogar fora apesar de seu noivo ou sua noiva odiá-la.) Pegue a garrafa de vinho que você vem guardando, coloque Sam Cooke para tocar e se aconcheguem para responder às perguntas.

Conversa número 1: O passado

- Quais são os três momentos do seu passado que na sua opinião definem você?
- Como você acha que sua infância afeta quem você é hoje?
- Seus pais brigavam? Quais são seus medos em relação a conflitos no relacionamento?
- Que tradições da sua família você deseja trazer para a nossa família?
- Como sua família falava (ou não falava) sobre sexo quando você estava crescendo?
- O que o dinheiro representava para a sua família?
- Que bagagem da sua família você quer deixar no passado?

Conversa número 2: O presente

- Você se sente confortável em falar comigo quando alguma coisa acontece?

- Há alguma coisa que você gostaria de trabalhar na nossa comunicação?
- Você sente que pode ser quem é no relacionamento? Por quê?
- Que mudanças você gostaria de fazer no nosso relacionamento?
- Quão bem você acha que lidamos com os conflitos?
- De qual ritual que fazemos juntos você mais gosta?
- O que você gostaria que fizéssemos mais vezes juntos?
- Até que ponto você acha que eu conheço seus amigos e familiares? Existe alguém na sua vida (parente, amigo, colega de trabalho) que você quer que eu conheça melhor?
- Com que frequência você gostaria de fazer sexo? Como nossa vida sexual poderia ser melhor? O que posso fazer para melhorá-la? Há alguma coisa que você sempre quis experimentar mas tem medo de pedir?
- Com que frequência você pensa em dinheiro?
- Vamos falar abertamente sobre nossas finanças. Você tem empréstimos estudantis a pagar? Dívidas de cartão de crédito? Minha dívida é sua dívida?
- Qual é o máximo que você gastaria num carro? Num sofá? Num par de sapatos?

Conversa número 3: O futuro

- Onde você quer morar no futuro?
- Você quer ter filhos? Caso sim, quantos? Quando? Se não pudermos ter nossos próprios filhos, em que outras opções pensaríamos? Adoção? Barriga de aluguel?
- Quais são suas expectativas em relação a dividir a criação dos filhos e o trabalho doméstico?
- Com que frequência você quer ver sua família?
- Que papel você deseja que a religião ou a espiritualidade tenha na nossa vida?
- Você quer falar sobre o contrato pré-nupcial? Que temores isso provoca em você?

- Como você espera dividir as contas no futuro?
- Você acha que sempre vai querer trabalhar? O que vai acontecer se um de nós parar por um tempo?
- Se estivermos pensando em comprar algo grande, em que momento você gostaria que eu ligasse para você? (Por exemplo, qual é o limite do que eu posso pagar sem verificar com você antes?)
- Quais são seus objetivos financeiros de longo prazo?
- O que você mais espera fazer no futuro?
- Diga um sonho seu. Como posso ajudar a realizá-lo?

Você pode achar que essas conversas serão incômodas ou forçadas. Scott e eu também achávamos isso. Mas, enquanto as tínhamos, compartilhamos histórias da nossa infância havia muito esquecidas. Como a vez que fiquei arrasada na escola porque estava com ciúme de uma vizinha que tinha ganhado dos pais 10 sombras de olho cintilantes – o equivalente a um relógio Rolex para uma garota do sexto ano – de presente no Dia dos Namorados. (Que tipo de pais dá presentes aos filhos no Dia dos Namorados?) Scott me contou uma história hilária de como sua mãe se recusara a lhe dar uma calça pantalona cara – o auge da moda para os garotos do ensino fundamental no fim dos anos 1990. (Depois olhei fotos daquela calça horrorosa na internet e acho que a mãe tomou a decisão certa.)

Durante uma dessas conversas descobri que Scott quer ter apenas um filho; e eu, dois. Ele é filho único e eu tenho uma irmã, e pelo jeito queremos recriar a dinâmica da nossa família. De repente nossa conversa se tornou combativa ao discutirmos os méritos da infância de cada um. Scott expressou sua crença de que é moralmente questionável colocar mais de um filho em um planeta superpopuloso, e eu argumentei que ter um irmão automaticamente nos inscreve em 10 mil horas de treinamento em inteligência emocional. Apesar de não concordarmos nesse ponto, fiquei feliz por termos colocado na mesa nossas visões diferentes. Decidimos que aquele não era um empecilho, porque, apesar de nossas preferências não estarem alinhadas, ambos estávamos dispostos a ceder. Planejamos ter um filho e ver como nos sentiríamos depois.

Essas conversas me convenceram não somente de que aquele era o relacionamento certo para o momento, como estava avançando. Admiro a disciplina de Scott: o modo como ele malha todo dia, cozinha pratos veganos e saudáveis, fica acordado até tarde tentando encontrar bugs nos seus softwares. Adoro as vozinhas que fazemos para falar um com outro e nossas piadas internas. E acredito em nós como uma equipe. Sabemos ceder e nos revezar para conseguir o que queremos. Quando me fiz a pergunta do teste do guarda-roupa, imaginei-o como meu macacão pijama predileto, que faz eu me sentir segura, quentinha e forte. Como se estivesse vestindo um abraço.

Uns seis meses depois de terminarmos esse processo, Scott me convidou para assistir ao show de mágica do nosso amigo David. David é um talentoso mágico mentalista que consegue adivinhar o nome de bichos de estimação da infância e obscuros destinos de férias de pessoas totalmente estranhas. Ele se apresenta toda quarta-feira à noite num teatro atrás do bar PianoFight.

Naquela noite, quando David terminou sua apresentação, o público aplaudiu de pé. Depois dos aplausos, David disse:

– Tenho mais um truque.

No início do show, a plateia tinha escrito o próprio nome e uma única palavra em cartas de baralho em branco. David pediu que uma pessoa da plateia escolhesse uma carta. Ele chamou meu nome e fui até o palco.

Então David me mandou escolher uma carta aleatória. Magicamente, a carta que escolhi tinha o nome de Scott. Scott desceu a escada da plateia e se sentou ao meu lado no palco.

Ficamos ali sentados, as luzes ofuscando nossa visão e nos impedindo de enxergar a plateia de 50 pessoas. David pegou o celular de uma pessoa, abriu o aplicativo da calculadora e começou a multiplicar os números fornecidos pela plateia. O resultado foi: 542.015. David perguntou se aquele número significava alguma coisa para nós. Eu não o reconheci.

Então ele desenhou duas barras entre os números, transformando-o em 5/4/2015.

– Esse é o seu aniversário? Ou do Scott?

Não, era o nosso aniversário de namoro.

Então David pegou a pilha de cartas com os nomes e as palavras e pediu que eu a dividisse em cinco pilhas. Mandou Scott virar as cartas de cima, uma de cada vez, enquanto eu transcrevia a mensagem num grande cavalete.

– Você... – escrevi no quadro quando Scott leu em voz alta a primeira carta.

– Quer... ser... minha...

Cobri o rosto com as mãos enquanto esperava a última carta.

– Esposa?

Scott se levantou da cadeira e tirou um anel do bolso. Ajoelhou-se. Eu assenti, peguei o anel e dei um abraço enorme nele. Depois de a plateia explodir em aplausos, David nos levou para fora do teatro. Saímos no bar, onde um grupo de 30 amigos nos recebeu. Eles tinham formado um "túnel do amor", uma fileira de pessoas dos dois lados com os braços estendidos acima da cabeça. Nós o atravessamos triunfantemente.

Ainda que o pedido tenha sido uma grande surpresa, o fato de querermos nos casar não foi. Tínhamos feito o trabalho. Tínhamos tido as conversas. Tínhamos optado por decidir, e não escorregar.

TÓPICOS PARA GUARDAR

1. O amor é uma droga que nos deixa inebriados.

2. O efeito de falso consenso é a tendência de achar que as outras pessoas enxergam as coisas do mesmo modo que nós. Quando o amor e o efeito de falso consenso se combinam cedo em um relacionamento, o casal costuma deixar de discutir aspectos importantes sobre o futuro antes de decidir se casar.[10] Os dois presumem que querem as mesmas coisas sem ao menos confirmar isso, o que pode levar a um final infeliz.

3. Antes de decidir se amarrar, você pode superar o efeito de falso consenso realizando a série de atividades de autorreflexão e parceria "Está na hora: Passado, presente e futuro". Vocês devem conversar sobre o passado (de onde vocês vieram), o presente (onde estão) e o futuro (para onde vão). E é crucial separar um tempo para discutir assuntos como dinheiro, sexo, religião e filhos.

18

AMOR INTENCIONAL

*Como construir relacionamentos
que durem*

Lembra-se da falácia do felizes para sempre – a crença equivocada de que a parte difícil do amor é encontrar alguém? Esse é somente o primeiro ato da sua história de amor. A próxima parte também é difícil: fazer o relacionamento durar bastante tempo. Este capítulo vai ajudá-lo a conseguir isso.

Não vou dourar a pílula. É assim que um relacionamento longo se apresenta para muitos casais:

O primeiro gráfico a seguir mostra a felicidade média no casamento ao longo do tempo.[1] Quanto mais tempo você está casado, menos feliz você se sente. Felizes para sempre é o caramba.

Outro gráfico importante vem depois. Ele mostra a porcentagem de casais que declararam ter um casamento "muito feliz" entre 1972 e 2014.[2]

Como é possível ver, nos últimos 40 anos um número cada vez menor de pessoas encontra felicidade num relacionamento de longo prazo.

Mas há esperança. Você não está destinado(a) a ter um relacionamento frustrante. Os bons relacionamentos são criados, e não descobertos. Você pode formar um elo duradouro se se esforçar. A oportunidade de criar o relacionamento dos seus sonhos é sua.

RELAÇÃO ENTRE FELICIDADE CONJUGAL E TEMPO[3]

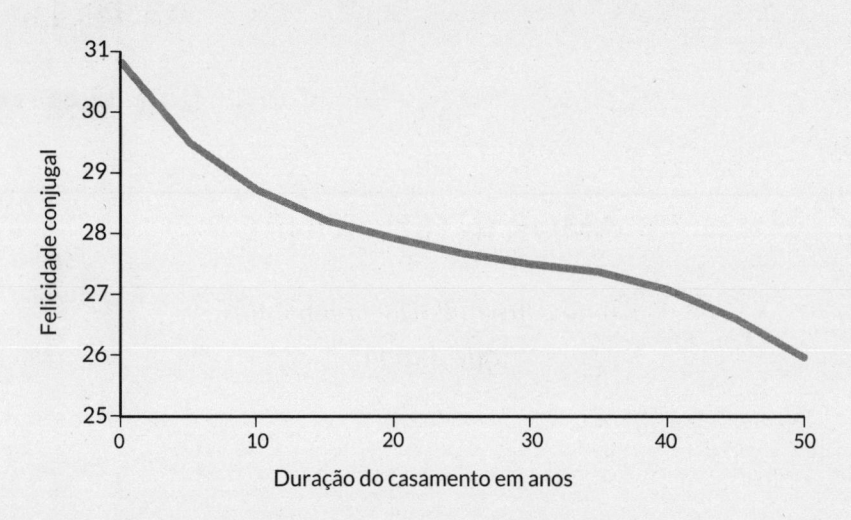

DECLÍNIO DO CASAMENTO FELIZ[4]

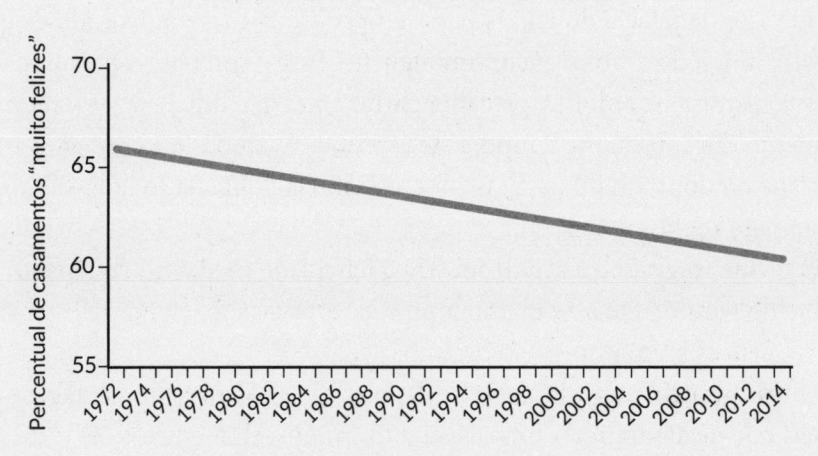

CRIANDO UM RELACIONAMENTO QUE MUDA COM AS PESSOAS QUE ESTÃO NELE

Quando me perguntam o que faz um casamento de longo prazo funcionar, costumo lembrar a seguinte citação sobre as descobertas de Charles Darwin[5] a respeito da seleção natural: "Não é a espécie mais forte que sobrevive nem a mais inteligente, e sim a que reage melhor à mudança." Mesmo se você tiver um relacionamento ótimo hoje, ele pode fracassar se vocês não se adaptarem. Sua vida ou a do seu companheiro ou da sua companheira pode tomar um rumo imprevisível. Criar um relacionamento que possa evoluir é a chave para fazê-lo durar.

Talvez você não acredite que vá mudar muito no futuro. Você já é a pessoa que vai ser a longo prazo.

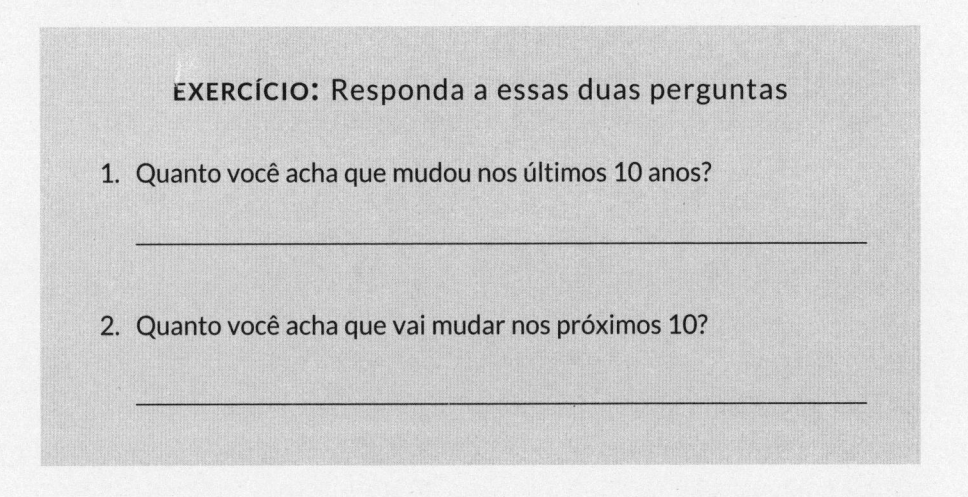

> **EXERCÍCIO:** Responda a essas duas perguntas
>
> 1. Quanto você acha que mudou nos últimos 10 anos?
>   _____
>
> 2. Quanto você acha que vai mudar nos próximos 10?
>   _____

O psicólogo de Harvard Daniel Gilbert e sua equipe fizeram essas mesmas perguntas a um grupo de muitos participantes.[6] Pediram a algumas pessoas que previssem quanto mudariam nos próximos 10 anos. Outras responderam a perguntas sobre quanto tinham mudado nos últimos 10 anos. A maioria acreditava que tinha mudado significativamente desde 10 anos antes, mas não esperava mudar muito nos 10 seguintes. Estavam erradas. Gilbert chama isso de *ilusão do fim da história*.[7]

Gilbert observou que sabemos que vamos envelhecer fisicamente – nosso cabelo vai ficar grisalho e nosso corpo vai mudar –, mas achamos que, "em termos gerais, minha essência, minha identidade, meus valores, minha personalidade, minhas preferências mais profundas, não vão mudar daqui em diante". A verdade é que nunca paramos de crescer e mudar.

E assim como nós, como indivíduos, continuaremos mudando no decorrer da vida, nossos relacionamentos também vão mudar. Às vezes um dos parceiros está em dificuldades e o outro mantém a família de pé. Às vezes vocês se sentem profundamente apaixonados, às vezes não suportam nem olhar um para a cara do outro. Às vezes vocês acharão mais fácil conversar, e às vezes vai parecer que uma parede brotou entre os dois.

Devido à natureza sempre mutável dos relacionamentos, deveríamos agir como se eles fossem coisas vivas, que respiram. Mas com muita frequência tratamos nosso relacionamento como uma torradeira. Tiramos da caixa, ligamos na tomada e esperamos que ela funcione sempre do mesmo jeito. Uma torradeira funciona melhor no dia em que você a compra, e pouco a pouco, com o tempo, vai piorando. Ninguém acha que sua torradeira vai se adaptar ou melhorar. Nós nos comprometemos com o casamento no dia da cerimônia e esperamos que ele permaneça igual – até que a morte nos separe.

Bom, e como está a nossa torradeira? Se você olhar as taxas de divórcio e separação, 50% das pessoas estão devolvendo sua torradeira.[8] Nossos relacionamentos fracassam em parte porque não são programados para, em termos darwinianos, "reagir à mudança".

Vamos largar a torradeira e trazer o romance para o século XXI adotando a filosofia do amor intencional. Aqui, neste livro, aprendemos a ser intencionais no modo como entramos num relacionamento. Esse modo de pensar também orienta a próxima parte da sua história.

Para tanto, projetei um conjunto de ferramentas, baseadas na ciência comportamental, que ajudarão a criar o tipo de relacionamento duradouro que todos dizemos querer, mas muito poucos sabemos como manter. Nos últimos anos, milhares de casais em todo o mundo acessaram essas ferramentas com a esperança de criar um relacionamento adaptável, forte e, mais importante, feito para durar.

O CONTRATO DO RELACIONAMENTO

Para muitos de nós, a única vez que articulamos as especificidades do compromisso conjugal é durante a própria cerimônia de casamento. Mas, à medida que continuamos vivendo, mais de meio século pode passar entre o momento em que fazemos nossos votos e aquele em que a cláusula do "até que a morte nos separe" acontece. Precisamos de um sistema modernizado que nos ajude a adaptar nosso relacionamento à medida que as pessoas que estão nele crescem e mudam. É aí que entra o contrato do relacionamento.

No capítulo 15, expliquei o poder de criar um plano escrito para um rompimento e como se inscrever *ativamente* para participar de alguma coisa faz você ter muito mais probabilidade de cumprir com sua palavra, do que se você apenas concordasse passivamente. Essa é a mesma lógica por trás do contrato do relacionamento, um documento destinado a mudar e crescer com o tempo.

Isso funciona para casados ou pessoas que estão num relacionamento de longo prazo. Antes, um aviso: a palavra "contrato" pode parecer assustadora, mas esse não é de modo nenhum um contrato pré-nupcial. Estamos falando de um documento sem validade jurídica, com a concordância das duas partes, que ajuda os casais a criar uma visão compartilhada do relacionamento. Escreva-o num guardanapo, esboce-o num documento do Google ou escreva-o com ímãs de geladeira.

Esses acordos catalisam conversas que os casais deveriam ter periodicamente para estabelecerem o que querem com o relacionamento. Eles devem responder perguntas como: *Com que frequência queremos ver nossa família? Como vamos dividir as contas? O sexo é importante para nós? Somos monogâmicos? E como definimos a monogamia?*

Os psicólogos Jesse Owen, Galena Rhoades e Scott Stanley observaram que casais que tiram um tempo para conversar sobre as grandes decisões são mais felizes do que aqueles que não fazem isso.[9] Já ministrei workshops em todos os Estados Unidos para ajudar centenas de casais a fazer exatamente isso, por meio de um contrato do relacionamento.

Ao preencher esse contrato, vocês devem ser honestos, vulneráveis e estar dispostos a se comprometerem. Esse não é, de modo nenhum, um momento para discutir os defeitos do seu parceiro ou da sua parceira; nem de fazer exigências. O contrato não deve ser transacional – "Eu lavo a roupa se você lavar os pratos" –, e sim baseado em valores – "Nós nos comprometemos a apoiar os sonhos um do outro e fazer os sacrifícios necessários para permitir que esses sonhos se realizem".

Sempre fico surpresa com a diversidade das cláusulas desse contrato. Algumas são sérias, como as do casal que delineou como iria pagar as dívidas estudantis. E algumas são bem bobas, como as do casal que prometeu parar de comprar móveis da Leroy Merlin.

Na primeira página do contrato, os casais estabelecem uma data específica para rever aquele acordo. Nessa data, cada um dá ao outro um feedback sobre como eles estão se saindo. Alguns casais reavaliam seu contrato todo ano. Outros fazem isso a cada cinco ou sete anos. Essa conversa força um ponto de decisão em que o casal pode se perguntar: *De que nosso relacionamento precisa agora?* Então eles podem atualizar o contrato para refletir sobre como mudaram como indivíduos. Isso também permite que o relacionamento se alinhe, bem antes de haver um rompimento. Como disse John Kennedy: "A hora de consertar o telhado é quando o sol está brilhando."[10] Ele não estava falando do casamento dele, mas você sacou a ideia.

Decida, e não escorregue. No apêndice incluí um exercício em duas partes para escrever seu próprio contrato do relacionamento. Esses materiais foram criados em parceria com Hannah Hughes, minha amiga e colaboradora. Você deve primeiro preencher sozinho(a) a planilha de autorreflexão. Nela, há perguntas sobre o tempo que você precisa passar a sós, de que jeitos você demonstra seu amor, que rituais valoriza no relacionamento, e mais. Depois você deve completar a cópia em branco do contrato do relacionamento em colaboração com seu parceiro ou sua parceira.

> **EXERCÍCIO:** Contrato do relacionamento
>
> Arranje um fim de semana em que você e seu parceiro ou sua parceira estejam livres. Se vocês puderem viajar, ótimo! Se não, planejem um fim de semana romântico em casa. O mais importante é desligar os celulares. Durante todo o fim de semana, em meio a refeições deliciosas e carinhos constantes, arranjem tempo para trabalhar no contrato do relacionamento. Façam disso uma discussão sobre amor e conexão.

O RITUAL DE VERIFICAÇÃO

Adoro esta frase da psicoterapeuta Esther Perel: "A qualidade do seu relacionamento determina a qualidade da sua vida. Os relacionamentos são a sua história. Escreva-os bem e corrija-os com frequência."[11]

De que frequência ela está falando? Gosto do *ritual de verificação* semanal, uma conversa curta em que você e seu parceiro ou sua parceira discutem o que andam pensando. O contrato do relacionamento ajuda vocês a estabelecer a direção do relacionamento – e o ritual de verificação garante que vocês estejam nos trilhos. Muitos casais têm medo de falar honestamente sobre o que querem, seja ter filhos, abrir o relacionamento ou até mesmo terminá-lo. Todos os relacionamentos têm problemas e quase todos sentimos vergonha de abordá-los. O contrato do relacionamento e o ritual de verificação são ferramentas projetadas para tornar isso menos incômodo.

Todo domingo à noite, Scott e eu nos sentamos no nosso grande sofá branco para conversar. Ele sempre se senta perto da porta (atitude que escolho não analisar muito), e eu me esparramo na poltrona. Em geral ele está comendo pipoca; e eu, me sentindo estufada por causa do jantar.

Fazemos um ao outro três perguntas: *Como foi a nossa última semana? Você sentiu que apoiei você? Como posso ajudar você semana que vem?* Às vezes essa verificação dura menos de cinco minutos. Mas quando estamos tendo uma semana difícil, ela se transforma numa conversa longa e íntima. Claro, essas discussões podem ser difíceis, mas com frequência são importantes e esclarecedoras. Tentamos enfrentar os problemas à medida que eles surgem. É assim que permanecemos conectados e descobrimos coisas novas sobre nós mesmos e nosso relacionamento. Esse ritual nos permite abordar o que está acontecendo antes que se passe tempo demais e muito ressentimento se acumule.

Tão importante quanto a verificação é o ritual em si. Transformar isso em algo consistente e recorrente é como respeitar um princípio supersimples que cientistas comportamentais costumam empregar: quando colocamos alguma coisa na nossa agenda e a transformamos em um *padrão*, temos muito mais probabilidade de realizá-la. E como essas verificações passam a fazer parte da agenda, nenhum dos dois precisa pegar no pé do outro para arranjar tempo para falar sobre o que importa. A agenda pega no pé por nós.

Muitos casais com quem trabalhei e adotaram o ritual de verificação dizem que se sentem mais felizes, mais apaixonados e mais resilientes.

Faça-se a seguinte pergunta: como seria a minha vida se eu me sentasse regularmente com meu companheiro ou minha companheira e dissesse o que realmente está acontecendo comigo? Prometo que isso vale a pena. Escolha o amor intencional.

> **EXERCÍCIO:** Faça seu próprio ritual de verificação
>
> Sente-se com seu companheiro ou sua companheira e respondam juntos às seguintes perguntas:
>
> 1. Em que dia da semana vocês querem que esse ritual aconteça?
> 2. Onde? Pensem num lugar em que os dois se sintam confortáveis. No sofá? No banco predileto de vocês no parque?
> 3. Que perguntas vocês querem fazer um ao outro a cada semana?
> 4. Como vocês podem fazer com que esse ritual seja especial? Por exemplo: vocês poderiam comer sua sobremesa predileta enquanto respondem às perguntas ou um fazer massagem nos pés do outro?
> 5. O que vocês farão se não estiverem fisicamente juntos?

O QUE VEM EM SEGUIDA: UM MUNDO DE AMOR INTENCIONAL

Relacionamentos fortes não surgem por acaso. Eles precisam de atenção e escolhas. Exigem amor intencional. Neste mundo de amor intencional – na verdade, neste mundo de vida intencional – quero que, quando você refletir sobre a vida que teve, veja uma série de decisões que tomou deliberadamente, com um propósito. Talvez você tenha amado mais uma pessoa, talvez tenha tido três relacionamentos importantes ou talvez tenha ficado solteiro(a) e levado uma vida cheia de empolgação. De qualquer modo, a vida foi uma aventura, e não um acidente. Você programou sua vida, assumiu responsabilidades, foi honesto(a) com você mesmo(a) sobre quem era e o que desejava. E, mais importante, corrigiu o rumo quando era necessário. Você não viveu a ideia de vida de outra pessoa, viveu a sua.

Ao escrever este livro, tive a honra de conhecer muitas pessoas inspiradoras: pessoas que incorporam os ideais do amor intencional.

Há, por exemplo, o homem que vai a encontros e diz a verdade sobre o que deseja – nada sério –, e com frequência suas palavras são recebidas com apreço e alívio.

E há a mulher trans que finalmente encontrou um companheiro que pode fazer seu novo corpo ter um orgasmo. Eles acabaram de comprar uma casa juntos usando o benefício de veteranos do serviço militar.

Há o homem que aprendeu a pedir à esposa um espaço da casa que pudesse decorar e chamar de seu.

Há o casal que abraçou a poligamia e comprou uma casa onde pudesse criar uma família com seus outros parceiros.

Na teoria, alguns desses casais jamais dariam certo. Mas como são intencionais, sua vida é cheia de prazer e alegria. Alguns desses casais superaram tragédias como cânceres raros e múltiplos abortos. Mas continuaram colocando diariamente uma energia tremenda no relacionamento. Estão decididos a vencer as probabilidades, a fazer parte daquela porcentagem muito pequena de casais felizes e prósperos.

Você tem uma chance. E não há nenhum segredo. Espero que este livro tenha ajudado você. Agora vá e viva *intencionalmente* para sempre.

TÓPICOS PARA GUARDAR

1. Nos últimos 40 anos, um número cada vez menor de pessoas está encontrando a felicidade nos relacionamentos de longo prazo. A boa notícia é que bons relacionamentos são criados, e não descobertos. Você pode construir o relacionamento dos seus sonhos.

2. Criar um relacionamento que possa evoluir é a chave para fazê-lo durar. Nós subestimamos quanto vamos crescer e mudar no futuro e deveríamos buscar relacionamentos em que possamos aprender e crescer junto com nosso parceiro ou nossa parceira.

3. Escrever um contrato do relacionamento permite que vocês estabeleçam a direção da sua relação e a revisem com o tempo. Um ritual de verificação semanal ajuda a enfrentar os problemas que vão surgindo.

4. Num mundo de amor intencional, você projeta sua vida, você se responsabiliza, é honesto(a) com você mesmo(a) sobre quem é e o que deseja. E, mais importante, corrige o rumo quando é preciso. Você não vive a ideia de vida de outra pessoa, vive a sua. Agora vá e viva *intencionalmente* para sempre.

AGRADECIMENTOS

Escrever um livro é algo que fazemos sozinhos. A não ser que, como eu, você tenha a sorte de ter uma comunidade de amigos e conselheiros de confiança que assuma seu projeto como se fosse dela.

Scott Mayer Mckinney, você passou incontáveis horas revisando o manuscrito, protegendo minha saúde mental e me lembrando de que tenho muito a aprender sobre ciência do relacionamento. Você é meu eterno coautor.

Molly Glauberman, minha amada gerente de produtos, você criou a estrutura e o apoio de que eu precisava para dar à luz este livro. É justo que em troca você tenha ganhado Ben. Ellen Huet, minha gramática e conselheira de confiança, suas generosas opiniões a qualquer hora reforçaram minhas ideias, minha escrita e minhas brincadeiras. Fazer amigos na vida adulta é desafiador. Demorei oito anos para encontrar vocês duas, mas agradeço todo dia por não ter parado de procurar.

Connor Diemand-Yauman, tenho uma sorte enorme de você ter participado deste projeto. Cada capítulo é mais divertido e mais profundo por causa das suas ideias.

Liz Fosslien, admiro sua criatividade, sua perspicácia e sua inteligência. Obrigada pelas opiniões sinceras durante todo o processo de escrita deste livro. Sempre sou eu mesma quando estou com você, e esse é um dom raro.

Kimberly Baudhuin, nós formamos uma bela equipe. Obrigada por salvar tantas vezes o dia.

Britt Nelson e Hannah Hughes, obrigada por emprestarem seu excelente bom gosto. Suas habilidades de design me deram força em um momento desafiador.

Rose Bern, obrigada por sua colaboração inestimável para a proposta e a pesquisa de base do livro.

Toby Stein, meu parceiro de travessuras. Você é o paradigma da amizade, e seu apoio total durante todo o processo de escrita deste livro se mostrou inestimável.

Emily Graff, minha infatigável editora na Simon & Schuster. Você viu este livro em mim quando eu ainda nem pensava nele e tem sido minha defensora a cada passo do caminho. Juntas demos vida a este projeto.

Aos meus amigos de toda a vida, vocês me definem. Nossa amizade é meu maior feito. Vivo para as nossas conversas e para o tempo que passamos juntos. Só alcancei esse antigo objetivo porque vocês estavam comigo esse tempo todo.

Dani Helitzer, nossa amizade dura três décadas – mais do que tantos ex-namorados. Você é para sempre a minha família.

Lana Schlesigner, como conseguimos nos encontrar aos 14 anos? Tudo que é meu é seu; você é mais do que uma amiga, é parte de mim.

Alison Congdon, Tori Simeoni e Michela DeSantis, tenho muito orgulho do que alcançamos com o apoio e a orientação umas das outras. Que sorte vivermos juntas na quarta dimensão!

Tessa Lyons-Laing, minha irmã. Você tramou comigo desde o início, e adoro passar pela vida ao seu lado.

Martabel Wasserman, adoro sua ferocidade, sua originalidade e sua inteligência. Amo me enxergar através dos seus olhos.

Kristen Berman, você é a capitã da nossa liga de super-heróis da baía de São Francisco. Você sempre diz sim, e na última década todos esses "sim" me levaram a muitas coisas boas, inclusive este livro.

Erik Torenberg, meu primeiro autoproclamado "fã". Seu investimento e sua fé no meu trabalho tornaram possíveis muitas coisas. Nossa amizade é uma alegria na minha vida.

Misha Safyan, você é um verdadeiro ser humano.

Sara Sodine, durante todo este processo você leu generosamente muitos esboços, muitos rascunhos e muitas mensagens enviadas tarde da noite. Você é uma conselheira e amiga de confiança.

Tara Kousha, sua sabedoria e sua orientação em nossas sessões de *coaching* me deram a coragem de ir atrás da minha paixão. É uma honra chamar você de amiga.

Meikaela Zwieryznski, sua hospitalidade generosa em Nova York abriu muitas oportunidades para mim. Não existe um lugar onde eu goste mais de estar do que no seu sofá, conversando com você até depois da hora de dormir.

Este livro não existiria sem a generosidade e a sabedoria dos meus mentores, gigantes dos campos da ciência comportamental e do relacionamento.

Dan Ariely, aprender ao seu lado foi a melhor formação em ciência comportamental que eu poderia imaginar. Você me ensinou muito a como viver uma vida plena e experimental.

Esther Perel, seu trabalho visionário pavimentou o caminho para este livro. Desde nossa primeira conversa sobre meus pais até nosso bate-papo sobre ter filhos, você acrescentou profundidade, complexidade e sabedoria à minha vida. Você me inspira.

John e Julie Gottman, os "mestres do relacionamento" originais, obrigada pela orientação e por suas contribuições ao campo. Minha ligação com Scott é mais forte porque frequentamos seu workshop bem no início do nosso relacionamento.

Eli Finkel, obrigada por sua pesquisa rigorosa, que me ajudou a definir o que penso sobre o amor e os relacionamentos. Obrigada por sua gentileza e generosidade e por se arriscar a trabalhar comigo. Alison Finkel, eu vejo você. Obrigada por ter me recebido na sua casa e no seu coração.

Dan Jones, Steven Levitt, Helen Fisher, Alain de Botton, Alexandra Solomon, Barry Schwartz, Sheena Iyengar, Ty Tashiro e as dezenas de pessoas que entrevistei sobre sua vida amorosa, obrigada por compartilharem sua sabedoria comigo. Nossas conversas moldaram este livro.

Aos meus primeiros leitores – Lana, Tori, Tessa, Toby, Kristen, Molly, Ellen, Connor, Martabel, Liz, Etosha Cave, Alexis Konevich, Regina Escamilla, Michael Fulwiler, Laura Thompson, Faryl Ury, Cindy Mayer, Craig Minoff e Fiona Romeri –, obrigada pelos olhos atentos, pelas sugestões criativas e pelas críticas construtivas. Vocês pouparam os futuros leitores de piadas ruins e conselhos opacos.

Obrigada a Mike Wang, Jessica Cole, Rui Bao, Tyler Bosmeny, Ryan Dick, Brenna Hull, Tessa, Sam Steyer, Stephanie Sher, MayC Huang, Josh Horowitz, Natalie Tulsiani e Marina Agapakis pelos jantares de prestação de contas. As ideias e os comentários compartilhados à mesa moldaram este livro.

David Halberstein, obrigada por me emprestar generosamente sua brilhante mente jurídica, mesmo durante sua primeira semana de licença-paternidade.

Allison Hunter, minha agente, você acreditou neste livro desde o início. Eu não poderia pedir uma defensora melhor.

Aos meus clientes, obrigada por confiarem a mim sua vida amorosa. A vulnerabilidade, a dedicação e a paixão de vocês me motivaram a escrever este livro.

À minha família, boa parte do que era necessário para escrever este livro veio de vocês e da educação que me deram: tenacidade, amor pela linguagem e uma confiança exagerada na minha capacidade. Faryl Ury e Ben Sacks, temos sorte de ter seu amor e sua lealdade logo ali, do outro lado da ponte. Tia Nancy, seu casamento é um exemplo para todos nós, e sua *kavakah* (intenção) nesse aspecto inspirou muitas das ideias deste livro. Bonnie e John Ury, vocês instilaram em mim o amor pela leitura. Meu maior desejo era escrever um livro que meus pais lessem, e cá estamos.

APÊNDICE

DOCUMENTO DE PLANEJAMENTO
DE CONVERSA CRÍTICA

1. Qual é seu objetivo para essa conversa? (Em outras palavras, qual é sua ideia de sucesso?)

   _____

   _____

   _____

2. Qual é a principal mensagem que você quer comunicar?

   _____

   _____

   _____

3. Que tom você quer usar? Que tom quer evitar?

   _____

   _____

   _____

4. Como você quer abrir a conversa?

   _____

   _____

   _____

5. O que precisa ser dito?
   _____
   _____
   _____

6. Quais são suas preocupações sobre como a outra pessoa vai reagir?
   _____
   _____
   _____

7. O que você fará se isso acontecer?
   _____
   _____
   _____

8. Como você quer encerrar a conversa?
   _____
   _____
   _____

CONTRATO DO RELACIONAMENTO: PLANILHA DE AUTORREFLEXÃO

INSTRUÇÕES

Preencha isto sozinho(a). Seja honesto(a) e aberto(a) com você mesmo(a) em relação aos seus interesses.

TEMPO

Disponibilidade

Posso passar tempo com meu companheiro ou minha companheira nos seguintes horários (escolha todos que se apliquem):

- ☐ Manhãs de dias de semana _____
- ☐ Tardes de dias de semana _____
- ☐ Noites de dias de semana _____
- ☐ Manhãs de fins de semana _____
- ☐ Tardes de fins de semana _____
- ☐ Noites de fins de semana _____

Em termos ideais, eu passaria um tempo a sós com meu companheiro ou minha companheira em _____ ocasião(ões) por semana.

Rituais

Três dos meus rituais prediletos no meu relacionamento atual ou passado são (por exemplo: fazer compras de mercado no sábado, ir ao cinema, tomar café da manhã na cama aos domingos, etc.):

1. _____

2. _____

3. _____

Um ritual novo que eu gostaria de criar é:

_____

_____

_____

Atividades especiais

Três atividades que eu gosto de fazer com meu companheiro ou minha companheira são (por exemplo: viajar, ir a restaurantes chiques, fazer um curso juntos, etc.):

1. _____

2. _____

3. _____

Tempo a sós

Em termos de tempo a sós, preciso de:

- ☐ Muito (muitas horas por dia)
- ☐ Um pouco (pelo menos uma noite por semana)
- ☐ Não muito (aproveito quando posso)

Duas atividades que gosto de fazer sozinho(a) são (por exemplo: ioga, compras de mercado, etc.):

1. _____

2. _____

VIDA SOCIAL

Amigos

Uma atividade ou tradição que faço com meus amigos e quero sempre manter é:

_____

_____

_____

Os amigos que mais desejo que meu parceiro ou minha parceira conheça são:

1. _____

2. _____

3. _____

Até que ponto quero que meu parceiro ou minha parceira esteja envolvido(a) na minha vida social?

☐ Totalmente integrado (ter todos os mesmos amigos e atividades)

- ☐ Parcialmente integrado (ter amigos e atividades em comum, mas também grupos e passatempos diferentes)
- ☐ Separado (prefiro ter uma vida social e passatempos separados do meu parceiro ou da minha parceira)

Família

Eu gostaria que víssemos minha família

- ☐ Pelo menos uma vez por semana
- ☐ Pelo menos uma vez por mês
- ☐ Poucas vezes por ano
- ☐ Uma vez por ano
- ☐ Raramente

Quero que a gente passe os seguintes feriados e as seguintes ocasiões com minha família:

1. _____

2. _____

3. _____

NECESSIDADES EMOCIONAIS

Afeto

As pessoas gostam de receber amor de diferentes modos. As cinco linguagens do amor são: palavras de afirmação, tempo juntos, presentes, atos de serviço e toque físico.

Minha linguagem do amor é:

- ☐ Palavras de afirmação

- ☐ Tempo juntos
- ☐ Presentes
- ☐ Atos de serviço
- ☐ Toque físico

Administração do estresse

Quando fico estressado(a), espaireço fazendo o seguinte (por exemplo: um banho de banheira, passando um tempo a sós, desabafando, dando um passeio, ligando para um amigo):

_____

_____

Quando fico estressado(a), quero que meu parceiro ou minha parceira me apoie dos seguintes modos (escolha todos que se apliquem):

- ☐ Ouvindo meu desabafo
- ☐ Me distraindo
- ☐ Me dando um tempo a sós
- ☐ Oferecendo soluções
- ☐ Outro: _____

Brigas

Quando você e seu companheiro ou sua companheira discordam, quais são suas formas de comunicação preferidas? (Escolha todas que se apliquem)

- ☐ Conversa cara a cara
- ☐ E-mail
- ☐ Mensagem de texto
- ☐ Outra: _____

Sexo

Para mim, o sexo é:

- ☐ Muito importante
- ☐ Um pouco importante
- ☐ Não é importante

Em termos ideais, eu gostaria de fazer sexo com meu companheiro ou minha companheira _____ vezes por semana/mês.

Em termos de exclusividade, quero que nosso relacionamento seja:

- ☐ Monogâmico
- ☐ Um pouco aberto
- ☐ Completamente aberto
- ☐ Outro: _____

CONTRATO DO RELACIONAMENTO

INSTRUÇÕES

Arranje um tempo para redigir esse contrato com seu companheiro ou sua companheira, de preferência num local romântico em que vocês se sintam relaxados. Primeiro preencham a planilha de autorreflexão. Depois compartilhem suas respostas e treinem técnicas de audição ativa para fazer com que a outra pessoa se sinta ouvida, inclusive ecoando os pensamentos dela de volta. Quando precisarem, façam uma pausa. Selem com sua assinatura – e um beijo!

O CONTRATO

Reconhecemos que os relacionamentos exigem esforço. Escolhemos continuar a investir um no outro e no nosso amor, na nossa satisfação e no nosso crescimento. Sabemos que é mais fácil aprofundar e reforçar um relacionamento durante períodos de amor e felicidade do que em momentos difíceis.

Este compromisso é redigido para o benefício de todas as partes desse relacionamento.

Este contrato tem os seguintes participantes:

Parceiro 1: _____

Parceiro 2: _____

(Doravante chamados de **Parceiro 1** e **Parceiro 2**)

O período deste contrato se iniciará em _____

Concordamos em revisar este contrato em _____

PROPOSTAS DE CONEXÃO[1]

Os pesquisadores do relacionamento John e Julie Gottman dizem que uma "proposta" é a "unidade fundamental de comunicação emocional". As propostas podem ser pequenas ou grandes, verbais ou não verbais. No fundo elas são simplesmente pedidos de conexão. E podem assumir a forma de uma expressão, uma pergunta ou um gesto. Ou podem ser engraçadas, sérias ou até de natureza sexual. Toda vez que seu parceiro ou sua parceira faz uma proposta, você tem uma opção. Pode "se virar em direção" à proposta, reconhecendo as necessidades do seu parceiro ou da sua parceira, ou "dar as costas", ignorando o pedido de conexão. Pessoas que têm relacionamentos bem-sucedidos se viram umas para as outras em 86% das vezes. Aquelas que estão em relacionamentos difíceis se viram umas para as outras em apenas 33% das vezes. Casais que se viram em direção às propostas um do outro desfrutam de um relacionamento cheio de confiança, paixão e sexo.

Nós nos comprometemos a fazer propostas frequentes e a nos virarmos em direção às propostas do(a) nosso(a) companheiro(a) o máximo de vezes que pudermos:

Parceiro 1
Rubrica: _____

Parceiro 2
Rubrica: _____

TEMPO

Rituais

Toda semana queremos passar o seguinte tempo juntos, só nós dois (marque o número de vezes que vocês vão se ver por semana durante esse tempo):

- ☐ Manhãs de dias de semana: _____
- ☐ Tardes de dias de semana: _____

- ☐ Noites de dias de semana: _____
- ☐ Manhãs de fins de semana: _____
- ☐ Tardes de fins de semana: _____
- ☐ Noites de fins de semana: _____

Vamos passar tempo juntos, só nós dois, em _____ ocasião(ões) por semana.

Vamos passar _____ dias/noites juntos a cada semana sem usar nosso celular.

Alguns dos nossos rituais compartilhados prediletos são (por exemplo: fazer compras de mercado no sábado, ir ao cinema, tomar café da manhã na cama aos domingos, etc.):

_____

_____

_____

Nós nos comprometemos a fazer isso o máximo de vezes possível.

Se perdermos _____ oportunidades de tempo juntos por mês, vamos compensar com (por exemplo, viajando num fim de semana, preparando o jantar juntos, etc.):

_____

_____

_____

Também queremos experimentar novos rituais.

Entre o momento atual e nossa próxima verificação, vamos adotar um novo ritual de (por exemplo: preparar o almoço de domingo, dizer as coisas pelas quais nos sentimos gratos antes de ir para a cama, etc.):

_____

_____

_____

Atividades especiais

Três atividades realmente importantes para nós são (por exemplo: viajar, ir a restaurantes chiques, fazer um curso juntos, etc.):

1. _____

2. _____

3. _____

Nós nos comprometemos a arranjar tempo para essas atividades com a seguinte frequência (por exemplo: cozinhar juntos – uma vez por semana, etc.):

1. _____

2. _____

3. _____

Tempo sozinho

Reconhecemos que as pessoas precisam de um tanto de tempo sozinhas para se recarregar.

Parceiro 1

Preciso deste tanto de tempo a sós:

- ☐ Muito (muitas horas por dia)
- ☐ Um pouco (pelo menos uma noite por semana)
- ☐ Não muito (aproveito quando posso)

Uma atividade que adoro fazer sozinho(a) é:

_____

Parceiro 2

Preciso deste tanto de tempo a sós:

- ☐ Muito (muitas horas por dia)
- ☐ Um pouco (pelo menos uma noite por semana)
- ☐ Não muito (aproveito quando posso)

Uma atividade que adoro fazer sozinho(a) é:

_____

Ambos reconhecemos que o outro precisa de um tempo só dele(a).

Amigos

Preferimos que nosso grupo de amigos seja:

- ☐ Completamente compartilhado
- ☐ Um pouco sobreposto
- ☐ Completamente separado

Parceiro 1

Me comprometo a conhecer as três seguintes pessoas do círculo social do Parceiro 2:

1. _____

2. _____

3. _____

Parceiro 2

Me comprometo a conhecer as três seguintes pessoas do círculo social do Parceiro 1:

1. _____

2. _____

3. _____

Um objetivo para a nossa vida social entre agora e nossa próxima verificação é (por exemplo: ir a mais festas juntos, entrar para um time esportivo, dar jantares mensais):

_____

_____

_____

Família

Vamos visitar a família do Parceiro 1 com a seguinte frequência:

- ☐ Semanalmente
- ☐ Mensalmente
- ☐ Anualmente
- ☐ Outra: _____

Vamos visitar a família do Parceiro 2 com a seguinte frequência:

- ☐ Semanalmente
- ☐ Mensalmente
- ☐ Anualmente
- ☐ Outra: _____

Feriados e ocasiões especiais

Os seguintes feriados/ocasiões especiais serão do seguinte modo (por exemplo: na casa de um determinado parente, por meio de certa religião, etc.):

Ocasião 1: _____

Como gostaríamos de passar: _____

Ocasião 2: _____

Como gostaríamos de passar: _____

Ocasião 3: _____

Como gostaríamos de passar: _____

NECESSIDADES EMOCIONAIS

Linguagens do amor[2]

Sabemos que as pessoas gostam de receber amor de modos diferentes. As cinco linguagens do amor são: palavras de afirmação, tempo juntos, presentes, atos de serviço e toque físico.

Gostaríamos de receber afeto dos seguintes modos:

Parceiro 1

Minha linguagem do amor é:

_____

Parceiro 2

Minha linguagem do amor é:

_____

Administração do estresse

Sabemos que todo mundo lida com o estresse de modos diferentes.

Parceiro 1

Eu lido com o estresse do seguinte modo:

_____

Eu me sinto apoiado em momentos estressantes do seguinte modo:

_____

Parceiro 2

Eu lido com o estresse do seguinte modo:

_____

Eu me sinto apoiado em momentos estressantes do seguinte modo:

_____

BRIGAS

Sabemos que alguns comportamentos dentro de um relacionamento são prejudiciais. John e Julie Gottman dizem que casais que fazem uso de *críticas, desprezo, defensividade* ou *obstrução* têm mais probabilidade de romper ou permanecer juntos mas infelizes. Por isso, esses comportamentos são conhecidos como "Os Quatro Cavaleiros do Apocalipse".[3]

Evitando os quatro cavaleiros

Crítica: em vez de atacar verbalmente o caráter ou a personalidade do meu parceiro ou da minha parceira, vou falar sobre como estou me sentindo e pedir um comportamento diferente no futuro (por exemplo: "Me sinto sozinho quando você não passa tempo comigo. Quero que a gente passe uma noite por semana juntos", em vez de "Você não liga para mim!").

Desprezo: em vez de atacar meu parceiro ou minha parceira, vou desenvolver uma cultura de valorização e me lembrar dos pontos fortes dele ou dela.

Defensividade: em vez de tentar reverter a culpa ou me vitimizar, vou aceitar o comentário e o ponto de vista do meu parceiro ou minha parceira e pedir desculpas.

Obstrução: em vez de me afastar do conflito quando me sentir inundado(a), vou espairecer. Vou voltar à conversa quando achar que posso falar de modo produtivo outra vez.

Parceiro 1
Rubrica: _____

Parceiro 2
Rubrica: _____

Quando brigamos, preferimos os seguintes métodos de comunicação (por exemplo: cara a cara, por escrito, etc.):

Parceiro 1

Eu prefiro:

_____

_____

_____

Parceiro 2

Eu prefiro:

_____

_____

_____

As pessoas podem sentir uma inundação emocional quando suas emoções entram em aceleração máxima.[4] Quando estivermos inundados, vamos pedir uma pausa usando a seguinte palavra:

_____

SEXO

Para nós o sexo é:

- ☐ Muito importante
- ☐ Um pouco importante
- ☐ Não é importante

Nós nos comprometemos a fazer sexo no mínimo _____ vezes por

_____

Em termos de exclusividade, somos:

- ☐ Monogâmicos
- ☐ Um pouco abertos
- ☐ Completamente abertos
- ☐ Outro: _____

Concordamos em seguir os princípios da política GGG de Dan Savage: em termos de vida sexual, seremos "*good, giving* and *game*" (bons de cama, dando tempo igual e prazer igual e dispostos a qualquer coisa – em termos razoáveis).[5]

Parceiro 1
Rubrica: _____

Parceiro 2
Rubrica: _____

ENCERRAMENTO

Entendemos que relacionamentos fortes exigem esforço constante. Reconhecemos que nossas prioridades, nossos interesses e nossos sentimentos talvez mudem com o tempo – e muito provavelmente vão mudar. Prometemos respeitar todos os compromissos firmados aqui até a próxima vez que revisarmos este contrato ou até que nosso relacionamento acabe.

Parceiro 1

Nome: _____

Assinatura: _____

Parceiro 2

Nome: _____

Assinatura: _____

Data: _____

NOTAS

Introdução

1. Steve Jobs, citado por Tony Long, "Oct. 23, 2001: Now Hear This... The iPod Arrives", *Wired*, 23 out. 2008.

1. Por que namorar hoje em dia é mais difícil do que nunca

1. The Automobile Association, "Belonging" (Oxford: Social Issues Research Centre, 2007), p. 4.
2. David Graeber, *Debt: The First 5000 Years* (Nova York: Melville House, 2011), p. 131. [Ed. bras. *Dívida: Os primeiros 5000 anos*, trad. Rogério Bettoni (São Paulo: Três Estrelas, 2016)]
3. Esther Perel, "The Future of Love, Lust, and Listening", SXSW, 9 mar. 2018, Austin, Texas, 55min12s.
4. Moira Weigel, *Labor of Love: The Invention of Dating* (Nova York: Farrar, Straus and Giroux, 2016), p. 13.
5. Jeff Kauflin, "How Match.com Founder Revolutionized the Dating World – and Walked Away with Just $50.000", *Insider*, 14 jul. 2015.
6. Barry Schwartz, *O paradoxo da escolha: por que mais é menos*, trad. Fernando Santos (São Paulo: A Girafa, 2004).
7. E. Perel, "The Future of Love, Lust, and Listening", *op. cit.*, 9 mar. 2018.
8. E. Perel, em entrevista a Tim Ferriss, "The Relationship Episode: Sex, Love, Polyamory, Marriage, and More", *The Tim Ferriss Show*, ep. 241, 1 jun. 2018.
9. Paul Amato, "Research on Divorce: Continuing Trends and New Developments", *Journal of Marriage and Family* 72, n. 3, 18 jun. 2010, p. 651.
10. Tom Smith *et al.*, "Trends in Psychological Well-Being (1972–2014)", NORC at the University of Chicago, abr. 2015, p. 8.
11. P. Amato, "Research on Divorce: Continuing Trends and New Developments", *op. cit.*, 18 jun. 2010.
12. T. Smith *et al.*, "Trends in Psychological Well-Being (1972–2014)", *op. cit.*, abr. 2015.
13. Alex Bell *et al.*, "Who Becomes an Inventor in America?: The Importance of Exposure to Innovation", *Quarterly Journal of Economics* 134, n. 2, 1 maio 2019, p. 699-700.

14. Sheryl Sandberg, *Lean In: Women, Work, and the Will to Lead* (Nova York: Alfred A. Knopf, 2013), p. 110. [Ed. bras. *Faça acontecer: mulheres, trabalho e a vontade de liderar*, trad. Denise Bottmann (São Paulo: Companhia das Letras, 2013)]

3. A Disney mentiu para nós

1. Renae Franiuk *et al.*, "Implicit Theories of Relationships: Implications for Relationship Satisfaction and Longevity", *Personal Relationships* 9, n. 4, 2002, p. 345-367.
2. Stephanie Coontz, *Marriage, a History: How Love Conquered Marriage* (Nova York: Penguin Books, 2006), p. 5.
3. Em James Pritchard, *Ancient Near Eastern Texts Relating to the Old Testament*, 3 ed. (Princeton: Princeton University Press, 2016), p. 496.
4. Esther Perel, *Mating in Captivity: Unlocking Erotic Intelligence* (Nova York: Harper Paperbacks, 2017), p. 7. [Ed. bras. *Sexo no cativeiro: Como manter a paixão nos relacionamentos*, trad. Adagilsa Campos da Silva (São Paulo: Objetiva, 2018)]
5. Alain de Botton, em entrevista a Logan Ury, Los Angeles, 21 fev. 2019.
6. A. de Botton, "How Romanticism Ruined Love", *The School of Life*, 28 abr. 2016.
7. S. Coontz, *op. cit.*, 2006.
8. A. de Botton, "How Romanticism Ruined Love", *op. cit.*, 28 abr. 2016.

4. Não deixe o perfeito ser inimigo do ótimo

1. Herbert Simon, "Rational Choice and the Structure of the Environment", *Psychological Review* 63, n. 2, 1956, p. 129-138.
2. Barry Schwartz, citado por Elizabeth Bernstein, "How You Make Decisions Says a Lot about How Happy You Are", *The Wall Street Journal*, 7 out. 2014.
3. Johanna Jarcho *et al.*, "The Neural Basis of Rationalization: Cognitive Dissonance Reduction During Decision-Making", *Social Cognitive and Affective Neuroscience* 6, n. 4, 1º set. 2011, p. 460-467.
4. Brian Christian e Tom Griffiths, *Algorithms to Live By: The Computer Science of Human Decisions* (Nova York: Henry Holt, 2016), p. 15.
5. Sara Hammel e Julie Jordan, "Robert De Niro Baby Girl Born Via Surrogate", *People*, 23 dez. 2011.

5. Não espere, namore

1. Editores da Encyclopaedia Britannica, "Opportunity Cost", *Brittanica*.
2. Ali Wong, *Dear Girls: Intimate Tales, Untold Secrets & Advice for Living Your Best Life* (Nova York: Random House, 2019), p. 50.

3. Feng-Yang Kuo e Mei-Lien Young, "A Study of the Intention-Action Gap in Knowledge Sharing Practices", *Journal of the American Society for Information Science and Technology* 59, n. 8, 2008, p. 1224-1237.
4. Dan Ariely e Klaus Wertenbroch, "Procrastination, Deadlines, and Performance: Self-Control by Precommitment", *Psychological Science* 13, n. 3, maio 2002, p. 219-224.
5. Suzanne Shu e Ayelet Gneezy, "Procrastination of Enjoyable Experiences", *Journal of Marketing Research* 47, n. 5, out. 2010, p. 933-944.
6. Kevin McCaul *et al.*, "The Effects of Commitment to Performance Goals on Effort", *Journal of Applied Social Psychology* 17, n. 5, maio 1987, p. 437-452.
7. David Nickerson e Todd Rogers, "Do You Have a Voting Plan?: Implementation Intentions, Voter Turnout, and Organic Plan Making", *Psychological Science* 21, n. 2, fev. 2010, p. 194-199.
8. Edwin Locke e Gary Latham, "New Directions in Goal-Setting Theory", *Current Directions in Psychological Science* 15, n. 5, out. 2006, p. 265-268.
9. Daniel Gilbert e Jane Ebert, "Decisions and Revisions: The Affective Forecasting of Changeable Outcomes", *Journal of Personality and Social Psychology* 82, n. 4, abr. 2002, p. 503-514.
10. Johanna Jarcho *et al.*, "The Neural Basis of Rationalization: Cognitive Dissonance Reduction During Decision-Making", *Social Cognitive and Affective Neuroscience* 6, n. 4, 1 set. 2011, p. 460-467.
11. Tara Marshall, "Facebook Surveillance of Former Romantic Partners: Associations with Post-Breakup Recovery and Personal Growth", *Cyberpsychology, Behavior, and Social Networking* 15, n. 10, out. 2012, p. 521-526.
12. Ashley Mason *et al.*, "Staying Connected When Coming Apart: The Psychological Correlates of Contact and Sex with an Ex-Partner", *Journal of Social and Clinical Psychology* 31, n. 5, maio 2012, p. 488-507.

6. Descubra seu estilo de apego

1. Amir Levine e Rachel Heller, *Maneiras de amar: Como a ciência do apego adulto pode ajudar você a encontrar - e manter - o amor*, trad. Livia de Almeida (Rio de Janeiro: Sextante, 2021); Sue Johnson, *Abrace-me apertado: sete conversas para um amor duradouro*, trad. Samuel Dirceu (São Paulo: Jardim dos Livros, 2012).
2. Inge Bretherton, "The Origins of Attachment Theory: John Bowlby e Mary Ainsworth", *Developmental Psychology* 28, n. 5, set. 1992, p. 759-775.

7. Procure um companheiro para a vida, e não um acompanhante para o baile

1. Anujit Chakraborty, "Present Bias", *SSRN Electronic Journal*, 2019.
2. Esther Perel, em entrevista a Logan Ury, Nova York, 27 mar. 2019.
3. Dan Ariely, em entrevista a Logan Ury, San Francisco, 28 fev. 2019.
4. The Gottman Institute, "Gottman Love Lab: The Original Couples Laboratory, Reimagined for the 21st Century". Disponível em: https://www.gottman.com/love-lab/.
5. David Schkade e Daniel Kahneman, "Does Living in California Make People Happy?: A Focusing Illusion in Judgments of Life Satisfaction", *Psychological Science* 9, n. 5, set. 1998, p. 340-346.
6. John Dakin e Richard Wampler, "Money Doesn't Buy Happiness, but It Helps: Marital Satisfaction, Psychological Distress, and Demographic Differences Between Low- and Middle-Income Clinic Couples", *American Journal of Family Therapy* 36, n. 4, 2 jul. 2008, p. 300-311.
7. Frances Lawrence *et al.*, "Factors Relating to Spousal Financial Arguments", *Financial Counseling and Planning*, n. 4, 1993, p. 85-93.
8. Ashley Whillans *et al.*, "Buying Time Promotes Relationship Satisfaction", Harvard Business School Working Paper, jan. 2018.
9. Daniel Kahneman e Angus Deaton, "High Income Improves Evaluation of Life but Not Emotional WellBeing", *Proceedings of the National Academy of Sciences* 107, n. 38, 21 set. 2010, p. 16, 489-493.
10. Glenn Firebaugh e Matthew Schroeder, "Does Your Neighbor's Income Affect Your Happiness?", *American Journal of Sociology* 115, n. 3, nov. 2009, p. 805-831.
11. Philip Brickman *et al.*, "Lottery Winners and Accident Victims: Is Happiness Relative?", *Journal of Personality and Social Psychology* 36, n. 8, 1978, p. 917-27.
12. Daniel Hamermesh e Jeff Biddle, "Beauty and the Labor Market", *American Economic Review* 84, n. 5, 1994, p. 1174.
13. Rodrigo Praino e Daniel Stockemer, "What Are Good-Looking Candidates, and Can They Sway Election Results?: Good-Looking Candidates and Electoral Results", *Social Science Quarterly* 100, n. 3, maio 2019, p. 531-543.
14. Leslie Zebrowitz e Joann Montepare, "Social Psychological Face Perception: Why Appearance Matters", *Social and Personality Psychology Compass* 2, n. 3, maio 2008, p. 1497-1517.
15. Nancy Etcoff, *A lei do mais belo: A ciência da beleza*, trad. Ana Luiza Borges de Barros (São Paulo: Objetiva, 1999).
16. Ty Tashiro, *The Science of Happily Ever After: What Really Matters in the Quest for Enduring Love* (Nova York: Harlequin, 2014), p. 17.

17. Ted Huston *et al.*, "The Connubial Crucible: Newlywed Years as Predictors of Marital Delight, Distress, and Divorce", *Journal of Personality and Social Psychology* 80, n. 2, fev. 2001, p. 237-252.

18. Helen Fisher *et al.*, "Defining the Brain Systems of Lust, Romantic Attraction, and Attachment", *Archives of Sexual Behavior* 31, n. 5, out. 2002, p. 413-419.

19. Tricia Brock, "The Bubble", *30 Rock* (NBC, 19 mar. 2009).

20. Cynthia Graham *et al.*, "What Factors Are Associated with Reporting Lacking Interest in Sex and How Do These Vary by Gender?: Findings from the Third British National Survey of Sexual Attitudes and Lifestyles", *BMJ Open* 7, n. 9, 13 set. 2017.

21. Eli Finkel, em entrevista a Logan Ury, Chicago, 25 jun. 2019.

22. William Chopik e Richard Lucas, "Actor, Partner, and Similarity Effects of Personality on Global and Experienced Well-Being", *Journal of Research in Personality* 78, fev. 2019, p. 249-261.

23. Raphaëlle Chaix *et al.*, "Is Mate Choice in Humans MHC-Dependent?", *PloS Genetics* 4, n. 9, 12 set. 2008.

24. Claus Wedekind *et al.*, "MHC-Dependent Mate Preferences in Humans", *Proceedings of the Royal Society of London (Series B): Biological Sciences* 260, n. 1359, 22 jun. 1995, p. 245-249.

25. Ibidem.

26. E. Finkel, "How to Build a Marriage That Truly Meets Your Needs", *Ideas.ted.com*, 3 out. 2017.

27. Elaine Cheung *et al.*, "Emotionships: Examining People's Emotion-Regulation Relationships and Their Consequences for Well-Being", *Social Psychological and Personality Science* 6, n. 4, 1 maio 2015, p. 407-414.

28. T. Tashiro, *op. cit.*, 2014, p. 8.

29. Zahra Barnes, "Should You Have a Dating Checklist?", *Self*, 20 fev. 2014.

30. T. Tashiro, "An Algorithm for Happily Ever After", TEDSalon, Nova York, jul. 2014.

31. Robin Schoenthaler, "Will He Hold Your Purse?", *The Boston Globe Magazine*, 4 out. 2009.

32. Carol Dweck, *Mindset: A nova psicologia do sucesso*, trad. S. Duarte (São Paulo: Objetiva, 2017).

33. John Gottman, *The Seven Principles for Making Marriage Work* (Nova York: Three Rivers Press, 1999), p. 73. [Ed. bras. *Sete princípios para o casamento dar certo*, trad. Ione Maria de Souza Ferreira (São Paulo: Objetiva, 2000)].

34. Daniel Wile, *After the Honeymoon: How Conflict Can Improve Your Relationship* (Oakland: Collaborative Couple Therapy Books, 2008).

35. D. Ariely, "On Dating & Relationships", Talks at Google, 58min, 11 nov. 2015.

8. Você acha que sabe o que quer, mas não sabe

1. Michael Rosenfeld *et al.*, "Disintermediating Your Friends: How Online Dating in the United States Displaces Other Ways of Meeting", *Proceedings of the National Academy of Sciences* 116, n. 36, 3 set. 2019, p. 17753-17758.
2. Ibidem.
3. Cecilia Kang, "Google Crunches Data on Munching in Office", *The Washington Post*, 1 set. 2013.
4. Justin Wolfers, em entrevista a Stephen Dubner, "What You Don't Know about Online Dating", *Freakonomics*, ep. 154, 6 fev. 2014.
5. Dan Ariely, "You Are What You Measure", *Harvard Business Review*, 1 jun. 2010.
6. Christopher Hsee, "The Evaluability Hypothesis: An Explanation for Preference Reversals Between Joint and Separate Evaluations of Alternatives", *Organizational Behavior and Human Decision Processes* 67, n. 3, 1 set. 1996, p. 247-257.
7. D. Ariely, "A Conversation with Dan Ariely, James B. Duke Professor of Psychology and Behavioral Economics at Duke University", *Big Think*, 1 jul. 2010.
8. William Samuelson e Richard Zeckhauser, "Status Quo Bias in Decision Making", *Journal of Risk and Uncertainty* 1, n. 1, mar. 1988, p. 7-59.
9. Rebecca Heino *et al.*, "Relationshopping: Investigating the Market Metaphor in Online Dating", *Journal of Social and Personal Relationships* 27, n. 4, 1 jun. 2010, p. 427-447.
10. Jeana Frost *et al.*, "People Are Experience Goods: Improving Online Dating with Virtual Dates", *Journal of Interactive Marketing* 22, n. 1, 2008, p. 51-61.
11. Barry Schwartz, *O paradoxo da escolha: Por que mais é menos*, trad. Fernando Santos (São Paulo: A Girafa, 2004).
12. Sheena Iyengar e Mark Lepper, "When Choice Is Demotivating: Can One Desire Too Much of a Good Thing?", *Journal of Personality and Social Psychology* 79, n. 6, 2000, p. 995-1006.
13. D. Ariely, "On Dating & Relationships", Talks at Google, 58min, 11 nov. 2015.
14. Xiao Bi, "In With the New–Compensation of Newly Hired Chief Executive Officers", *Equilar*, 7 fev. 2015.
15. Ken Favaro *et al.*, "Lessons from the Trenches for New CEOs: Separating Myths from Game Changers", Booz & Company, 2010.
16. Eric Johnson, "Swiping on Tinder Is Addictive. That's Partly Because It Was Inspired by an Experiment That 'Turned Pigeons into Gamblers'", *Vox*, 19 set. 2018.
17. B. F. Skinner, "'Superstition' in the Pigeon", *Journal of Experimental Psychology* 38, n. 2, 1948, p. 168-172.
18. Hinge, "Hinge Report: Profile Pictures That Get the Most Likes", Medium, 20 abr. 2017.

19. Eddie Hernandez, "Best Hinge Prompts, Answers to Use on Your Dating Profile", Eddie Hernandez Photography, 20 nov. 2019.
20. Greg Daniels, "New Leads", *The Office* (NBC, 18 mar. 2010).

9. Conheça pessoas na vida real (NVR)

1. Natasha Singer, "OkCupid's Unblushing Analyst of Attraction", *The New York Times*, 6 set. 2014.
2. Christian Rudder, "How Your Race Affects the Messages You Get", OKTrends, 5 out. 2009.
3. Christian Rudder, *Dataclisma: quem somos quando achamos que ninguém está vendo*, trad. Patrícia Azeredo (Rio de Janeiro: BestSeller, 2015).
4. Gail Matthews, "Goal Research Summary", 9th Annual International Conference of the Psychology Research Unit of Athens Institute for Education and Research, Atenas, Grécia, 2015.
5. Phyllis Korkki, "Need Motivation? Declare a Deadline", *The New York Times*, 20 abr. 2013.
6. Nicholas Epley e Juliana Schroeder, "Mistakenly Seeking Solitude", *Journal of Experimental Psychology: General* 143, n. 5, 2014, p. 1980.

10. Isso é um encontro, não uma entrevista de emprego

1. Cecilia Kang, "Google Crunches Data on Munching in Office", *The Washington Post*, 1 set. 2013.
2. Esther Perel, em entrevista a Logan Ury, Nova York, 27 mar. 2019.
3. Richard Wiseman, *The Luck Factor* (Nova York: Miramax, 2003), p. 50. [Ed. bras. *O fator sorte: mude sua sorte, mude sua vida*, trad. Savannah Hartman (Rio de Janeiro: Record, 2003)].
4. Idem, "Be Lucky: It's an Easy Skill to Learn", *The Telegraph*, 9 jan. 2003.
5. Quote Investigator, "Whether You Believe You Can Do a Thing or Not, You Are Right".
6. R. Wiseman, *op. cit.*, 2003, p. 172.
7. Shogo Kajimura e Michio Nomura, "When We Cannot Speak: Eye Contact Disrupts Resources Available to Cognitive Control Processes During Verb Generation", *Cognition* 157, 1 dez. 2016, p. 352–257.
8. Jeana Frost *et al.*, "People Are Experience Goods: Improving Online Dating with Virtual Dates", *Journal of Interactive Marketing* 22, n. 1, 2008, p. 5; 161.
9. Ryan Buell e Michael Norton, "The Labor Illusion: How Operational Transparency Increases Perceived Value", *Management Science* 57, n. 9, 2011, p. 1564–1579.

10. Perri Klass, "Taking Playtime Seriously", *The New York Times*, 29 jan. 2018.
11. Edward Deci e Richard Ryan, "Intrinsic Motivation". Em Irving Weiner e W. Craighead (Coords.), *The Corsini Encyclopedia of Psychology* (Hoboken: John Wiley, 2010).
12. Sandra Manninen *et al.*, "Social Laughter Triggers Endogenous Opioid Release in Humans", *Journal of Neuroscience* 37, n. 25, 21 jun. 2017, p. 6125-6131.
13. Joel Stein, "Humor Is Serious Business", Stanford Graduate School of Business, 11 jul. 2017.
14. Organização Mundial da Saúde, *The Physiological Basis of Breastfeeding, Infant and Young Child Feeding: Model Chapter for Textbooks for Medical Students and Allied Health Professionals*, 2009, p. 19.
15. J. Stein, "Humor Is Serious Business", 11 jul. 2017.
16. Lee Berk *et al.*, "Neuroendocrine and Stress Hormone Changes During Mirthful Laughter", *American Journal of the Medical Sciences* 298, n. 6, dez. 1989, p. 390-396.
17. Scott Edwards, "Humor, Laughter, and Those Aha Moments", *Harvard Medical School*, 28 jun. 2010.
18. Susan Sprecher e Susan Hendrick, "Self-Disclosure in Intimate Relationships: Associations with Individual and Relationship Characteristics Over Time", *Journal of Social and Clinical Psychology* 23, n. 6, 2004, p. 857-877.
19. Karen Huang *et al.*, "It Doesn't Hurt to Ask: Question-Asking Increases Liking", *Journal of Personality and Social Psychology* 113, n. 3, set. 2017, p. 430-452.
20. Mandy Len Catron, "To Fall in Love with Anyone, Do This", *The New York Times*, 9 jan. 2015.
21. Arthur Aron *et al.*, "The Experimental Generation of Interpersonal Closeness: A Procedure and Some Preliminary Findings", *Personality and Social Psychology Bulletin* 23, n. 4, 1997, p. 363-77.
22. Charles Derber, *The Pursuit of Attention: Power and Individualism in Everyday Life* (Nova York: Oxford University Press, 1983).
23. Sherry Turkle, "Stop Googling. Let's Talk", *The New York Times*, 26 set. 2015.
24. Ibidem.
25. Donald Redelmeier *et al.*, "Memories of Colonoscopy: A Randomized Trial", *Pain* 104, n. 1, jul. 2003, p. 187-194.
26. Karen Doll, "What Is Peak-End Theory? A Psychologist Explains How Our Memory Fools Us", *PositivePsychology.com*, 3 mar. 2019.

11. F*da-se a faísca

1. Ayala Malach Pines, *Falling in Love: Why We Choose the Lovers We Choose* (Taylor & Francis, 2005), p. 25.

2. Robert Zajonc, "Attitudinal Effects of Mere Exposure", *Journal of Personality and Social Psychology* 9, n. 2, 1968, p. 1–27.
3. Paul Eastwick e Lucy Hunt, "Relational Mate Value: Consensus and Uniqueness in Romantic Evaluations", *Journal of Personality and Social Psychology* 106, n. 5, 2014, p. 728–751.

12. Vá ao segundo encontro

1. Demetri Martin, *These Are Jokes*, Comedy Central Records, 2006.
2. Tiffany Ito *et al.*, "Negative Information Weighs More Heavily on the Brain: The Negativity Bias in Evaluative Categorizations", *Journal of Personality and Social Psychology* 75, n. 4, out. 1998, p. 887–900.
3. The Decision Lab, "Fundamental Attribution Error–Biases & Heuristics".
4. Lee Ross, "The Intuitive Psychologist and His Shortcomings: Distortions in the Attribution Process", *Advances in Experimental Social Psychology* 10, 1977, p. 173–220.
5. Shawn Achor, "The Happiness Advantage: Linking Positive Brains to Performance", TEDx Talks, 12min29s, 30 jun. 2011.
6. Alain de Botton, em entrevista a Logan Ury, Los Angeles, 21 fev. 2019.
7. Eric Johnson e Daniel Goldstein, "Do Defaults Save Lives?", *Science* 302, 2003, p. 1338-1339.
8. Helen Fisher, em entrevista a Logan Ury, Nova York, 2 abr. 2019.
9. Thomas Ferguson, "Who Solved the Secretary Problem?", *Statistical Science* 4, n. 3, 1989, p. 282–289.
10. Daryl Bem, "Self-Perception Theory", *Advances in Experimental Social Psychology* 6, 1972, p. 1–62.
11. Caroline Jenkinson *et al.*, "Is Volunteering a Public Health Intervention? A Systematic Review and MetaAnalysis of the Health and Survival of Volunteers", *BMC Public Health* 13, n. 1, 23 ago. 2013, p. 773.

13. Decida, não escorregue

1. Amar Cheema e Dilip Soman, "The Effect of Partitions on Controlling Consumption", *Journal of Marketing Research* 45, n. 6, dez. 2008, p. 665–675.
2. Jesse Owen *et al.*, "Sliding Versus Deciding in Relationships: Associations with Relationship Quality, Commitment, and Infidelity", *Journal of Couple & Relationship Therapy* 12, n. 2, abr. 2013, p. 135–149.
3. Galena Rhoades e Scott Stanley, "What Do Premarital Experiences Have to Do with Marital Quality Among Today's Young Adults?", *National Marriage Project*, 2014, p. 5.

4. J. Owen *et al.*, "Sliding Versus Deciding in Relationships: Associations with Relationship Quality, Commitment, and Infidelity", *op. cit.*, abr. 2013.

5. Meg Jay, "The Downside of Cohabiting Before Marriage", *The New York Times*, 14 abr. 2012.

6. Pew Research Center, "Marriage and Cohabitation in the U.S.", 6 nov. 2019.

7. Galena Rhoades *et al.*, "The Pre-Engagement Cohabitation Effect: A Replication and Extension of Previous Findings", *Journal of Family Psychology* 23, n. 1, 2009, p. 107-111.

8. David Popenoe e Barbara Dafoe Whitehead, "What Do Premarital Experiences Have to Do with Marital Quality Among Today's Young Adults?", *The National Marriage Project* 2, 2002.

9. William Samuelson e Richard Zeckhauser, "Status Quo Bias in Decision Making", *Journal of Risk and Uncertainty* 1, n. 1, mar. 1988, p. 7-59.

10. Emily Esfahani Smith e Galena Rhoades, "In Relationships, Be Deliberate", *The Atlantic*, 19 ago. 2014.

14. Pare de agarrar e de largar

1. Daniel Kahneman e Amos Tversky (Coords.), *Choices, Values, and Frames* (Cambridge: Cambridge University Press, 2000), p. 704.

2. Philip Brickman *et al.*, "Lottery Winners and Accident Victims: Is Happiness Relative?", *Journal of Personality and Social Psychology* 36, n. 8, 1978, p. 917-927.

3. Hal Arkes e Catherine Blumer, "The Psychology of Sunk Cost", *Organizational Behavior and Human Decision Processes* 35, n. 1, 1 fev. 1985, p. 124-140.

4. D. Kahneman e A. Tversky, "Prospect Theory: An Analysis of Decision Under Risk", *Econometrica* 47, n. 2, 1 mar. 1979, p. 263.

5. Andy Ackerman, "The Bizarro Jerry", *Seinfeld* (Castle Rock Entertainment, 3 out. 1996).

6. Idem, "The Engagement", *Seinfeld* (Castle Rock Entertainment, 21 set. 1995).

7. Tom Cherones, "The Phone Message", *Seinfeld* (Castle Rock Entertainment, 13 fev. 1991).

8. Helen Fisher, "The Nature of Romantic Love", *Journal of NIH Research* 6, n. 4, 1994, p. 59-64.

9. Eli Finkel, *The All-or-Nothing Marriage: How the Best Marriages Work* (Nova York: Dutton, 2017), p. 231.

10. John Gottman, "Debunking 12 Myths about Relationships", The Gottman Institute, 13 maio 2016.

15. Faça um plano de rompimento

1. Annamaria Lusardi (Coord.), *Overcoming the Saving Slump: How to Increase the Effectiveness of Financial Education and Saving Programs* (Chicago: University of Chicago Press, 2008).
2. B. J. Fogg, "Fogg Behavior Model". Disponível em: https://www.behaviormodel.org/motivation.
3. Gail Matthews, "Goal Research Summary", 9th Annual International Conference of the Psychology Research Unit of Athens Institute for Education and Research, Atenas, Grécia, 2015.
4. Dan Ariely e Klaus Wertenbroch, "Procrastination, Deadlines, and Performance: Self-Control by Precommitment", *Psychological Science* 13, n. 3, maio 2002, p. 219-224.
5. Suzanne Shu e Ayelet Gneezy, "Procrastination of Enjoyable Experiences", *Journal of Marketing Research* 47, n. 5, out. 2010, p. 933-944.
6. David Nickerson e Todd Rogers, "Do You Have a Voting Plan?: Implementation Intentions, Voter Turnout, and Organic Plan Making", *Psychological Science* 21, n. 2, fev. 2010, p. 194-199.
7. Doron Menashe e Mutal Shamash, "The Narrative Fallacy", *International Commentary on Evidence* 3, n. 1, 16 jan. 2006.
8. Kevin McCaul *et al.*, "The Effects of Commitment to Performance Goals on Effort", *Journal of Applied Social Psychology* 17, n. 5, maio 1987, p. 437-452.
9. Gretchen Rubin, *Melhor do que antes: o que aprendi sobre criar e abandonar hábitos*, trad. Marcelo Barbão (São Paulo: Fontanar, 2015).
10. Stephanie Manes, "Making Sure Emotional Flooding Doesn't Capsize Your Relationship", The Gottman Institute, 4 ago. 2013.
11. Homero, *Odisseia*, trad. Christian Werner (São Paulo: Ubu, 2018).
12. Nava Ashraf *et al.*, "Tying Odysseus to the Mast: Evidence from a Commitment Savings Product in the Philippines", *Quarterly Journal of Economics* 121, n. 2, 2006, p. 635-672.
13. Delia Cioffi e Randy Garner, "On Doing the Decision: Effects of Active Versus Passive Choice on Commitment and Self-Perception", *Personality and Social Psychology Bulletin* 22, n. 2, fev. 1996, p. 133-147.
14. Charles Duhigg, *O poder do hábito: por que fazemos o que fazemos na vida e nos negócios*, trad. Rafael Mantovani (São Paulo: Objetiva, 2012).
15. Alain de Botton, em entrevista a Logan Ury, Los Angeles, 21 fev. 2019.

16. Seu rompimento é um ganho, não uma perda

1. Barbara McNeil *et al.*, "On the Elicitation of Preferences for Alternative Therapies", *New England Journal of Medicine* 306, n. 21, maio 1982, p. 1259-1262.

2. Scott Plous, *The Psychology of Judgment and Decision Making* (Nova York: McGraw-Hill, 1993).

3. Claudia Brumbaugh e R. Chris Fraley, "Too Fast, Too Soon? An Empirical Investigation into Rebound Relationships", *Journal of Social and Personal Relationships* 32, n. 1, fev. 2015, p. 99-118.

4. Helen Fisher *et al.*, "Reward, Addiction, and Emotion Regulation Systems Associated with Rejection in Love", *Journal of Neurophysiology* 104, n. 1, jul. 2010, p. 51-60.

5. Arthur Aron *et al.*, "Reward, Motivation, and Emotion Systems Associated with Early-Stage Intense Romantic Love", *Journal of Neurophysiology* 94, n. 1, 1 jul. 2005, p. 327-337.

6. H. Fisher, "Lost Love: The Nature of Romantic Rejection". Em Nan Bauer-Maglin (Coord.), *Cut Loose: (Mostly) Older Women Talk About the End of (Mostly) Long-Term Relationships* (New Brunswick: Rutgers University Press, 2006), p. 182-195.

7. Tiffany Field, "Romantic Breakups, Heartbreak and Bereavement", *Psychology* 2, n. 4, jul. 2011, p. 382-387.

8. Roy Baumeister *et al.*, "Effects of Social Exclusion on Cognitive Processes: Anticipated Aloneness Reduces Intelligent Thought", *Journal of Personality and Social Psychology* 83, 1 nov. 2002, p. 817-827.

9. Matthew Larson *et al.*, "With or without You?: Contextualizing the Impact of Romantic Relationship Breakup on Crime among Serious Adolescent Offenders", *Journal of Youth and Adolescence* 45, n. 1, jan. 2016, p. 54-72.

10. Stephen Kincaid e Robert Caldwell, "Initiator Status, Family Support, and Adjustment to Marital Separation: A Test of an Interaction Hypothesis", *Journal of Community Psychology* 19, n. 1, 1991, p. 79-88.

11. Daniel Kahneman e Amos Tversky, "Prospect Theory: An Analysis of Decision Under Risk", *Econometrica* 47, n. 2, 1 mar. 1979, p. 263.

12. Pat Vaughan Tremmel, "Breaking Up May Not Be as Hard as the Song Says", *Northwestern University News*, 21 ago. 2007.

13. Paul Eastwick *et al.*, "Mispredicting Distress Following Romantic Breakup: Revealing the Time Course of the Affective Forecasting Error", *Journal of Experimental Social Psychology* 44, n. 3, 2008, p. 800-807.

14. Gary Lewandowski e Nicole Bizzoco, "Addition Through Subtraction: Growth Following the Dissolution of a Low Quality Relationship", *Journal of Positive Psychology* 2, 1 jan. 2007, p. 40-54.

15. Gary Lewandowski, "Promoting Positive Emotions Following Relationship Dissolution Through Writing", *Journal of Positive Psychology* 4, n. 1, 2009, p. 21-31.

16. Sandra Langeslag e Michelle Sanchez, "Down-Regulation of Love Feelings after a Romantic Break-Up: Self-Report and Electrophysiological Data", *Journal of Experimental Psychology: General* 147, n. 5, 2018, p. 720-733.

17. Erica Slotter *et al.*, "Who Am I Without You?: The Influence of Romantic Breakup on the Self-Concept", *Personality & Social Psychology Bulletin* 36, n. 2, dez. 2009, p. 147-160.

18. G. Lewandowski, "Break-Ups Don't Have to Leave You Broken", TEDxNavesink, Nova Jersey, 11min30s, 11 abr. 2015.

19. Diane Vaughan, *Uncoupling: Turning Points in Intimate Relationships* (Nova York: Vintage, 1990).

20. C. Brumbaugh e R. C. Fraley, "Too Fast, Too Soon? An Empirical Investigation into Rebound Relationships", *op. cit.*, 1 fev. 2015, p. 99-118.

21. Ty Tashiro e Patricia Frazier, "'I'll Never Be in a Relationship Like That Again': Personal Growth Following Romantic Relationship Breakups", *Personal Relationships* 10, n. 1, 2003, p. 113-128.

22. Viktor Frankl, *Man's Search for Meaning: An Introduction to Logotherapy* (Boston: Beacon Press, 1963), p. 117. [Ed. bras. *Em busca de sentido: um psicólogo no campo de concentração*, trad. Walter Schlupp e Carlos Aveline (Petrópolis: Vozes; São Leopoldo: Sinodal, 2021)].

23. G. Lewandowski, "Break-Ups Don't Have to Leave You Broken", TEDxNavesink, Nova Jersey, 11min30s, 11 abr. 2015.

17. Antes de se amarrar, faça isto

1. Maggie Gallagher, "Why Marriage Is Good for You", *City Journal*, outono 2000.

2. George Bernard Shaw, *Getting Married* (Nova York: Brentano's, 1920), p. 25.

3. Helen Fisher, "Lust, Attraction, and Attachment in Mammalian Reproduction", *Human Nature* 9, n. 1, mar. 1998, p. 23-52.

4. Andrew Francis-Tan e Hugo Mialon, "'A Diamond Is Forever' and Other Fairy Tales: The Relationship between Wedding Expenses and Marriage Duration", SSRN Scholarly Paper, 15 set. 2014.

5. Ibidem.

6. Philip Cohen, "The Coming Divorce Decline", *Socius* 5, 1 jan. 2019.

7. Naomi Schaefer Riley, "Interfaith Marriages: A Mixed Blessing", *The New York Times*, 5 abr. 2013.

8. Lee Ross *et al.*, "The 'False Consensus Effect': An Egocentric Bias in Social Perception and Attribution Processes", *Journal of Experimental Social Psychology* 13, n. 3, maio 1977, p. 279-301.

9. Esther Perel, "The Secret to Desire in a Long-Term Relationship", TEDSalon, Nova York, 19min2s, fev. 2013.

10. Jesse Owen *et al.*, "Sliding Versus Deciding in Relationships: Associations with Relationship Quality, Commitment, and Infidelity", *Journal of Couple & Relationship Therapy* 12, n. 2, abr. 2013, p. 135-149.

18. Amor intencional

1. Eli Finkel, *The All-or-Nothing Marriage: How the Best Marriages Work* (Nova York: Dutton, 2017), p. 174.
2. Ibidem.
3. Jody VanLaningham *et al.*, "Marital Happiness, Marital Duration, and the U-Shaped Curve: Evidence from a Five-Wave Panel Study", *Social Forces* 79, n. 4, jun. 2001, p. 1313-1341.
4. Tom Smith *et al.*, "General Social Survey Final Report: Trends in Psychological Well-Being (1972-2014)", NORC at the University of Chicago, abr. 2015.
5. Leon Meggison, "Lessons from Europe for American Business", *Southwestern Social Science Quarterly* 44, n. 1, 1963, p. 3-13.
6. Jordi Quoidbach *et al.*, "The End of History Illusion", *Science* 339, n. 6115, 4 jan. 2013, p. 96-98.
7. Ibidem.
8. Paul Amato, "Research on Divorce: Continuing Trends and New Developments", *Journal of Marriage and Family* 72, n. 3, 18 jun. 2010. p. 651.
9. Jesse Owen *et al.*, "Sliding Versus Deciding in Relationships: Associations with Relationship Quality, Commitment, and Infidelity", *Journal of Couple & Relationship Therapy* 12, n. 2, abr. 2013, p. 135-149.
10. John Kennedy, "State of the Union Address", 11 jan. 1962, Miller Center, Universidade da Virgínia.
11. Esther Perel, "The Future of Love, Lust, and Listening", SXSW, 9 mar. 2018, Austin, Texas, 55min12s.

Apêndice

1. Ellie Lisitsa, "An Introduction to Emotional Bids and Trust", The Gottman Institute, 31 ago. 2012.
2. Gary Chapman, *As cinco linguagens do amor: Como expressar um compromisso de amor a seu cônjuge*, trad. Emirson Justino (São Paulo: Mundo Cristão, 2013).
3. Ellie Lisitsa, "The Four Horsemen: Criticism, Contempt, Defensiveness, and Stonewalling", The Gottman Institute, 23 abr. 2013.
4. Stephanie Manes, "Making Sure Emotional Flooding Doesn't Capsize Your Relationship", The Gottman Institute, 3 ago. 2013.
5. Dan Savage, "Savage Love", *The Stranger*, 8 jan. 2004.

CONHEÇA ALGUNS DESTAQUES DE NOSSO CATÁLOGO

- BRENÉ BROWN: *A coragem de ser imperfeito – Como aceitar a própria vulnerabilidade, vencer a vergonha e ousar ser quem você é* (600 mil livros vendidos) e *Mais forte do que nunca*

- T. HARV EKER: *Os segredos da mente milionária* (2 milhões de livros vendidos)

- DALE CARNEGIE: *Como fazer amigos e influenciar pessoas* (16 milhões de livros vendidos) e *Como evitar preocupações e começar a viver* (6 milhões de livros vendidos)

- GREG MCKEOWN: *Essencialismo – A disciplinada busca por menos* (400 mil livros vendidos) e *Sem esforço – Torne mais fácil o que é mais importante*

- HAEMIN SUNIM: *As coisas que você só vê quando desacelera* (450 mil livros vendidos) e *Amor pelas coisas imperfeitas*

- ANA CLAUDIA QUINTANA ARANTES: *A morte é um dia que vale a pena viver* (400 mil livros vendidos) e *Pra vida toda valer a pena viver*

- ICHIRO KISHIMI E FUMITAKE KOGA: *A coragem de não agradar – Como a filosofia pode ajudar você a se libertar da opinião dos outros, superar suas limitações e se tornar a pessoa que deseja* (200 mil livros vendidos)

- SIMON SINEK: *Comece pelo porquê* (200 mil livros vendidos) e *O jogo infinito*

- ROBERT B. CIALDINI: *As armas da persuasão* (350 mil livros vendidos) e *Pré-suasão – A influência começa antes mesmo da primeira palavra*

- ECKHART TOLLE: *O poder do agora* (1,2 milhão de livros vendidos) e *Um novo mundo* (240 mil livros vendidos)

- EDITH EVA EGER: *A bailarina de Auschwitz* (600 mil livros vendidos)

- CRISTINA NÚÑEZ PEREIRA E RAFAEL R. VALCÁRCEL: *Emocionário – Um guia prático e lúdico para lidar com as emoções* (de 4 a 11 anos) (800 mil livros vendidos)

sextante.com.br